구약의 종말론

THE
ESCHATOLOGY

구약의 종말론

게하더스 보스 지음 | 제임스 데니슨 2세 엮음 | 박규태 옮김

OF THE OLD
TESTA
MENT

좋은씨앗

The Eschatology of the Old Testament

Copyright ⓒ 2001 by James T. Dennison Jr.
Originally published in English
under the title The Eschatology of the Old Testament
by P&R Publishing Company,
P.O. Box 817, Phillipsburg, New Jersey 08865-0817, USA
All rights reserved.
Korean Copyright ⓒ 2015 Good Seed Publishing Company

구약의 종말론

초판 1쇄 인쇄 / 2016년 1월 5일
초판 3쇄 발행 / 2023년 10월 10일

지은이 / 게하더스 보스
엮은이 / 제임스 데니슨 2세
옮긴이 / 박규태
펴낸이 / 신은철
펴낸곳 / 좋은씨앗
출판등록 / 제4-385호(1999. 12. 21)
주소 / 서울시 서초구 바우뫼로 156(MJ 빌딩), 402호
주문전화 / (02)2057-3041 주문팩스 / (02)2057-3042
이메일 / good-seed21@hanmail.net
페이스북 / www.facebook.com/goodseedbook

ISBN 978-89-5874-253-1 03230

본 저작물의 한국어 판권은 P&R Publishing Company와 독점 계약한 〈좋은씨앗〉에 있습니다.
저작권법에 의하여 한국 내에서 보호를 받는 저작물이므로 무단 전재와 무단 복제를 금합니다.

구약 성도들이 미래를 바라보며 품었던 소망과 기대

그리고 그들이 이해한 미래

차례

엮은이의 글
제임스 데니슨 2세(노스웨스트 신학대학원 교수)　8
추천의 글
최홍석(총신대학교신학대학원 조직신학 교수)　10
이승구(합동신학대학원대학교 조직신학 교수)　11
유해무(고려신학대학원 교의학 교수)　12

일러두기, 약어표　13

1장 서언　15

2장 이방 세계의 종말론　90

3장 구약 종말론 역사에서 현재라는 시기　107

4장 구속 종말론 이전의 종말론　122

5장 첫 번째 구속 계시가 제시하는 종말론　127

6장 대홍수의 종말론적 배경   131

7장 신현(神顯)에 들어 있는 종말론 요소   134

8장 실로 예언   137

9장 시내산 신현   163

10장 발람 예언   166

11장 모세의 신정(神政)   180

12장 다윗 언약   186

13장 시편의 종말론   197

부록: 보스가 살펴본 또 다른 본문   217

성경 색인   244

엮은이의 글

보스가 쓴 "구약의 종말론" 원고는 여러 글을 모아놓은 문서다. 그가 완결한 강의록이나 마무리까지 마친 강의 원고는 현재 남아 있지 않다. 보스는 1917년에 강의를 시작했지만, 학생들의 강의노트나 강의편람은 거의 남아 있지 않다(그가 쓴 〈성경신학: 구약 성경과 신약 성경Biblical Theology: Old and New Testaments〉의 등사본은 예외다). 1975년, 보스의 딸인 메리앤(윌리엄 부인) 레이디어스(Marianne Radius, 1906-2000)는 오라버니인 제네바 대학의 요하네스 보스 박사(Johannes G. Vos, 1905-1985)를 설득하여 그의 아버지 유고를 검토한 뒤 그 유고를 오하이오주 톨레도로 가져오게 했다.

그 유고 중에는 다음과 같은 글들이 있었다: (1) 보스가 직접 쓴 "구약의 종말론" 개요 노트; (2) "구약의 종말론 강의편람"—게하더스 보스가 1930년 10월 13일에 작성한 뒤 1930-31년 수강생들에게 제공하여 등사하게 한 것이다(원고는 보스가 손으로 쓴 것이다); (3) "종말론에 관한 몇 가지 소견Some Remarks on Eschatology"이라는 제목의 미완성 타이핑 원고. 이 원고도 분명 종말론 주제를 다룬 주요 작품임이 틀림없다. 이 원고는 1-58쪽에서 시작하여 138, 169, 226, 228, 255, 310, 348, 355, 382쪽으로 이어진다; (4) "구약의 종말론에서 다루는 질문들." 이 원고도 보스가 손으로 쓴 것이다; (5) 헨리 슐츠가 "구약의 종말론"이라는 제목으로 필기한 것을 타이핑한 원고. 이 모든 자료는 미시건주 그랜드 래피즈에 있는 칼빈 대학/신학대학원의 헤리티지 홀 문서보관소가 위탁받아 보관중이다.

나는 이 다양한 자료들을 함께 엮어 구약의 종말론을 다룬 보스의 글 가운데 가장 완전하달 수 있는 텍스트를 제시하려고 시도했다. 독자들은 이 책을 읽는 내내 보스가 19세기와 20세기 초의 비평 학자들(가령 벨하우젠, 궁켈, 그리고 그레스만)과 날카로운 상호공방을 펼쳤음을 알아차릴 것이다. 보스는 시종일관 군건한 초자연주의자로서 계몽주의에 물들지 않은 역사 속 계시 관념을 철저히 따른다.

나는 이 편집판에서 보스가 인용한 모든 성경 구절을 확인하고 (필요한 경우에는) 바로잡았으며, 히브리어 문구와 그리스어 문구는 음역(音譯)했고, 보스가 인용한 참고자료는 완전한 참고문헌 표기법을 따라 인용, 제시했다. 내 원고는 먼저 콜로라도주 덴버에 사는 내 어머니 제임스 T.(엘리자베스 G.) 데니슨 부인이 넘겨받아 타이핑 해주셨다. 어머니는 당신 자신은 전혀 돌보지 않고 워드프로세서 시대가 열리기 오래 전에 나왔던 IBM 셀레트릭스 타자기에 당신의 시간을 희생하셨다. 어머니, 고맙습니다!

―제임스 데니슨 2세(노스웨스트 신학대학원 교수)

추천의 글

G. 보스의 종말에 대한 신학적 탁견은 성경신학 분야에서뿐 아니라, 개혁신학전통의 교의신학, 종말론 분야에서도 매우 중요한 의미를 지닌다. 수년 동안 종말론을 강의하면서 아직도 인상 깊게 남아 있는 점은 '초월'과 '내재', '현재'와 '미래' 사이에 놓인 보스의 균형감각이다. 그가 제시한 균형은 19세기 리츨 이후, 하르낙, 요한네스 바이스, 슈바이처, C. H. 다드 등에게서는 발견될 수 없는 독특한 것이었다. 이른바 '이미'(already)와 '아직 아니'(not yet) 사이의 구원사적 긴장에 대한 그의 균형 잡힌 성경적 통찰은 1930년에 출간된 〈바울의 종말론〉에서 체계적으로 정리되었다. 그와 같은 종말론적인 통찰은 *International Standard Bible Encyclopedia* 1915년 판에 수록된 논문, "신약의 종말론"에서 이미 그 윤곽이 제시되었다. 보스의 신학사상의 발전은 이와 같은 일관성을 근간으로 하여 이루어졌다. 그 배종(胚種)은 그의 유고들을 모아 편집한 〈구약의 종말론〉에서 발견된다.

이러한 점에서 볼 때, 종말에 대한 보스의 성경적인 통찰의 전 면모를 심도 있게 파악하기 위해서는 필히 구속사의 전반부에 속하는 구약 영역에서의 논의를 고찰해야만 한다. 이번에 번역 출간된 〈구약의 종말론〉은 보스의 다른 저서들과 짝을 이루는 것으로서 이 분야의 전문연구가들뿐 아니라, 관심을 가진 목회자 및 신학도들에게 매우 소중한 책으로 적극 추천하는 바다.

—최홍석(총신대학교신학대학원 조직신학 교수)

〈바울의 종말론〉에 이어 보스 박사의 〈구약의 종말론〉이 우리에게 선물로 주어진 것은 그야말로 우리 모두에게 축복이요, 큰 도움이 되는 일이다. 이 책은 보스의 여러 강의안과 글을 제임스 데니슨 교수가 잘 편집한 것을, 뛰어나고 성실한 번역자 박규태 목사가 우리말로 옮겼다.

보스의 모든 책을 읽으면 다 알게 되지만 그는 성경 계시를 매우 존중하면서 그 의미를 드러낸다. 이런 이는 극히 드문데, 그러면서 그는 매우 정확하고 엄격한 주해에 근거해 생각한다. 그래서 모든 성경 본문에 대한 그의 논의가 없는 것이 늘 아쉽다. 그러나 이 책을 통해 우리는 그가 어떤 정향으로 주해해갔는지 좀 더 잘 알 수 있다. 또한 보스 박사는 당대의 비판적 성향의 모든 학자들과 심도 깊은 대화를 하며 그들의 문제점을 잘 드러내는 학자였다. 우리도 그와 같이 (1) 성경을 계시로 매우 존중히 여기고, 따라서 (2) 정확히 주해하려 하며, (3) 주변의 다른 입장을 표명하는 학자들과 깊이 있게 대화해갈 수 있었으면 한다.

그리하여 구약의 종말 개념과 다르게 신약 성경 자체 내에 "이미 우리가 종말 안에 살고 있다"는 의식이 우리에게도 아주 분명하게 나타나야만 한다. 많은 사람들이 아직도 구약에 살고 있는 듯 표현하듯이 종말이 오고 있는 게 아니라, "종말은 그리스도 안에서 이미 임하여 왔으나 그 종말의 극치인 '세상 끝'은 아직 임하지 않은 것"이다. 우리가 이런 가르침을 제대로 받아 언어 사용에서도 정확해졌으면 한다.

─이승구(합동신학대학원대학교 조직신학 교수)

이 책은 비록 1세기 이전의 작품이지만 비평학과 대결하면서 당당하게 성경 말씀을 파수한 좋은 귀감이다.

보스는 이전 개혁신학과는 달리 구원론보다 구원역사를 강조하면서 창조가 종말론적임을 확신한다. 창조부터 언약으로 겨냥한 사람과 완전한 교제가 타락으로 인하여 파괴되자 하나님께서는 메시아를 통해 단순한 회복이 아니라 완성을 향하도록 하셨다.

구약 후기 본문들로부터 초기 본문들을 차근차근 살피면서 보스는 자신의 확신을 논증하고, 동시에 구약의 종말론이 후기의 사상이라고 주장하는 당대의 구약 비평학자들을 비판한다.

비평학의 주장을 철저하게 논박하면서도 하나님께서 다스리시는 (구원)역사의 의미를 성경적으로 수용함에서 그의 현대성이 나타나는 수작이다.

―유해무(고려신학대학원 교의학 교수)

일러두기

1. 성경 본문은 이미 있는 한국어 역본을 그대로 옮기지 않고 지은이가 제시한 본문을 번역하여 실었습니다. 성경 구절 표시는 원서의 표시를 따르지 않고 한국어 성경인 개역개정판(4판)을 따랐습니다.
2. 본문에 있는 큰 괄호 부분은 지은이가 쓴 원문에 빠진 부분이 있어 엮은이가 보충하거나 보충 설명을 한 곳입니다.
3. 옮긴이 주는 본문에 (—역주) 형태로 실었습니다.

약어표

ANET	James B. Pritchard, ed. *Ancient Near Eastern Texts Relating to the Old Testament*. Princeton, N. J.: Princeton University Press, 1955.
EB	English Bible
ERE	James Hastings, ed. *Encyclopedia of Religion and Ethics*. Edinburgh: T. & T. Clark, 1908-26.
FC	Fathers of Church. Washington, D.C.: Catholic University of America Press.
Loeb	The Loeb Classical Library. Cambridge, Mass.: Harvard University Press.
PG	Jacques Paul Migne. Patrologiae ⋯ series Graeca. Paris: J.-P. Migne, 1857-87.
PL	Jacques Paul Migne. Patrologiae ⋯ series Latina. Paris: Garnieri Fratres, 1878.
ZAW	*Zeitschrift für die Alttestamentliche Wissenschaft*

Chapter 1

서언

정의

어원을 살펴보면, 종말론(eschatology, 마지막에 관한 가르침*eschatos logos*)은 "마지막에 일어날 일들을 다룬 교리(가르침)"를 뜻한다. 종말론은 몇몇 종교의 독특한 믿음에서 나온 기대로서 다음과 같은 것을 다룬다: (a) 세계 또는 일부 세계가 명확한 종착점(*telos*)을 향해 나아간다; (b) 현재 너머 저편에는 만물의 새로운 최종 질서가 있다. 종말론은 위기가 정점에 이르렀을 때 세계의 진행 과정이 완성되어 영원한 상태로 이어진다는 교리다. 때문에 종말론은 독특한 두 요소로 이루어진다: (1) 현존하는 만물 질서의 유한한 존속기간; (2) 그 뒤에 이어지는 상태의 영원성. 종말론과 상관관계에 있는 것이 창조다.

사람이 종말론을 이해할 수 있다고 혹은 받아들일 수 있다고 느끼느냐의 여부는 결국 그가 생각하는 하나님 개념에 달려 있다. 창조할 수 없는 하나님은 만물을 완성할 수 없다. 그런 하나님은 자신의 바깥에 있는 무언가의 제약을 받기 때문이다. 하나님이라는 이가 어떤 목적을 집행하고 자신에게 앞서 주어진 것들을 유연하게 빚고 다루어 그런 목적을 이루려 할지라도, 그 무언가는 그런 하나님에게 자신을 내주려 하지 않을 것이다. 종말론 관점에서 보면, 하나님은 진흙을 다룰 주권을 가진 토기장이여야 할 뿐 아니라, 당신 자신의 진흙을 만들어내면서 그 진흙의 세공(가공) 가능성까지 생각하실 수 있는 토기장이여야 한다. 더욱이 이런 일을 하지 못하거나 이런 일을 이루리라는 확신이 없는 하나님은 진정한 종말론 과정을 만들어 내거나 이끌어갈 이의 역할에 본디 들어맞지 않는다. 그런 하나님은 자신이 성공할지 여부를 애초부터 알 수가 없다. 이 점에서 예정론과 종말론은 한 뿌리에서 나왔다.

종말론이라는 이름을 형성한 성경의 자료

종말론이라는 말은 그리스어 성경(정확히 말하면 70인역)에서 가져왔다(70인역은 히브리어/아람어 구약 본문을 그리스어로 번역한 역본—역주). 종말을 나타내는 그리스어 형태는 *eschatai hemerai*(에스카타이 헤메라이, 마지막 날들)인데, 이 형태에는 본질은 변함없이 형태만 바뀐 변형이 몇 가지 있다. 이 그리스어 번역어는 히브리어 *acherith hajjamim*(아울러 *acherith hazza'am*과 *acherith hashshanim*)에서 나왔다(*acherith hajjamim*—아헤리트 하얌밈—은 날들의 가장 뒤쪽, 곧 가장 마지막 날들을 뜻한다—역주). 이 히브리어에는 이중 의미가 있다: (1) 현 질서를 종결짓는 날들; (2) 뒤따르는 질서가 존속할 날들. 전자가 더 널리 퍼져 있는 용법이다. 후자의 용레는 드문데, 그중 하나를 이사야 2:2(미가 4:1)에서 찾을 수 있다. 이 본문에서 *acherith*는 이 말의 보통 의미, 곧 공간이나 시간 속에 존재하는 무언가의 "끝부분(최종 단계)"이라는 의미를 그대로 갖고 있다. 따라서 *acherith hajjamim*은 날들, 곧 역사 과정의 끄트머리를 뜻한다. 이 말은 순전히 연대 개념만을 담고 있지 않다. 그 속에는 "결과"라는 요소도 들어 있다. 머리는 꼬리를 예언하는 것일 수 있으며, 꼬리의 끝은 또 다른 끝인 끄트머리를 예언하는 것일 수 있다. 따라서 *acherith hajjamim*은 역사가 끝을 향해 펼쳐지는 기간이다. 이때에는 만물의 과정이 그 목적지에 이르렀으므로 멈추게 된다.

신약 성경에는 다양한 표현이 등장한다.

a. "마지막 날들"—*eschatai hemerai*(행 2:17, 딤후 3:1, 약 5:3, 벧후 3:3; 개역개정판은 "말세"라 번역했다—역주)

b. "날들의 뒷부분"—*eschaton ton hemeron touton*(히 1:2; 개역개정판은 "이 모든 날 마지막"이라 번역했다—역주)

c. "마지막 날(들)"—*eschate hemera*(요 6:39, 40, 44, 54, 11:24, 12:48)

d. "시대의 마지막"—*eschaton ton chronon*(벧전 1:20; 개역개정판은 "말세"—역주)

e. "마지막 때"—*eschatos chronos*(유 18)

f. "마지막 시기"—*eschatos kairos*(벧전 1:5; 개역개정판은 "마지막 때"—역주)

g. "마지막 시간"—*eschate hora*(요일 2:18; 개역개정판은 "마지막 때"—역주)[1]

---

1) 위에 있는 문구 중 둘은 ***acherit hajjamim***이라는 히브리어 문구를 번역한 말로서 70

h. 다음과 비교해보라: "마지막 아담"—*ho eschatos Adam*(고전 15:45), "마지막 나팔"—*he eschate salpiggi*(고전 15:52), "세상 끝"—*sunteleia aionos*(마 13:39, 40, 49, 24:3, 28:20, 히 9:26)

구약 성경과 신약 성경의 용례는 대체로 마지막 복된 상태 앞에 자리한 시간 부분을 가리킨다. 예외일 수 있는 두 사례를 제외하면, 이 말 자체가 복된 상태 혹은 위기를 뜻하지 않는다. 이 말은 (1) 시간의 마지막, (2) 영원을 포함한 마지막 때를 뜻한다.

구약 성경의 용례

a. 다니엘 10:14에서는 이 말이 역사의 진행(발전) 전체를 아우르며, 여기에는 페르시아 왕조 체제의 시작부터 구원의 때에 이르는 시간이 포함된다.

b. 신명기 31:29에서는 모세가 훗날 그 자손들이 포로로 끌려갈 일을 일러주며, 그 훗날 너머에 구원이 자리해 있다.

c. 에스겔 38:16은 마지막 원수에게 거둘 승리를 언급하지만, 이 승리도 복된 시간의 이쪽 편에 여전히 머물러 있다.

d. 예레미야 23:20은 훗날을 이스라엘이 여호와의 심판을 이해하게 될 때라고 말한다. 이런 일이 전환점에 이르기 전에 일어날 개연성이 있

인역에 이미 나온다: *eschatai hemerai*(창 49:1, 사 2:2, 렘 37:24[30:24], 겔 38:16, 호 3:5, 미 4:1, 단 10:14); *eschaton ton hemeron*(민 24:14, 신 4:30, 31:29, 렘 23:20, 25:18[49:39]).

긴 하지만, 그래도 이 본문은 의심할 여지가 있다.

e. 예레미야 49:39은 큰 변화가 임하기 전에 엘람의 포로를 돌아가게 하리라고 예언한다.

f. 신명기 4:30은 훗날 심판이 있은 뒤에, 따라서 변화가 있기 전에 이스라엘이 돌아오리라고 말한다.

g. 호세아 3:5은 이스라엘의 돌아옴과 이스라엘이 하나님의 선하심(은총)으로 나아감을 묘사한다. 이것은 다만 최종 상태를 향해 나아가는 움직임이다.

h. 민수기 24:14은 훗날에 야곱에게서 나온 별이 모압을 정복하리라고 말한다(17절).

i. 이사야 2:2과 미가 4:1은 훗날에 여호와의 산이 굳게 서리라고 예언한다. 이렇게 굳게 선 존재를 묘사한 것은 최종 상태를 의미할 수 있다.

j. 창세기 49:10은 실로가 가져올 상태를 묘사한다. 따라서 여기에서는 그 상태의 의미가 확장되었을 수도 있다. 구약 성경 저자들이 이 말을 일반 전문용어로 사용했을 개연성도 있다.

신약 성경의 용례

신약 성경에서 *eschatai hemerai*(마지막 날들)는 한정되어 있고, 결코 미래 세대를 뜻하지 않는다. 오히려 이 말은 세상의 첫 번째 시대(곧 현재의 역사 진행)를 마무리 짓는 시기를 가리킨다. 이렇게 보는 이유는 구약 성경 저자들이 마지막 시기를 때, 곧 일련의 날들이라는 말로 묘사했다는 사실 때문이다. 신약 성경에서는 *eschatai hemerai*를 시간과 구분하여 영원이라고 말한다. 다시 말해, **날들**이라는 말은 시간과 영원을 구분하게 되었던 후대 종말론의 초월적 측면보다, 오히려 미래 세계조차도 시간의 형태로 인식했던 구약의 수평적 시각에 더 잘 들어맞는다. 따라서 신약 성경의 용례는 완성된 시대 자체는 포함하지 않는다. 구약 성경 번역자들은 이런 구분을 느끼고, eschatai hemerai를 번역하면서, 마치 서로 다른 두 날들, 곧 앞날들과 훗날들이 있는 것처럼 생각하여, 훗날들로 번역했다. 이 점은 'achar(아하르, 뒤)라는 히브리어 단어가 분명하게 일러준다.

영역 성경

영역 성경에서는 구약 성경과 신약 성경이 eschatai hemerai라는 말을 각각 달리 번역했음을 주목해야 한다. 영역 구약 성경은 eschatai hemerai라는 말을 "훗날"(the latter days)로 번역하나, 신약 성경에서는 보통 "마지막 날들"(the last days)로 번역하며, 이것에는 예외가 거의 없다. 이런 차이는 우연이 아니며, 결코 하찮은 게 아니다. 이런 차이는 종말론을 바라보는 견해와 시각의 차이를 드러낸다. 구약의 의식(consciousness)은 미래를 일직선으로 내다보았다. 구약의 의식은 자신이 다가오는 만물의 대전환 가운데 자리해 있는 것처럼 보거나 말하지 않았다. 그 대전환과 관련된 일들은 상당히 멀리 떨어져 있었다. 그 일들은 "이날들(시대)"이 아니라, 지금과 다른 모둠 혹은 계열에 속하는 미래의 날들에 일어날 일이다. 결국 지금보다 "훗날"(더 뒷날들)에 일어날 일이다. 이는 "가장 뒷날들"(hindmost days)이라 불리는 이날들이 미래이며 시간상 멀리 떨어져 있음을 암시한다. 구약은 목적지에 이르려면 먼 거리를 가야 함을 느낀다. "훗날"은 기간(time-stretch)이다. 멀리서 보면, 이 "훗날"이 종착지에 더 가까움은 인식할 수 있으나, 이 훗날이라는 기간이 얼마나 되는가는 전혀 측정할 수 없다. 전망의 상대성효과(훗날이 지금보다 마지막 종착점에 더 가까워 보이는 것—역주)만이 남아 있다. 구약은 어떤 불명확성 때문에 계속하여 이런 표현 형태를 고수한다. 이는 손으로 널판 길이를 재려고 만든 막대기로 그 길이를 가늠하지 못할 거리를 재는 것과 마찬가지다.

신약에서는 그 상황이 다르다. 신약 시대의 첫 대표자들은 길게 이어지는 역사의 종말이 가까우며, 그 종말이 그들에게 하루하루 가까워지고 있다는 사실을 거의 피할 수 없을 정도로 강하게 느끼면서 살아간다. 그들은 실제 종말이 현재에 거의 임했다는 것을 어느 정도는 아주 생생히 인식하며 살아간다. 때문에 이 대표자들은 구약이 말하는 "훗날"이 바로 그들 자신의 날이요 마지막 날이라는 지각을 그 말 속에 어느 정도 담아낸 그리스어 문구인 *eschatai hemerai*를 사용한다. 영역 성경 번역자들은 뛰어난 직관으로 이런 점을 감지한 뒤, 신약 속의 사람들이 스스로 그들 자신이 "마지막 날들"에 살고 있음을 발견했다고 말하게 함으로써 그들의 번역 정신이 감지했던 느낌을 재생해냈다. 반면, 이 번역자들은 역시 비슷한 방식으로 구약 시대 사람들의 마음 상태를 들여다본 뒤, 구약에서는 "훗날"로 번역했다. 그러나 이 번역자들이 훌륭하게 감지해낸 이런 차이는 그리스어 원문의 차이에서 생긴 것이 아니다. 그 문구를 표현하려 할 때 배경이 되었던 때(시대)와 상황에 맞게, 그리고 영감의 인도를 받아, 그 문구의 아래와 뒤쪽에 존재하는 그런 의미 차이를 감지해낸 것은 바로 번역자의 직관이다.

이제까지 우리는 종말의 위기와 종말의 상태를 순전히 창조의 관점에서 살펴보는 것이 합리성 있음을 혹은 그렇게 살펴봐야 할 필요성 있음을 고찰해봤다. 그러나 그 세계는 추상 세계(a world of abstraction)다. 이런 세계는 하나님의 창조 행위가 만들어낸 산물로서 변함도 없고 썩음도 없는 순수한 형태이지만, 현재는 어디에도 존재하지 않는다. 성경의 설명을 통틀어 살펴보면, 그런 상태에 있었던 세계는, 그 세계가 종말론에 제공했을지도 모를 잠재력 및 가능성과 더불어, 먼 과거에 자리해 있다(인간이 죄를 짓고 타락하기 이전의 세계 상태를 말한다―역주). 따라서 이 문제를 정말 실제에 와 닿게 살펴보는 방법은 이를 구속의 관점에서 살펴보는 것이다. 그렇게 살펴보면서, 죄의 개입이 종말론의 기반을 파괴하지 않고 오히려 그 반대로 종말론에 완전히 새롭고 더 강렬한 종교적 의미를 제공했다는 것도 언급하겠다. 종말론이 지닌 엄청난 의미(중요성)는 종말론이 구속 받은 세계에서 어떤 자리를 차지하고 있는지 물어볼 때 비로소 가늠해볼 수 있다. 이는 구속이 하나님이 주관하시는 절차로서 시간이라는 형태로, 역사라는 형태로 펼쳐지기 때문이다. 따라서 구속이 은연중에 도착 지점을 뜻하는 종착점을 암시한다는 것을 염두에 두지 않으면 구속 자체를 생각할 수가 없다. 어떤 썩지 않는 세계가 이미 어떤 완성 목표를 향해 뻗어나가고 있다면, 죄와 부패에 빠진 피조물은 훨씬 더 많이 그 목표를 향해 나아가려 할 것이다. 비정상인 모든 것, 불쾌한 것, 죄에 따른 마찰과 소모가 그 완성 목표를 향해 부르짖는다. 바울은 "탄식"이라는 비유를 써서 그런 마음 상태를 아주 기막히게 묘사했다(롬 8:22). 인간이 저지른 원죄 때문에, 모든 피조물이 탄식하면서, 타락으로 말미암아 그 안에서 살아가야 하는 속박에서 구원 받기를 소망한다.

지금까지 이것은 인간의 불만족스러운 주관적 상태에서 비롯된 절박함일 뿐이다. 그건 마치 우리의 쇠창살을 두들기는 것과 마찬가지다. 그 절박함이 강렬해지는 이유는 인간이 정녕, 말하자면 지금도, 그 쇠창살을 통해 그가 갇힌 감옥을 에워싼, 자유롭고 복된 낙원 세계를 볼 수 있기 때문이다. 이런 일이 벌어지는 이유는 하나님이 구속 계획을 세우시되, 그 계획이 그 안에 종말론적 최종성이라는 원리를 담고 있을 뿐 아니라, 사상 처음으로 모든 곳에 널리 퍼져 있고 진정 어디에나 있는 것으로서 만물을 아우르는 모든 신앙 질서를 꽉 채우는 것이 되게끔 세우셨기 때문이다. 성경이 말하는 구속은 새 창조 바로 그것을 목표로 삼는다. 따라서 일정한 목적을 지닌 종말을 구성하는 모든 가닥은 은혜로 말미암은 구속 계시 안에서 한데 어우러져 하나가 된다. 처음에 비췄던 종말론적 빛과 영광의 모든 광선이 그 구속 계시 안에서 다시 주목을 받는다. 구속주이신 하나님의 엄위는 그 구속 계시를 당연히 요구하며, 진정 경건한 영혼은 다른 방법으로 그 계시를 이해하려 하지도 않고 이해하지도 못한다. 하나님이 하셨던 약속은 하나님이 당신 손으로 지으신 작품들을 포기하실 수 없으며 당신이 시작하신 일을 완전하게 이루셔야 한다는 사실을 하나님께 되새겨줄 뿐 아니라, 말 그대로 그 사실을 하나님 앞에 들이민다. 이것은 종말론이 하나님은 물론이요 인간이 보기에도 구속의 왕관이라는 것을 달리 말하는 방식일 뿐이다.

우리는 그저 지극히 불편한 죄인만이 이런 식으로 느끼는 것은 아님을 잊지 말아야 한다. 아울러 이 계시에는 신앙적 열망이 품고 있는 궁극의 이상 자체를 깨우거나 되살리는 내용이 들어 있다. 바울이 이야기하는 종말론적 탄식은 죄의 비참함 때문에 터져 나온 고통스러운 절규

이기도 하지만, 그 안에는 완전하고 철저하게 하나님을 소유하고 하나님으로 만족하고 싶어 하는 뿌리 깊은 욕망이 밑바닥에 깔려 있다. 그처럼 완전하고 철저하게 하나님을 소유하고 하나님으로 만족하는 일은 현재 세상에서는 불가능하다. 이 때문에 바울 사도는 이런 말을 덧붙인다: 우리 자신, 곧 성령의 첫 열매를 가진 우리조차도 여전히 우리 속으로 탄식하면서 끝까지 소망과 믿음으로 기도하는 손을 펼치느니라(참고. 롬 8:23). 이것은 하나님께 올리는 간구요 기도이며 탄원으로서 오직 구속 받은 신앙 주체만이 체험할 수 있다. 이것(구속 받은 신앙 주체가 올리는 간구, 기도, 탄원—역주)과 이성이 없는 피조물의 탄식은 거리가 멀다. 오직 그리스도인만이 이것을 체험할 수 있고, 아주 강렬하게 체험한다. 그 체험이 얼마나 강렬한지 바울은 이것 자체를 예언의 성취로 볼 정도였다. 그건 마치 어딘가에 틀림없이 빵이 있음을 아는 처절한 굶주림과 같다.

개인 종말론과 집단 종말론

종말론은 당연히 집단 종말론과 개인 종말론으로 나뉜다. 우리는 전자를 죽음 뒤에 각 사람에게 일어날 일이라 이해한다(저자는 전자, 곧 집단 종말론을 죽음 뒤에 각 사람에게 일어날 일로 이해한다 말하는데, 전자가 아니라 후자, 곧 개인 종말론이 옳은 것 같다—역주). 우리는 늘 죽음의 순간 이후 미래의 어느 시점에 더 깊고 광범위한 변화가 일어나리라고 전제하는데, 이 변화는 전에 죽은 이들을 죽음 상태에서 옮겨놓음으로써 그 죽은 이들에게 영향을 미치는 변화이며, 결국 이런 점에서 이 변화와 다시 일어날 수도 있는 다른 개개 변화 체험들이 구분된다. 우리는 죽음 이후 상태의 첫 번째 부분에 해당하는 이 부분을 "중간기 상태"라 부른다.

이 주제의 두 측면, 곧 집단 종말론이라 부르는 측면과 개인 종말론이라 부르는 측면은 공통점도 갖고 있지만, 서로 다른 점도 많다. 히브리서 9:27(인용 본문으로 보아 9:27-28이 옳다—역주)을 보면, 각 사람이 죽은 뒤에 그에게 일어나는 일과 세계가 끝을 맞을 때 일어날 일 사이에 어떤 유사성이 있음을 추론할 수 있다: "한 번 죽는 것은 사람에게 정해진 일이요 이 일 뒤에는 심판이 있듯이, 그리스도도 많은 사람들의 죄를 맡으시고자 일단 바쳐지셨다가, 죄와 상관없이, 그를 기다리는 이들을 구원에 이르게 하고자 두 번째 나타나시리라." 구약 계시의 전 과정이 펼쳐지는 동안에는 집단 종말론이 우위에 있으며, 이런 점은 신약 성경에서도 어느 정도는 그대로 유지된다. 다만 신약 성경에서는 집단 종말론이 개인 종말론보다 우위에 있는 정도가 구약 성경의 경우처럼 아주 크지는 않다. 오히려 주된 차이는 이 내용의 분량에 있는 게 아니라, 두 시대가 본질상 아주 신비한 이 주제의 이런 측면을 훨씬 더 분명하고 명확하게 다룬다는 데 있다(구약 성경과 신약 성경에서 드러나는 집단 종말론과 개인 종말론의 주된 차이점은 구약과 신약이 모두 전자를 후자보다 더 많이 다룬다는 점에 있는 게 아니라, 전자를 후자보다 훨씬 더 분명하고 명확하게 다룬다는 데 있다는 말이다—역주). 고대 사람들이 생각했던 견해 위에 베일이 드리워 있으나, 마찬가지로 죽은 자들의 영역 및 그 영역을 지배하는 상태들에 관하여 받은 계시-지식(revelation-knowledge) 위에도 베일이 드리워 있다. 객관적 종말론에서는 대체로 예언과 성취 사이에 차이가 존재한다. 주관적 측면의 경우에는, 무지 혹은 기껏해야 일부만 아는 지식, 그리고 그리스도의 오심과 그가 행하신 사역의 완성으로 말미암아 훨씬 더 풍성하고 분명하게 주어진 정보 사이에 차이가 존재한다. 탐구자의 흥미나 호기심을 자극하는 점들과 관련 있는 종말론의 세부 내용을 알아내고자 성경을 탐구할 때는 방금 말한 차이를 마음에 새겨두어야 한다. 경건한 이스라엘 사람이 죽음의 순간에 곧장 하늘로 올라갔다는 것을 오로지 혹은 주로 구약에 의지하여 증명하려고 하는 것은 잘못된 방법일 것이다. 유일무이하다 할 엘리야의 사례 그리고 성경에 에녹에 관하여 말하는 내용이 모호하다는 점은 구약 계시의 내용을 그런 목적에 활용하기가 얼마나 부적절한가를 보여주고도 남는다.

우리는 이 제목 아래(이 개인 종말론과 집단 종말론을 다루면서—역주) 구약 시대 동안 주관적 종말론의 이슈들을 분명하고 충실하게 이해하는 일에 진전이 있었다면 그것이 어떤 진전이든 객관적 종말론의 이슈들을 밝히 설명한 덕분에 일어났다는 점을 더 깊이 살펴봐야 한다. 대체로 말하면, 구약에서는 종말론의 궤적이 개인에서 나라(민족)로 나아가지 않고, 도리어 나라에서 개인으로 나아간다. 이 점은 뒤이어 개인 종말론을 논할 때 드러날 것이다. 신약 성경에서는 다소 다르다. 개인은 유대 교회나 이방 종교의 영역을 벗어나 개종하고, 이들(유대 교회와 이방 종교—역주)은 함께 결합하여 한 집합체나 유기체가 된 뒤, 그들 각자의 운명을 통과하면서, 후자(이방 종교—역주)에 속한 특성들을 나누어준다. 하늘은 영원하다. 그리스도와 연합한 신자가 자신 안에 영생을 받았기 때문이다. 그렇지만 구약의 절차 방법에서 유래한 무언가가 신약의 만물 질서 속에서도 계속하여 존속했다. 즉 일단 교회가 형성되면, 하나님은 교회 자체를 구성하는 지체들 개개인을 상대하시지 않고, 지체들과 그 지체들의 자녀들을 상대하신다. 만물을 그런 시각으로 보면, 집단 유기체 원리가 한 번 더 드러나는 것이 보인다. 구약에서는 경건한 젊은 남자나 여자를 언제나 교회에 속한 자로 여겼으며, 심지어 단지 잠시 동안만 혹은 가상(假想) 속에서라도 교회라는 환경 속에서 살아가는 이들로 여기지 않은 적이 한 번도 없었다. 교회에 속한 부모에게서 태어난 자녀는 그 덕분에 처음부터(ab initio) 교회의 일부를 이루었다. 이 원리는 기독교회로 넘어갔다. 그리하여 "교회에 들어감(가입함)"이라는 개념은 실상 성경에도 맞지 않고 오해하기 쉬운 개념이 되었다. 하나님이 각 사람을 교회에 가입시켜 더해주시지, 남자나 여자 개인이 그들 자신의 행위로 그들 자신을 교회에 가입시키는 게 아니다. 적어도 이런 것이 교회가 예전부터 확고한 기반으로 삼아온 참된 원리다. 그러나 선교라는 영역에서는 틀림없이 그와 다를 것이다.

이제 우리는 소위 중간기 상태로 넘어가 이 상태를 고찰해본다. 물론 이 상태는 구약이나 신약에서만 독특하게 나타나는 상태나 조건이 아니다. 구약과 신약에서는, 사람들이 죽고 그 죽음 너머에 어떤 것이 있다는 생각을 하게 되면, 죽음과 죽음 너머에 있는 것 사이에 어떤 중간기 상태가 있다는 생각이 갑자기 나타나는 경향이 있었다. 하지만 문제는 "죽음 너머"(beyond)라 분명하게 정의된 것이 실제로 있다는 것을 구약 시대 사람들이 알거나 이해하기가 힘들었다는 것이다. 결국 중간기 상태라는 개념은, 실제로 존재하는데도, 죽음 이후의 미래에 관한 모든 지식이 갖고 있는 엄청난 모호성과 불명확성을 그 개념 자체 안에 끌어다 담고 있었다. 영생의 땅(나라)은 어슴푸레한 안개 같은 불완전한 계시 속에 감춰져 있었다. 이런 이유 때문에, 영생의 집에 들어가게 해줄 수 있는 입구도 그 집(영생의 땅—역주) 자체처럼 어둠 속에 자리해 있었다. 이 상태를 구약 체제 아래에서 바로 인식하려면, 하나님이 이 분야에서 사람들 자신에게 정해주셨던 한계들을 꼼꼼히 정의해봐야 한다. 나아가 우리는 사람들이 죽음 직후의 경험과 관련된 지식 영역에서 갖게 된 한계들이 동시에 우리가 그들의 흐릿한 지각의 커튼 뒤편을 자세히 들여다보려 할 때 우리의 지식과 이해를 제약하는 한계가 되기도 한다는 것을 기억해야 한다. 구약에서는 사람들의 지각이 제법 어두운 상태에 있었다. 그런 상태에서는 아무리 눈을 크게 뜬다 해도 우리 자신의 지각은 흐릿한 상태 너머에 쉬 다다를 수가 없다. 물론 우리는 그리스도인이기에, 우리를 기다리는 것에 관하여 구약 시대 사람들보다 훨씬 더 많이 알고 있다.

그러나 동시에 우리가 학생으로서 이 주제를 아주 열심히 파고든 뒤에 구약 시대 사람들과 같은 자리에 서보면, 학생이나 탐구자의 능력 면에서 구약 시대 사람들이 그들 자신의 상황에서 알았던 것보다 더 많이 알지 못함을 느낄 때가 자주 있다. 구약 시대를 되돌아볼 때, 우리 자신도 말하자면 그 시대 사람들처럼 아는 게 없다. 그러나 역사에서 볼 수 있는 이런 무지(無知) 때문에 이 주제를 밝히 설명하고자 하는 노력들이 특별한 매력을 갖게 되는 것 같다. 그것은 흥미로운 일이지만, 생명과 불멸을 밝히 일러주신 그분을 통해 우리 둘레에 그려진 빛나는 원(圓)보다 고대 이스라엘 사람들이 머물렀던 흐릿한 상상 속의 땅에 더 많은 관심을 느끼는 그리스도인들이 존재한다는 것도 현실이다. 그들은 부활의 동산(garden of the resurrection)보다 엔돌의 신접한 여인을 다룬 이야기에 거의 더 큰 매력을 느끼고 호기심을 보인다. 그것은 정상에서 벗어난 호기심이다. 우리 자신이 아주 흥미로운 그때 일들과 무관함을 생각하면, 그런 호기심은 더더욱 비정상이다. 우리와 그때 일이 무관할 수밖에 없는 배경을 생각할 때, 그런 호기심은 우리 자신과 관련 있는 일들에 가지는 호기심보다 덜 건전한 현상이다.

이제 우리가 균형을 잃고 극단에 치우치지 않으려면, 이런 문제들을 조사하거나 탐구하거나 토론할 때 우리를 인도해줄 몇 가지 구분을 할 필요가 있다. 그렇다면 하나님이 구약 시대 사람들이 중간기 상태를 다룰 때 따라야 할 원리로 세워놓으신 원리들은 무엇인가? 첫째, 우리는 이 문제와 관련된 믿음 또는 미신, 곧 그 시대 사람들 가운데 널리 퍼져 있었고 어쩌면 사람들 사이에서 거의 보편 신앙처럼 통용되었다고 말해야 할지도 모르는, 그리고 그 시대 사람들이 아주 오랜 태곳적 전통에서 물려받은 믿음 또는 미신과 그 시대 사람들이 계시를 통해 배운 것을 구분하기를 배워야 한다. 앞의 것이 당연히 대부분을 이루었다. 그런 종류의 지식은 늘 빨리 퍼지는 경향이 있기 때문이다. 반면, 계시가 그들(구약 시대 사람들—역주) 시대까지 그들 안에서 깨우쳐줄 수 있던 내용은 얼마 되지 않았는데, 이처럼 내용이 얼마 되지 않았던 것은 그들이 살았던 준비 시대가 지닌 원시성(primitive character of the preparatory dispensation) 때문이다. 그들은 갈라디아서 4:3과 골로새서 2:20이 말하는 것처럼 *stoicheia tou kosmou*("세상의 빈약한 초보 원리들") 아래에 있었다.

이어 우리는 구약 시대 사람들이 죽음 상태와 죽음 이후 상태를 보통 어떤 식으로 생각했는지 확인해보려고 노력해야 한다. 이를 확인하려는 것은 하나님이 알려주신 것들에서 이 문제(죽음 상태와 죽음 이후 상태—역주)에 관한 증거를 모으려 하기 때문이다. (하나님이 일러주신 것들의 본질에 관한 것은 곧 다시 다루겠다.) 대체로 보아 죽음에 관한 일반의 견해는 음울했다고 말할 수밖에 없다. 고대의 어떤 이방 종교 집단들처럼 죽음이 비극적 성격을 가졌다고 보진 않았을지라도, 죽음을 바라보는 견해에는 제법 정도가 센 우울함이 있었다. 그 우울함이 절망에 이르진 않았지만, 그래도 늘 환한 기쁨보다는 절망에 훨씬 더 가까웠다. 어쩌면 그것은 결코 피할 수 없는 일을 체념하며 받아들이는 기분이라고 규정할 수 있을지도 모르겠다. 물론 그것은 어쨌든 종교와 관련이 있었다. 개인 종말론을 생각하는 경우이든 아니면 집단 종말론을 생각하는 경우이든, 종교가 뚫고 들어가지 못하는 인간의 의식 어딘가에서 이런 주제를 놓고 형성된 의견이나 정서가 전혀 없기 때문이다. 구약 시대의 경건한 자들이(또는 이 문제에서 악한 태도를 보였던 자들이) 그들 앞에 있고 그들 주위 모든 곳에 존재하면서, 말 그대로 조만간 그들을 그 어둑한 영역 속으로 데려가려고 기다리는 그 신비를 어떻게 바라보았는지 분명하고 확실하게 일러줄 인상을 따로따로 흩어져 있는 말들에서 거둬 모으기가 어렵다. 우리에게 필요한 것은 바로 그 자신의 목적을 힘입어 이런 사상 주위를 돌고 있는 성경 속의 어떤 책이다.

다행히 우리는 정경 속의 여러 책 가운데 욥기에서 그런 기록을 발견한다. 욥기에서는 등장하는 사람들이 그들 자신이 느낀 대로 이야기한다. 더군다나 그들은, 다른 더 많은 문제들은 말할 것도 없고, 이 문제, 이런 주제를 이야기할 때면 교훈조로 이야기하기보다 시(詩)를 읊듯 말한다. 시야말로 지극히 심오한 사상을 밝히 깨우쳐준다. 우리에겐 욥기 외에도 시편이 있다. 시편에서도 똑같은 상황을 만난다. 하지만 시편에서는 하나님이 훗날 이 문제와 관련하여 당신 백성들에게 허락하실 빛을 내다보면서, 신뢰 그리고 심지어 기쁨에 겨워 더 즐거워하는 정서가 줄곧 빛난다. 욥기에서 욥의 친구들은 물론이요 욥 자신도 죽음을 향해 주관적 태도를 보여줌을 관찰할 수 있다는 것이 흥미롭다. 나는 이제 여러분이 이 부류에 널리 퍼져 있는 정서가 무엇인지 느끼게끔 욥기에서 몇몇 본문을 인용하겠다. 욥기 3장을 보면, 죽음 건너에 자리한 영역(나라)에 관하여 다음과 같은 말을 듣게 된다: "어찌하여 내가 태에서 죽어 나오지 않았던가, 그랬다면 이제 나는 잠잠히 누워 조용히 잠들었을 텐데"(3:11, 13). 이어 이런 말들이 나온다: "무덤(스올)으로 내려가는 자는 더 이상 올라오지 못하리라"(7:9), "나는 흙에서 잠자리니 당신이 내일 아침에 나를 찾으셔도 나는 (거기에) 있지 않을 것입니다"(7:21), "나는 없는 자처럼 보였어야 했습니다"(10:19), "어둠의 땅과 죽음의 그늘, 어둠 자체가 뒤덮은 땅은 … 어떤 질서도 없고 빛도 어둠 같은 곳입니다"(10:21-22), "그러나 사람이 죽으면 사라지나니, 정녕 사람이 숨을 거두면 그가 어디 있느냐?"(14:10), "오, 당신은 나를 무덤에 감추시고 나를 은밀히 보존하옵소서"(14:13), "이는 그의 달수가 중간에 끊어지면 그(악한 자)가 죽은 뒤에 그의 집에서 아무 즐거움도 얻지 못하기 때문이니라"(21:21).

시편에서는 이런 본문들을 가져다 추가할 수 있겠다: "오, 여호와여, 돌아와 내 영혼을 건지소서. 오, 당신의 자비로 나를 구하소서, 이는 죽으면 당신을 기억함이 없기 때문이니, 무덤(스올)에서 누가 감사하리까?"(6:4-5), "내가 구덩이(무덤)로 내려가면 내 피가 무슨 유익이 있으랴? 흙이 당신을 찬송하리까? 그것이 당신의 진리를 선포하리까?"(30:9), "그(헛된 영광을 좇은 악한 자)는 그의 조상 세대로 돌아가리니, 그들은 결코 빛을 보지 못하리라"(시 49:19), "나는 구덩이(무덤)에 내려가는 자들과 함께 헤아려지고, … 죽은 자들 가운데 (던져졌으며), 무덤에 누워 있는 죽은 자들 같으니, 당신도 더 이상 기억하지 않으시나이다. 또 그들은 당신 손에서 끊어졌나이다"(88:4-5), "당신이 죽은 자들에게 기이한 일들을 보여주시겠습니까? 죽은 자들이 일어나 당신을 찬송하겠습니까? 당신의 인자하심이 무덤에서 선포되겠습니까? 혹은 당신의 신실하심이 파멸 중에 선포되겠습니까? 당신의 기이한 일들이 흑암 중에 알려지겠습니까? 당신의 의가 잊음(망각)의 땅에서 알려지겠습니까?"(88:10-12), "당신이 그들을 홍수처럼 쓸어가시나이다. 그들은 자는 것 같습니다"(90:5), "그가 영화를 누림도 들의 꽃과 같으니, 이는 바람이 지나가면 그것이 없어지고 그것이 있던 자리도 더 이상 알지 못하기 때문이라"(103:15-16), "죽은 자들은 여호와를 찬송하지 못하니, 적막으로 내려가는 이는 어떤 이도 찬송하지 못하리라"(115:17).

앞서 제시한 본문을 보면, 사람들이 보통 [무덤을] 무엇이라 묘사했는지 드러난다. … 이런 문제가 생긴다: 이것은 단지 그 시대 이스라엘 사람들이 무지했음을 혹은 깨우침(이 없었음)을 일러주는 말인가? 아니면 그것이 비록 미래에 관한 잠시 동안의 음울한 실재이더라도, 음울한 마음 상태가 존재했을까? 이 문제는 대답하기가 쉽지 않다. 한 가지 확실한 것은 우리에겐 죽음 이후 상태를 이렇게 보는 개념을 일반화할 [권리가] 없다는 것이다. 그러나 그것이 구약 시대뿐 아니라 신약 시대의 모든 세대에 속한 하나님 백성에게 정해진 몫에 속함은 물론이다. 우리 주는 그의 가르침과 부활을 통해 이것을 우리에게 분명히 알려주셨다. 그의 뒤를 이은 사도들은 그가 이루신 일을 바탕 삼아, 적어도 그리스도인들에 관한 한, 현재의 중간기 상태와 관련하여 이런 것들을 더 이상 주장할 수는 없음을 우리에게 분명히 알려주었다. 이 문제에서는 단순히 지식의 진보가 있는 데 그치지 않고, 실제 경험과 운명에 진짜 변화가 일어났다. 그러나 구약 아래에서는 이 문제에 관한 믿음의 내용(믿음의 영역) 전체가 미망(迷妄)의 세계였다고 말하면 성급할 것이다. 이스라엘의 의식 속에 깊이 뿌리 내린 것에 상응하는 무언가가 틀림없이 있었다. 분명 그것은 이런 주제와 관련하여 이방 종교 체계가 갖고 있던 믿음들과 유사함을 보여준다. 그러나 그것 하나만으로 그것이 객관적 실재였음을 부인하기에는 불충분하다. 진실로 욥기 안에서 말하는 이들과 시편의 시인들이 강조하며 암시하는 것은 보통 사람들이 생각하는 계시가 아니었다. 그것은 다양한 순간에 그들의 신앙적 마음 상태를 그들 주관대로 토해낸 말이었다. 그것은 하나님이 이런 낙심을 담은 표현을 통해 우리에게 알려주시려 한 것이 아니었으며, 그 위에 당신이 하나님으로서 가지신 절대 권위를 나타내신 인(印)이 찍혀 있는 것도 아니었다. 그러나 그런 이유로 그것이 영감의 영역에 들어오지 못하게 제지당하거나 그 영역에서 쫓겨나지는 않았다. 이런 경우에 영감은 다만 이런 생각과 불안과 불길한 예감이 실제로, 그리고 실제 그런 형태로, 경건한 이스라엘 사람들의 마음속에 존재했음을 확실하게 보증해줄 뿐이다.

그러나 우리가 이 모든 내용에서 그 보고가 전하는 의미의 영감이 존재하고 작용했다는 결론밖에 내리지 못한다는 사실은 그 시대 사람들의 정서가 적어도 그 시대에는 정당했음을 증명해 줄 실재와 경험과 운명이 당시 전혀 존재하지 않았음을 증명해주지 못한다. 이런 믿음 전체가 그저 사람들의 그릇된 생각이요 미신이었다 해도, 우리가 이런 것들을 죽 살펴보면서 구약 시대 사람들이 죽음을 앞두고 보통 예상했던 것과 그들이 죽음 이후 상태를 묘사한 방식을 무지나 오류나 미신이 뒤

죽박죽 섞인 것으로 여겨 무턱대고 내버릴 수는 없다는 것을 분명 짐작할 수 있을 것이다. 그들의 믿음과 믿음의 표현에 일부 적절치 않은 점들이 섞여 있었음은 쉬이 인정할 수 있다. 그러나 우리에게는 이 모든 내용을 상대로 짐짓 이런 태도를 취하면서도, 더 풍성하고 더 적절하며 더 명확한 우리의 지식을 구약 시대 사람들의 그것에 집어넣은 뒤, 억지 주해를 통해 구약 성경이 하는 말들의 의미를 뒤틀어버림으로써, 우리 생각에 구약 성경이 당연히 해야 할 말이다 싶은 것을 구약 성경의 말들에 강요하여 그 말들을 우리 자신의 지식에 꿰어 맞출 권리가 없다. 믿음과 예감과 불안과 기대가 뒤섞인 이 세계 전체가 그저 인간의 상상이 빚은 산물이었다면, 우리가 가진 이 긴 기록이 이스라엘 가운데서 이루어진 계시의 진전을 담아내는 동안, 하나님은 필시 바로잡거나 바꿔야 할 것들을 암시하거나 그 모든 관점을 바꿔야 할 필요성을 암시하는 단서들을 제공해주셨을 텐데, 그리하시지 않았다. 아무리 넓고 포괄적 의미로 생각해봐도 그런 단서를 제공하는 일은 상당히 늦게까지도 이루어지지 않는다.

하지만 방금 말한 일반론에는 예외가 있다. 나는 방금 제시한 규칙을 다소 명확하게 한정해줄 만한 내용으로 모아볼 수 있는 모든 상세한 내용을 다 파고들 수 없다. 그러나 시편에는 간략하나마 꼭 언급해야 할 네 본문이 있다. 이 본문들이 나타나는 시편은 16편, 17편, 49편, 그리고 73편이다. 여기서 언급하는 이 본문들을 힘써 기억 속에 단단히 심어두길 바란다. 네 본문 가운데 첫 번째 본문이 시편 16:10-11이다. 여기서 시인은 여호와가 그(시인)의 영혼을 스올에 버리지 아니하시며, 그(여호와)의 거룩한 자가 썩음을 보는 고통을 겪게 하시지 않으리라는 그의 확신을 표현한다. 많은 주해자들은 이것을 여호와가 스올이 이 시인을 붙잡게 허용하시지 않으리라는―다시 말해 시인이 죽게 허용하시지 않으리라는―내용으로 축소하려 애쓴다. 말 자체만 놓고 보면 그런 의미가 들어 있을 수도 있지만, 바른 해석은 다르다. 우리가 그것이 바른 해석임을 아는 이유는 베드로가 이 본문을 인용한 말(행 2:25-28)이 그 해석을 보증해주기 때문이다. 베드로에 따르면, 이 말은 예수의 부활에 적용해야 한다. 이 말은 하나님이 이미 스올에 있는(또는 적어도 앞일을 예언하자면, 장차 스올에 있을) 당신의 종을 죽음의 힘 아래 버려두려 하시지 않고, 도리어 그 반대로 그 종을 구해내어 그에게 생명의 길을 알려주려 하신다는―그의 얼굴에 기쁨이 가득하게 하고, 이 모든 일을 행하시되 그의 몸이 소망 가운데 안식하더라도 썩음을 알게 되지 않게 하는 식으로 행하려 하신다는―확신을 표현한다. 여기서 죽음을 맞으리라는 예상은 제거되지 않았지만, 죽음 상태 자체는 그 모습이 바뀌어, 영광을 일러주는 예언이 되었다. 이 본문은 그리스도의 부활에 딱 들어맞는다. 그런 점에서 베드로가 이 시편 본문을 그리스도의 부활에 적절히 인용한 것은 남달리 비범한 일이요, 해석의 재능을 진정으로 증명해 보이는 솜씨다. 그 이유는, 우리가 유념해야 할 점이기도 하지만, 이 시편 16편이 직접적이고 분명한 의미에서 오로지 예수만을 가리키는 메시아 시가 아니기 때문이다. 이 시는 일반 원리를 천명하며, 베드로는 이 원리를 아주 완벽하게 성취했다 할 수 있는 한 사례에 적용한 것이다. 여기에는 그저 죽음 이후의 삶이나 현세의 삶 속에 자리한 죽음의 자취에서 구원을 받음만 있는 게 아니다. 여기서 말하는 것은 생명이 죽음을 누르고 거둔 최고의 승리인 하나님의 승리다.

시편 17편을 보면, 시인이 현세에 있는 동안 그 분깃을 받았기에 이 세상을 떠날 때는 그들이 가진 모든 재물을 그들의 자녀에게 남겨주고 떠나야 하는 악한 자들과, 말하자면, 경건한 자들, 특히 "나로 말하면 나는 의로움 가운데(즉 의로움을 완전히 인정받은 상태에서) 당신의 얼굴을 뵈오리니, 내가 깰 때에 당신의 형상(곧 당신의 형체)을 보는 것으로 만족하리이다"라고 자신 있게 선언할 수 있는 시인 자신을 대조한다(14-15절). 하나님의 "얼굴을 뵌다"는 것과 하나님의 형상을 봄으로 만족을 얻는다는 것이 정확히 무슨 뜻인지 썩 분명하지는 않다. 그러나 구약 성경이라는 울타리 안에서만 보면 이 말은 독특하고 아주 놀라워 여기서 부활 사상을 발견하는 데 주저할 필요가 없다―"깸"이라는 비유가 이 표현 속에 들어와 있다는 이유 때문에도 더더욱 주저할 이유가 없으며, 이 말이 가질 법한 의미의 근거가 부활의 소망 외에 다른 어떤 것이라고 말하기는 어려울 것이다. 이런 형태의 진술과 관련하여 주목해야 할 것은 시편이 집단 종말론을 이야기할 때 가끔씩 "아침"을 확정된 전문적 의미로, 즉 큰 빛으로 가득한 여호와의 날이 동터 옴을 의미하는 말로 이야기한다는 것이다. 시인이 "깸"이라는 말을 쓰려 한 이유는 그가 이런 말을 하는 이 짧은 하룻밤이 지나면 여호와를 뵙겠다 싶을 만큼 여호와를 뵐 때가 아주 가깝다는 것이 그의 생각임을 전달하려 했기 때문이라고 보는 것도 불가능하지 않다. 하지만 대체로 보아 그와 같이 보는 것은 문맥상 썩 타당하지 않다(하지만 시편 46:5의 "하나님이 새벽에 그를 도우시리라"와 비교해보라). 하지만 일부 주해가들은 이 말에서도 (종말론에서 말하는) 끝이 길게 늦춰지지는 않으리라는 것을 일러주는 비유 표현을 발견했다.

시편 49편도, 시편 17편과 똑같이, 죽어 그들이 가진 재물을 남겨놓고 떠날 수밖에 없는 악한 자들과 경건한 시인을 대조한다. 악한 자들은 저 세상에서 스올이라는 목자가 치는 양떼로 나타난다. 시인은 그 자신을 두고 이렇게 선언한다: "그러나 하나님은 내 영혼을 스올의 권세에서 건져내시리라"(15절). 이 말에 이어 "이는 그가 나를 영접하시기 때문이라"라는 말이 나오는데, 이 말은 여기서 언급하는 것이 죽음을 면함보다 더 많은 것임을 증명해준다. 이 말은 틀림없이 이미 스올의 권세 아래 있는 자를 건져내실 하나님의 행위를 가리키지만, 이 행위가 어떤 행위이며 이 구원 행위 뒤에 이어질 상태나 조건이 어떠할 것인가도 더 자세히 밝혀주지 않는다.

시편 73:23, 25에서 발견할 수 있는 네 번째 확언은 그 점—그 점이 이 문제에서 대단히 중요한 요소임은 쉬 알 수 있다—에 관하여 적어도 일부나마 대답을 제시한다. 시인이 이렇게 선언하기 때문이다: "그럴지라도 내가 항상 당신과 함께 있으니, 당신께서 내 오른손을 붙들어주셨나이다. 당신은 나를 당신의 경륜으로 인도하시고 나중에는 나를 영광으로 영접하시리이다." 이 영광을 어떻게 인식해야 할지, 또는 우리가 이 영광 속에 포함시키거나 시켜서는 안 될 요소가 무엇인지 썩 명확하지 않을 수도 있지만, 우리는 분명 여기서 지복(至福)의 영역에 속하는 어떤 긍정 개념을 발견한다. 우리는 바로 이것과 관련하여 25-26절 이하의 말에서 좀 더 자세한 정보를 얻는다: "하늘에서는 당신 외에 누가 내게 있겠으며, 땅에서는 당신 외에 내가 바라는 이가 아무도 없나이다. 내 살(육체)과 내 마음은 쇠하지만(곧 내 살과 내 마음은 '쇠해야 한다'가 아니라, 쇠하겠지만), 하나님은 내 마음의 힘이시며 영원히 내 분깃이시라."

25-26절에 있는 이 말은 경건한 자가 현재 상태 속에서 하나님과 누리는 친밀함과 하나님이 저 세상에서 베푸시는 은총을 체험함 사이에 연속성이 있음을 확증해준다. 시인의 삶은 말 그대로 하나님을 절대 중심으로 삼을 뿐 아니라, 하나님도 반응으로 보여주시는 태도를 통해 당신 자신이 동일한 분임을 보여주셨다. 시인은 계속하여 여호와와 함께 있었고 늘 여호와께 가까이 다가갔다. 때문에 이 말에서는 이런 관계가 영원히 확고하다는 보장을 발견한다. 이 본문이 구약 성경 안에서는 중간기 상태와 관련하여 가장 높은 수준의 신앙고백을 표현한 말임은 의심할 여지가 없다. 그러나 물론 이 말은 사람이 죽을 때 혹은 죽음 직후에 다가오는 일과 이런 일이 있은 뒤 어느 시점에 일어날 수 있는 영광의 영원한 충만을 예리하게 구분하지 않는다. 본문은 그 모든 것을 한 전망 속에 집약해 담아놓았다. 이것을 다시 그 구성 요소들로 분해하여 분석하는 일은 이후의 구약 계시와 신약 성경 속에서 집단 종말론의 진전이 더 이루어질 때까지 기다려야 했다.

이 네 시(詩)의 연대를 살펴보면, 시편 16편과 17편의 제목이 이 두 시를 다윗의 시로 소개함을 볼 수 있으며, 16편 같은 경우는 그에 더하여 베드로의 증언도 사도행전에 실려 있다(행 2:25을 참고하라). 다른 두 시에는 "고라 자손의 시"(49편)라는 제목과 "아삽의 시"(73편)라는 제목이 각각 붙어 있다. 따라서 이 시들이 담고 있는 신앙이 등장한 때를 확정하는 일은, 시편 16편의 경우를 제외하면, 시편 전체의 저작 연대 문제 그리고 이런 저작 연대 문제를 탐구할 때 각 시의 제목에 부여해야 할 비중과 서로 연관이 있다. 여러분도 알겠지만, 방금 말한 마지막 문제(즉 시편의 저작 연대를 탐구할 때 시의 제목을 얼마만큼 중시해야 하는가—역주)는 학자들 사이에 상당한 논란이 있는 쟁점이다. 따라서 나는 여기서 그 문제를 더 이상 고찰하지 않겠다.

시편에서 거둬들인 이런 증거들에 오경에서 거둔 한 가지 증거를 더 해야 한다. 그 증거는 에녹에 관한 말인 창세기 5:24에서 찾을 수 있다. 창세기 5장이 에녹을 두고 한 말과 관련하여 다음과 같은 것을 언급할 수 있겠다. 에녹의 경우에는, 그가 속한 계보에 들어 있는 다른 모든 이들을 두고 단언하는 것처럼, "그가 죽었다"는 말을 하지 않는다. 간단하게 "그가 (세상에) 있지 않았다"라고 말할 뿐이다. 만일 이것이 상상으로 만들어낸 말이라면, 그를 발견할 수 없었고, 따라서 그의 몸이 하나님께 옮겨갔다는 추론으로 이어졌을 것이다. "하나님이 그를 데려가셨다"라는 말 자체는 하나님께 더 가까워진 새로운 상태를 암시한다. "에녹이 하나님과 동행했다"는 말이, 틀림없이 그 말 그대로, 그가 경건한 삶을 살았다는 차원을 넘어 더 많은 것을 뜻하고, 그가 하나님과 독특하고 초자연성을 지닌 친밀한 사귐을 누렸으며 하나님의 신비 속으로 들어갔음을 가리키는 말이라면, 그가 이 땅에서 보낸 삶과 이 땅을 떠난 뒤의 상태 사이에서는 어떤 평행 관계가 두드러지게 나타난다. 에녹이 하나님과 동행함 그리고 뒤이어 하나님이 그에게 가까이 가심이 서로 대응한다. 하나님이 그를 어디로 데려가셨는지 일러주는 말이 없음을 주목하라. 시편만 한정하여 살펴봐도 이런 식으로 말하는 방식이 남아 있다. 장소는 더 자세히 밝히지 않은 채, 다만 변화되어 하나님께 아주 가까이 갔다는 것만 강조한다.

우리는 에녹을 다룬 이 기사에 열왕기하 2:9-11이 엘리야에게 일어난 일을 간략히 보고한 것을 직접 덧붙일 수 있을 것 같다. 두 기사의 차이점을 든다면, 엘리야의 경우에는 "엘리야가 회오리바람으로 하늘로 올라갔다"는 것을 우리에게 분명히 일러준다는 점이다. 하나님이 그를 데려가셔서 도착하게 하신 장소를 분명하게 일러준다. 반면, 엘리야를 데려간 이가 하나님이라는 것은 그리 뚜렷하게 말하지 않는다. 엘리야는 엘리사에게 자신이 "데려감을 당하리라는 것"이나 "그(엘리사)에게서 데려감을 당하리라는 것"을 두 번에 걸쳐 말한다(9-10절). 그러나 **"데려감을 당하다"**라는 동사를 쓴 것은 하나님이 에녹을 "데려가셨다"는 말을 떠올려주는 것 같다.

모세의 경우, 후대 유대교에서는 그를 에녹 및 엘리야와 함께 죽음이라는 중간 단계를 거치지 않고 이 세상에서 옮겨 간 은혜를 받은 3인조(trio)를 형성한다고 표현하지만, 나는 이와 관련한 것은 말하지 않겠다. 모세의 떠남을 기록한 신명기 34장 기사를 보면, "그가 죽어" 모압 땅 어느 골짜기에 묻혔다는 말을 되풀이한다. 여기에 딱 하나 신비한 말을 덧붙이는데, 이런 말이다: "오늘까지 그의 무덤을 아는 이가 아무도 없다"(신 34:6).

에녹과 엘리야에 관한 기록은 이 내러티브들을 읽는 독자들에겐 분명 철저한 암시였다. 이 내러티브들 안에는 죽음 이후의 상태에 관하여 이후에 진전될 계시의 싹이 들어 있었다. 다만 우리는 이 두 구약 신앙 영웅의 경험을 죽음 이후 상태를 포괄하여 일러주는 계시로 일반화하는 데까지 나아가서는 안 된다. 그 경험은 어디까지나 그 사건(에녹과 엘리야에게 일어난 사건—역주)이 일어난 때와 그 사건을 기록할 때 염두에 두었던 구약 신자들에게 그 사건이 전달해주거나 전달해주려 했던 특별한 방향 속에서 이루어졌기 때문이다. 이렇게 본다면(에녹과 엘리야의 경험을 죽음 이후 상태를 일러주는 일반론으로 본다면—역주), 우리가 여느 사람들은 말할 것도 없고 심지어 경건한 사람들이 가졌던 믿음과 관련하여 다른 곳에서 모은 내용과 모순이 생길 것이다. 그들은 분명 이런 일들이 에녹과 엘리야에게 일어났다고 생각했지만, 그들이 모두 에녹과 엘리야 같은 사람은 아니라는 사실을 충분히 곱씹어볼 만큼 겸손한 이들이었다.

십중팔구는 오경에도 죽음 이후 상태를 살아 있을 때와 어느 정도 차이는 있지만 죽은 자를 행복이나 비탄을 느낄 능력을 잃지 않는 상태로 보았던 고대의 믿음을 증언해주는 또 다른 증거가 들어 있다. 이 증거는 발람의 첫 번째 예언(mashal; 히브리어 mashal은 본디 어떤 가르침을 담은 비유나 금언을 뜻하나, 민수기 23장의 문맥을 고려하여 "예언"으로 번역했다—역주) 속에 들어 있는 민수기 23:10에서 찾아볼 수 있다. 발람은 이렇게 외친다: "나는 나로 하여금 의인의 죽음을 죽게 하고 내 끝(acherith)이 그와 같게 하리라." 발람이 한 이 예언은 몇몇 곳에서 종말론 분위기를 드러내지만, 어쩌면 예언 전체가 종말론 분위기를 띠고 있을지도 모르겠다. 이스라엘은 여호와가 함께하심으로 아주 남다른 지위와 운명을 갖고 있다. 이 높은 지위에 따른 결과는 현세에서 잠시나마 누리는 물질의 복이라는 말로 묘사한다. 그러나 우리 앞에 있는 구절을 보면, 보는 (예언하는) 자(seer)가 그 자신의 의지에 반하여 이런 행복을 보여주는 환상에 취해 있는 동안(그는 본디 저주를 하려 했으나 축복을 할 수밖에 없었다), 의로운 자의 죽음 혹은 그의 죽음과 관련된 무언가를 언급하며 절정에 이른다. 이제 문제는 이런 축복이 나오게 만든 복된 상태가 정확히 어디에 존재하는가다. 일부 사람들은 이런 축복이 과거를 회고함에서 나온다고 생각한다. 즉 행복은 번성과 풍요가 주는 기쁨으로 가득했던 긴 생애를 돌아볼 수 있는 죽음의 순간에 자리해 있으며, 이 모든 번성과 풍요를 베풀어주신 여호와의 은총을 생각하면 그 모든 행복이 더 커진다고 생각하는 것이다. 이런 생각도 가능하다. 구약 성경은 삶이, 특히 경건한 삶이 이 땅에서 잠시 소유하는 것들이라 부를 수 있을 만한 것들을 더 중요시하기 때문이다.

하지만 이런 주해는 그리 자연스럽지 않다. 죽음의 순간에 과거만 돌아보고 알지 못하는 미래를 완전히 간과하며 무시한다면, 그 동기가 오로지 과거에서만 유래하는 찬송은 오히려 빈약하고 지나쳐 보일 것이기 때문이다. 단순히 과거만 떠올리는 기억들로 미래, 그것도 아주 가까이 다가와 있는 미래에 느끼는 불안을 온전히 잠재우기는 불가능할 것이다. 다른 주해, 곧 이 축도가 의로운 자에게 그 끝이 다가온 뒤에 그를 기다리는 바람직한 운명을 가리킨다고 보는 주해는 그 주된 근거를 그 의로운 자에게 붙인 이름—즉 *jeshurun*(여슈룬은 "올곧은, 의로운 이"를 가리키는 말로, 구약에서는 신 32:15과 33:5, 33:26 그리고 사 44:2에서 네 번 사용했으며, 두 번은 이스라엘을 가리키는 표현으로 사용했다—역주)—에서 찾는다. 이 의로운 자가 얻을 것과 그의 "의로움"은 어떤 식으로든 서로 관련이 있는 게 틀림없다. 그 점은 아주 중요할 것이다. 의로운 자가 얻을 것과 그의 의로움 사이에 어떤 상관관계가 있다면, 도덕에 따른 차등대우 원리를 중간기 상태에 도입하는 것이 되어, 의롭지 않은 자는 의로운 자가 얻을 것을 얻지 못하거나 그것과 다른 어떤 것을 얻을 것이기 때문이다. 하지만 공교롭게도 성경은 이런 속성을 가진 주체를 "의로운" 자를 가리킬 때 보통 사용하는 형용사(*jashar*)로 묘사하지 않고, 드문 형태인 *jeshurun*으로 묘사한다. 구약 성경은 이를 이스라엘 백성을 가리키는 고유명사로 두 번 사용하는데, 한 번은 신명기에서 사용하고(신 33:26) 한 번은 이사야서에서 사용한다(사 44:2). 이것은 다시, 그것이 가리키는 방향을 볼 때, 이스라엘 백성 한 사람 한 사람이 아니라, 이 구절 전체가 언급하는 이스라엘 백성을 가리킨다. 모든 것이 이렇게 보는 것에 아주 잘 들어맞는다. 앞 문맥이 분명 이스라엘 민족을 두고 이야기하기 때문이다. 그러나 여기에서도 다시금 어려움이 생긴다. 즉 이 말을 그렇게 이해할 경우, 이스라엘이라는 한 민족이 이런 행복한 분깃을 받을 수 있으려면 그 전에 다 죽어야 한다는 말이 되기 때문이다. 내가 아는 한, 구약 성경이 말하는 방식에는 이스라엘의 죽음이라는 개념과 평행을 이루는 개념이 존재하지 않는다(어쩌면 호세아서와 에스겔서는 예외일지도 모르겠다). 여러분이 보듯이, 각 견해에 찬성하는 입장과 반대하는 입장이라 할 수 있는 것이 서로 균형을 이루고 있다. 그 때문에 어떤 견해를 따를지 결정하기가 아주 어렵다. 나 자신은 개인(개인 종말론—역주)에 초점을 맞춘 해석을 따르고 싶다. 이와 다른 견해를 따를 경우에는, 화자(話者)가 무엇을 이스라엘이 죽은 뒤에 받게끔 준비되어 있는 복된 상태로 여기는가도 아울러 물어보아야 할 것이다. 그것은 필시 이스라엘이 포로 생활에서 돌아온 뒤에 누릴 회복과 번성이겠지만, 구약 성경이 과연 이스라엘이 포로로 잡혀간 것을 이스라엘의 "죽음"이라 말한 적이 있는가 하는 의문이 다시금 일어난다. 만일 사람들이 시야를 확장하여 그 너머까지 바라본다면, 한 민족의 부활을 제외한 어떤 것을 생각하기는 불가능할 것이다. 이렇게 시야를 넓혀 지극히 먼 종말론적 미래까지 바라본다면, 그 전에 있은 이스라엘의 죽음이라는 특이한 개념을 제거하지는 못할 것이다. 이 견해에 따르면, 이스라엘이 겪은 그런 죽음은 이스라엘이 포로로 잡혀간 것보다 훨씬 더 심각한 문제임이 틀림없기 때문이다.

다음으로 우리는 바로 이 주제(구약 성경이 중간기 상태에 관하여 일러 주는 자료)와 관련하여 주목할 만한 본문인 욥기 19:25-27—미래의 삶을 다룬 논의에서 아주 빈번히 인용하는 본문이다—을 살펴봐야 한다. 이 본문이 하는 말은 우리에게 친숙하고 실제 목적에 쉬이 활용하기도 하지만, 그에 못지않게 해석하기가 유달리 어렵다. 영역 성경 본문은 이렇다(개역개정판 본문을 옮기지 않고, 저자가 제시한 영역 본문을 그대로 번역한다—역주): "이는 내가 알기에, 내 대속자가 살아 계시고, 그가 훗날 땅 위에 서실 것이요, 내 피부의 벌레(구더기)들이 이 몸을 파괴한 뒤에도, 나는 내 몸 안에서(내 몸을 입고) 하나님을 보리니, 내가 나를 제어할 힘이 내 안에서 다 사라질지라도, 내 스스로 그를 보며, 내 눈으로 다른 이가 아니라 그를 볼 것이기 때문이라." 이것이 Authorized Version(흠정역, KJV)의 번역이다. 나는 이제 Revised Version(개역, ASV)을 인용하여 이 개역이 이전 번역을 어떻게 바꿔놓았는지 제시해보겠다. 본문은 이렇다: "그러나 나로 말하면, 내가 아노니, 내 대속자가 살아 계시며, 마침내 그가 땅 위에 서실 것이요, 내 피부에 이어 이 몸조차 파괴된 뒤에도, 나는 내 몸이 없어도 하나님을 볼 것이요, 내가, 바로 내가, 그를 내 스스로 볼 것이며, 내 눈이 그를 보되, 낯선 이처럼 보지 않으리라. 내 마음이 내 안에서 타 없어지는구나." RV는 방주(傍註)에서 "대속자"(redeemer)를 대신할 번역어로 "변호자(vindicator), 히브리어로 *goel*"

을 더 제시하고, 25절에서는 "땅"(earth)을 대신할 말로 "티끌"(dust)을 더 제시한다. 또 26절에서는 "또 내 피부가 그와 같이 파괴당한 뒤에도, 나는 내 몸을 입고 하나님을 볼 것이요"를 더 제시하며, 마지막으로 27절에서는 방주에서 "내 마음이 내 안에서 타 없어지는구나" 대신 "내 고삐(내가 나를 제어할 힘)가 내 안에서 타 없어진다"를 더 제시한다.

"대속자"를 "변호자"로 바꾼 첫 변화는 오로지 방주에서만 등장한다. 이는 분명 진전(개선)이다. "대속자"는 더 특별한 개념, 곧 다른 사람 대신 속전(贖錢)을 지불하고 그 다른 사람을 어떤 속박에서 구해내는 사람을 가리킨다. "대속자"라는 번역어를 좋아하게 된 것은 주로 히에로니무스가 이 말을 그렇게 번역하고 나아가 실제로 이 본문 전체를 다음과 같이 번역했기 때문이요,[2] 아우구스티누스도 히에로니무스의 번역을 채택했기 때문으로 보인다[3]: "scio enim quod Redemptor meus vivit et in novissimo die de terra surrecturus sum, et rursum circumdabor pelle mea et in carne mea videbo Deum meum, quem visurus sum ego ipse et oculi mei conspecturi sunt et non alius; reposita est haec spes mea in sinu meo."(나는 내 대속자가 살아 계심과, 내가 마지막 날에 땅에서 일어날 것과, 다시 내 피부를 입을 것과, 내가 내 몸 안에서—내 몸을 입고—내 하나님을 보되, 내가 내 스스로 그를 보고, 내 눈으로 다른 이가 아닌 그를 보리라는 것을 아노

---

2) 히에로니무스의 글은 불가타 욥기 19:25-27에서 인용했다.
3) 아우구스티누스는 *City of God* 22.29.4(FC 24:501-2; PL 41:799)에서 ***et in carne mea videbo Deum***(욥 19:26)을 인용한다.

라. 이런 내 소망이 내 가슴 속에 있느니라.) 루터는 이를 따라서 다음과 같이 간단하게 번역했다: "aber ich weiss dass mein Erloser lebt, und er wird mich hernach aus der Erden aufwecken. Und werde darnach mit dieser meiner Haut umgeben werden und werde in meinem Fleisch Gott sehen"[4](그러나 나는 내 구속자가 살아 계심과, 그가 나중에 나를 땅에서 일으키시리라는 것을 안다. 그리고 그 뒤 이 내 피부가 나를 에워싸면 내 몸 안에서—내 몸을 입고—하나님을 보리라). 여러분도 어떤 주석이든 훌륭한 주석을 참조해보면 확인할 수 있겠지만, 이 번역은 그야말로 철저히 자유로운 번역이기 때문에, 언어학의 관점에서는 그 세부 내용을 지지할 수가 없다. 애초 이 번역의 근본 잘못은 **대속자**(redeemer)라는 말을 들여온 데 있다. 이 말은 기독교 초기부터 지금까지 이 칭호에 달라붙어 있는 모든 구원론 관련 개념을 연상시켜주는 데다가, 여기에서는 이 말 자체가 본디 부정확할 뿐더러, 그 본문을 뒤따르는 부분에도 타당하지 않은 구조와 의미를 강요했다.

이런 식으로 이상한 요소를 들여온 것, 뿐만 아니라 그와 마찬가지로 애초 의도했던 생각들이 모호해져버리고 그중 일부는 제거되어버린 것, 그리고 오랜 세월 내내 이 말들이 이런 오해에 짓눌린 채 길고 쉽지 않은 길을 걸어가야 했다는 것은 큰 불행이다. 이 문맥을 꼼꼼히 읽어보면, 이 본문이 나온 상황이 요구하는 이름은 "변호자"임이 드러난다. 상

---

4) 루터 번역을 보려면, *Die Bibel oder die ganze Heilige Schrift des Alten und Neuen Testaments. Nach der deutschen Übersetzung Martin Luthers*(Württembergische Bibelanstalt Stuttgart, 1970), 욥기 19:25-27이 들어 있는 588(각주)을 참고하라.

황은 이렇다―욥은 자기 친구들에게 핍박을 받고 있다고 느낀다: "너희는 왜 하나님처럼 나를 핍박하느냐. 오, 내 말(곧 내가 결백하다는 항변)이 이제 기록되었으면! … 그 말이 철필과 납으로 바위에 영원히 새겨졌으면"(19:22-24). 이는 곧 욥이 당장 바라는 것은 자기가 그의 친구라 하는 이들이 진저리가 날 정도로 끝없이 퍼부어대는 비판에서 벗어나 자신의 의로움을 확인받는 것임을 보여준다. 욥은 분명 하나님이 개입하셔서 이런 변호를 해주시길 기대한다. 이런 변호가 무슨 형태를 띠고 어떤 조건에서 이루어지든, 이런 변호가 다가오면 욥을 발견할 것이요, 이 변호가 끝나면 욥을 떠날 것이다―이 본문의 결말이 말하는 것도 틀림없이 그런 것이며, 그런 점을 고려하면 25절 하반절을 어떻게 번역하느냐에 따라 많은 것이 달라진다. 25절 하반절의 의미를 결정할 때에도 *al'a-phar*(알 아파르)라는 말이 거의 모든 것을 좌우한다. 우리는 여기서 "그가 땅 위에 서실 것이요"라는 AV를 따를 것인가? 이미 말했듯이, RV도 본문을 그렇게 번역했다. 아니면 RV 번역자들이 방주에서 제시한 번역을 채택할 것인가? 여러분은 이것이 이 본문이 시사하는 의미에 얼마나 중요한 차이를 가져다주는지 곧 알게 될 것이다. "티끌 위에"(upon the dust)는 분명 우리에게 무덤을 되새겨준다. 이 말은 욥을 마치 티끌 속에 있는 사람, 이미 죽은 사람처럼 표현한다. 또 욥은 그(변호자)가 바로 이 티끌 위에 서 있다고 생각한다. 이 티끌은 무덤 흙의 티끌일 수도 있고, 욥의 몸이 한 줌 티끌이 되어 흙과 뒤섞여 있는 것일 수도 있다. 욥이 기대하는 것은 그가 죽은 뒤에 하나님이 그가 묻힌 무덤 표면에서, 또는 거의 남지 않은 그(욥)의 티끌 위에서, 욥을 핍박하는 자들과 다투시며 욥이 의롭다고 선언하시는 것이다. 욥은 이 일을 통해 철필과 납으로 쓴 글, 혹은 사람 눈에 잘 띄는 어떤 바위에 새긴 거대한 기념문보다 훨씬 더 깊은 인상을 남기고 오래 가는 것을, 다시 말해 아무도 지우거나 부인하지 못하는 하나님의 변호 평결을 얻어 만족을 얻으려 한다. 그렇다면 이제 "그가 티끌 위에 서실 것이요"라는 번역은 이런 뜻으로 봐야 하며, 그런 점에서 보면 이 번역은 적어도 죽음 이후 세계를 내다보는 내용은 거의 말하지 않지만, 죽음 이후 상태에서 자신의 의로움을 확인받으리라고 예측하는 셈이다.

그런 상황에서 주어지는 변호(의로움을 확인해줌)는 단순히 말로 변호함에 그치지 않을 것이다. 우리는 그것과 관련하여 욥의 인격에 실제로 영향을 미치는 몇몇 결과들을 생각할 수밖에 없다.

이제 대안 번역문으로 제시한 "내 변호자가 땅 위에 서실 것이요"를 살펴보자. 이 번역은 이 말 자체가 죽은 욥을 다루는 말일 가능성을 결코 배제하지 않지만, 그래도 다른 번역문처럼 욥이 꼭 죽었을 것을 요구하지는 않는다: "땅은, 티끌과 구별되며, 여호와가 서실 단단한 땅이다." 그 장면을 이렇게 표현한 것은 하나님이신 변호자가 당신의 선고문을 선포하실 때 그 모습이 장엄하고, 강력하며, 취소할 수 없는 성격을 가졌다는 생각을 하게 한다. 우리는 이 번역에서 무언가를 얻지만, 그렇다고 다른 번역이 제시하는 어떤 귀중한 시사점을 꼭 잃어버리지만은 않는다. 단단하고 굳은 땅 위에 서신 여호와가 죽은 욥을 두고 당신의 평결을 선고하실 때도 여전히 살아 있는 욥에게 선고하실 때만큼이나 강력하게 선고하시기 때문이다. 두 번역 중 어느 것이 욥이 말하려는 의미에 부합하는가는 오직 이어지는 본문만이 결정해줄 수밖에 없다. 그러나 불행하게도, 이어지는 본문은 그 의미가 확실치 않아 적절한 안내자가 아니다. 이 본문의 모호한 말들이 무슨 의미인지 이해하기가 거의 불가능하기 때문이다. 하지만 나는 이미 살펴본 말들과 관련하여 AV가 25절에 있는 형용사 acheron("뒤의, 나중의"라는 뜻이다—역주)을 "그가 훗날 땅위에 서실 것이요"로 번역한 것은 십중팔구 오류라는 말을 덧붙여 두고 싶다. acheron이라는 말은 더 말할 것도 없이 그런 의미일 수가 없다. 이 말이 그런 의미일 수 있고 또 그런 의미라면, 이는 분명히 이 본문 전체를 부활과 관련짓는 것이 될 것이다. acheron은 "변호자"라는 형상에 완벽히 들어맞는다. 그가 땅 위에(또는 티끌 위에) 마지막 존재로서 서 있다는 표현은 그가 그 영역에서 또는 그 바닥에서 마지막 존재, 곧 욥을 의롭다 하는 확정 평결을 내리는 자, 곧 최종 선고를 내리는 자임을 의미한다.

26절 같은 경우는 본문이 아주 모호하기 때문에 나는 이 본문을 설명하려는 어떤 시도도 하지 않으려고 한다. 26절 본문의 히브리어 단어들을 최대한 자유롭게 해석하도록 허용했는데도, 이 본문이 하는 말 전체의 의미를 누구나 수긍하게끔 분명히 밝혀내는 데 성공한 주석가는 아무도 없었다. 70인역(LXX)도 전혀 도움이 되지 않는다. 다행히도 이 26절의 마지막 말은 명쾌하며, 이 말과 27절을 여는 문장의 연관성을 통해 이 말이 진실임을 스스로 증명한다. 26절의 마지막 말은 "내가 하나님을 보리라"이며, 27절은 첫머리에서 "나는 내 스스로 볼 것이요, 내 눈으로 보리라"고 말한다. 여러분은 이 문장이 하나님께 의로움을 인정받는 장면 속에 하나님을 봄으로 말미암아 만족해하는 분위기를 집어넣는 것을 관찰할 수 있을 것이다. 이는 하나님께 자신을 의롭다하시는 최고(최종) 평결을 얻고 싶어 하는 욥의 갈급한 소원에 담긴 심히 경건한 요소다. 욥의 이런 갈급함을 강조해주는 것이 이 말에 덧붙인 말인 "내 스스로 (볼 것이요), 내 눈으로 다른 이가 아니라 그를 볼 것이라(여기서 '다른 이'는 **내가 보리라**라는 동사의 주어로 볼 수도 있고 목적어로 볼 수도 있다. 어느 쪽으로 보든 상관없다)"다. 26절에서 명확한 의미를 부여할 수 있는 문구는 *mibbesari*라는 말로 이루어져 있다. 이 말은 두 가지 의미일 수 있는데, 여러분이 둘 가운데 선택하여 이 말에 부여하는 의미가 이 본문의 전체 상황을 어떻게 이해할지 크게 좌우한다. 이는 *mibbesari*가 "내 몸에서"(from my flesh)를 의미할 수도 있고, 죽은 뒤의 어느 시점을 의미할 수도 있기 때문이다. 전자의 의미라면, 이 말은 욥이 (곧 살아 있는 동안에) 그 병이 나아 그의 몸(살)이 회복되리라는 뜻을 만들어내며, 후자의 의미라면, 욥이 부활 때에 그 의로움을 확인받으리라는 뜻일 것이다. 이 전치사 더하기 명사(*mibbesari*는 영어의 from에 해당하는 전치사 *min*의 축약형 *mi*에 "살, 몸"을 뜻하는 히브리어 명사 *bbasar* 그리고 "나의"라는 의미를 지닌 접미어 *i*가 결합한 말이다—역주)가 가질 수 있는 또 다른 의미는 "내 몸 밖에서"(outside of my flesh)다. 이는 곧 병이 욥에게서 몸을 앗아가버린 뒤에 몸을 잃어버린 상태를 말한다. 그렇다면 이는 이런 말일 것이다: 설령 내가 죽는 경우에도 나는 틀림없이 의로움을 확인받으리라. 우리가 26절 앞부분이 무슨 의미인지 확실히, 혹은 어느 정도라도 수긍할 수 있을 만큼, 안다면, 십중팔구는 "내 몸에서"와 "내 몸 밖에서" 가운데 어느 하나를 고를 수 있을 것이다. 그러나 내가 앞서 말했듯이, 26절 앞부분에 있는 말은 절망스러울 만큼 그 의미가 모호하다. AV는 그 부분을 "내 피부의 벌레(구더기)들이 이 몸을 파괴한 뒤에도"라고 번역해놓았다. 그러나 히브리어 본문에는 "벌레"도 없고 "몸"도 없으며, "파괴하다"로 번역해놓은 동사도 그 본문에서 찾아볼 수가 없기 때문에 아주 의문이 드는 형태다. 상황이 이러하기 때문에, 나는 26절 본문의 이 부분을 전혀 설명하지 않고 그대로 놔두려 하며, 두 역본이 mibbesari에 부여한 번역 중 최소치에, 곧 "내 몸 밖에서"에 만족하려 한다. 다시 말해, 나는 여기서 굳이 부활을 발견하려는 모험을 하지 않지만, 그러면서도 이 입장(저자가 만족하려는 견해—역주)에 어느 정도 망설임을 느낀다는 말을 동시에 덧붙일 수밖에 없다. 26절의 그 부분이 부활을 말하고 있을 수도 있지만, 어쩌면 본문 변조(corruption)에 따른 것일 수도 있는 몇몇 단어의 특이한 모호함 때문에, 이 부분이 부활을 말한다고 서슴없이 인정할 수가 없다.

다음으로, 우리는 죽은 뒤에 "잠자는" 사람들이라는 개념이 구약(구약 시대 사람들—역주)의 의식 속에서 한 역할을 간략히 살펴봐야 한다. 구약 성경의 내러티브에는 "그가 죽어 그의 조상과 함께 잠들었다"라는 말이 가득하다. 이 말은 아주 흔한 문구이며, 여러분이 쓰는 성경 용어 색인(concordance)을 보면 알 수 있듯이 일종의 후렴이다. 이렇게 잠과 죽음을(혹은 죽음과 잠을) 연계하는 견해를 뒷받침하고자 욥기와 시편에서 비관이 담긴 본문들을 빈번히 인용하지만, 그리하는 것은 옳지 않다. 그 본문 중 일부는 그렇게 이해하기에는 너무 강하여, 그 본문을 문자 그대로 받아들이면 영혼이 멸절하거나 증발해버린다는 말이 되어버릴 것이기 때문이다. 이것이 과장법이요 하나님이 스올에 오셔서 당신이 손수 만드신 작품을 보아도 알아보시지 못하리라는 것을 암시하는 말이라면, 관련 당사자가 보통 "잠자다"라는 말이 의미하는 그대로 잠을 자고 있음을 나타내기에는 적합하지 않다. 잠자는 사람은 보통 발견하기가 어렵지 않기 때문이다. 죽은 사람이 스올에서 있는 곳과 그의 상태를 묘사한 이 표현과 관련된 더 상세한 내용은 여러분이 스스로 모아 보도록 여러분에게 맡기겠다. 나는 내 시선과 여러분의 시선을 오로지 "잠자다"라는 개념 자체로 이끌고 싶기 때문이다. 이 개념이 더더욱 중요한 이유는 이 개념이 구약 역사 내내 세대가 바뀌고 또 바뀌어도 줄곧 살아남았으며, 신약 시대에도 끊임없이 계속하여 다시 나타나기 때문이다. 바울도 오경 저자 못지않게 죽은 자들을 "잔다"나 "잠들었다"고 말한다(그리스도는 잠든 자들 가운데 처음 나신 자다). 이 말은 비유인가? 우리가 이런 종류의 비유를 만들 수도 있지만, 여러 세대를 타고 내려와 전통의 큰 테두리 안에 존재했던 것은 본디 분명 어떤 비유가 아니었다.

사람들이 말 그대로 장사(葬事)가 죽은 자에게는 의식(意識) 혹은 분명한 의식을 동반하지 않는 자는 상태 혹은 조는 상태로 들어감을 의미한다고 추측하던 때가, 나아가 이는 죽은 자들이 조만간 이 상태에서 깨어나 이 땅 위에서 보내는 삶의 특징인 이전 상태로 돌아감을 암시하지 않는다고 추측하던 때가 틀림없이 있었으며, 이때는 십중팔구 구약 성경이 이스라엘 안에 자리한 믿음들에 관하여 이야기하는 내용에서 멀찌감치 떨어진 뒤편에 자리해 있었다. "잠자다"라는 용어를 이렇게 문학 표현으로 구성하게 된 배경 혹은 가장 가까운 원인은 아마도 몸과 영혼의 구별이 없었기 때문이 아닌가 싶다. 몸과 영혼이 나누어지지 않은 전인(全人)에게 무슨 일이 일어났는가? 죽은 사람에게 임한 모든 처분은 결국 그 몸에 일어난 것으로 보이는 일을 기준으로 판단하게 된다. 고대라 추측하는 시대에는 멸절을 믿는 믿음이 죽은 자의 잠든 상태와 관련된 믿음으로서 널리 퍼져 있었는지 여부는 우리가 더 이상 말할 수 없다. 죽은 상태를 "잔다"고 불렀던 또 다른 이유는 무덤 속에 누워 있는 이의 상태와 모습이 평상시 잠자는 상태의 모습과 십중팔구 아주 비슷했기 때문일 것이다. 죽은 이는 땅 속에 눕혀져 잠들거나 잠자리에 들었다. 평상시 상황에서는 잠자는 자가 잠들어 있는 경우에는 의식이 있다고 생각하지 않듯이, 고대에 처음 이 용어를 썼을 때는 죽은 자의 모습을 상상한 그림 속에 의식이 포함되어 있지 않았다.

이 표현에 관한 먼 옛날의 이해는 이 정도만 이야기하기로 하자. 구약 시대의 믿음에 관하여 구약 성경에서 그려낸 그림들은, 바로 계시에서 떼어낸 것들로서, 방금 위에서 말한 모든 것을 분명 먼 과거의 일로 남겨놓았다(만들었다). 무의식이라는 요소는 제거되었다. 죽은 자들은 비몽사몽 상태에 있는 자처럼 멍하고 둔하며 헤매는 이들이지만, 그들의 상태를 정확히 말해보려 한다면, 그들은 의식이 없지 않다. 이것은 엄격한 증명이 가능하며(엄격한 증명은 미국 형사사법에서 쓰는 말로서 증거능력이 있는 증거를 사용하여 제대로 절차를 밟아 증명하는 경우를 말한다―역주), 구약 성경이 말하는 믿음 상태는 물론이요 그보다 훨씬 더 넓은 셈족의 종교 범주에서도 그런 증명이 가능하다. 우리가 먼저 주목해야 할 것은 구약 성경이 죽은 자들을 가리켜 그들이 잠들었다거나 그냥 잤다고 말하는 게 아니라, 잠자는 자가 누워 잠들 듯이 그들도 눕혀졌다고 말한다는 것이다(*jashen*이 아니라 *jashab*이라는 단어를 사용하는데, 이 단어는 쓰러져 잠이 들거나 잠자는 것을 콕 집어 가리키는 말이다). 하지만 나는 이런 주장을 그리 중요시하고 싶지 않다. *jashab*는 분명 어떤 사람이 몸을 굽히거나 쓰러져 죽음 상태로 들어갈 때 그 몸의 움직임을 나타내는 말로 아주 빈번히 사용하기 때문이다. 중요한 점, 그리고 이와 큰 관련이 있는 요점은 모든 *jashen*에는 보통 *jashab*가 들어 있지만, 그렇다고 이 말을 그냥 뒤집어 모든 *jashab*는 곧 *jashen*이라고 말할 수는 없다는 점이다. 그러나 이런 생각의 흐름과 상관없이, 무의식이라는 요소가 사라졌어도 본디 무의식에서 그 존재 근거를 찾았던 그 비유(곧 죽음을 잠으로 본 비유—역주)를 이전과 변함없이 계속하여 그대로 사용한 것만은 분명하다. 사람들은 여전히 그들 중 죽은 이들이 "잔다"고 생각했고 또 그렇게 말했다. 이것에는 뿌리 깊은 습관의 힘이 어떤 영향을 미쳤던 게 틀림없다. 사람들은 아득한 옛날부터 죽음 상태를 그 말("잠자다")로 불러오고 있었다. 이 말을 쉽게 버리지 못한 것은 바로 이 말이 새롭게 연상시켜주는 의미가 이전과 달라져버렸기 때문이다. 다시 말해, 어떤 면에서는 어떤 용어가 본디 그 안에 담고 있던 개념보다 용어 자체가 더 오래 존속하고 파괴하기가 더 힘들기 때문이다.

따라서 "죽음은 곧 잠"이라는 교리를 형성하게 도와줄 유효한 주장을 구약이 사용하는 잠-용어에서 끌어내리고 해서는 안 된다. 하지만 이 경우에 "잠자다"라는 말이 존속한 현상을 단지 뿌리 깊은 언어 습관이라고 설명하는 것은 충분치 않다는 말을 덧붙이더라도 꼭 핵심에서 벗어난 말은 아니다. 그러나 우리가, 뿌리 깊은 언어 습관이라는 설명 이외에, 그 비유(죽음을 잠에 빗댄 비유—역주)를 정당화하는 데 필요한 비유대상(즉 이 비유로 표현하려 한 것—역주)을 우리에게 제공하려면, 무엇을 생각해야 하는지 말하기가 그리 쉽지 않다. 사실, 바로 그때(구약 시대—역주)가 되어서야 비로소 그 말이 사실을 표현했던 단계에서 비유로 바뀌었다. 이 표현의 발전 단계 중 이 단계에 이르러 사람들이 죽은 자를 "잠자는" 자로 생각했을 수도 있다. 죽은 자들도 잠자는 사람처럼 살아 있는 자들의 세계와 소통할 수단 없이 존재하고 있었기 때문이다. 이렇게 정말 상상만 할 수 있는 경우라면, 이 비유는 오로지 죽은 자들과 살아 있는 자들의 관계와 관련이 있을 뿐이지, 죽은 자들의 존재 방식 또는 그들이 그들 자신에 관하여 혹은 그들 자신 가운데서 생각하고 성찰할 수 있는 능력은 그 비유와 무관할 것이다. 죽은 자들은 반쯤 깬 상태에서 잠들어 있는 것과 같을 것이며, 평범한 방법이나 심지어 비범한 마술로 조종한다 할지라도 그들을 그 상태에서 깨우기는 어려웠을 것이다.

나는 이보다 더 나가고 싶지 않다. 그러나 다만, 이 초기 단계에서 이런 비유를 사용할 때 이 비유로 표현하려 한 내용 중 하나는, 보통의 생리현상인 잠에는 늘 깨어남이 뒤따르듯이, 죽은 자의 잠도 조만간 부활을 통해 끝날 때가 있겠기에 죽은 자를 잠잔다고 말했으리라는 예상 내지 확신이었음을 강조해두고 싶다. 구약(시대 사람들)의 의식 속에는 그런 것을 뒷받침해주는 탄탄한 근거가 많지 않았을 것이다. 우리가 시편과 욥기에서 발견한 예외들은 여기저기 흩어져 있으며, 더군다나 수수께끼 같다. 따라서 우리에겐 그런 예외들이 늘 있을 자리를 죽음을 잠이라 말한 표현(우리가 이스라엘 가운데서 널리 통용되던 언어 습관이라 여기는 표현) 속에 마련해줄 자유가 없다. 그 표현 안에서 확실하게 찾아낸 말, 또는 그런 표현이라 읽어낸 말도 여전히 모호한 문제로 남아 있다. 어쩌면 우리는, 우리가 이미 언급한 것 외에도, 죽은 자들의 상태를 이젠 더 이상 무의식 상태로 여기지 않게 되었지만, 그래도 그 상태를 계속하여 "잠자는" 상태라 불렀을 수 있다는 말을 여전히 덧붙여야 할지도 모르겠다. 그 상태를 여전히 몽롱함, 형체가 없음, 공허하고 반쯤은 비어 있는 상태로 묘사했기 때문이요, 혹은 그 상태를 불편하고, 꿈 때문에 깊이 못 자며, 소란스러운 잠이라 생각했기 때문이다. 그렇다 하더라도, 우리가 주목해야 할 요점은 그게 아니다. 오히려 우리가 주목해야 할 것은 이것이다: 즉 성경 시대 이전의 고대에는 죽은 자를 무의식으로 보는 요소가 틀림없이 죽음을 잠이라 표현한 용어 속에 들어 있었지만, 성경 시대에는 그 용어에서 그런 요소를 분명히 버렸다. 구약 성경의 기록에는 그 점을 확증해 줄 풍부하고 적절한 증거가 있다.

단 두 사실만 언급하겠다. 우선 엔돌의 신접한 여자 이야기를 보자. 이 여자는 사울의 요구를 받고 사무엘을 나타나게 한다. 이 이야기는 사무엘이 죽은 뒤에도 그가 계속 존재하며 그 의식도 계속 존재한다는 믿음이 사울에게 있었음을 증명해준다. 이는 여러분도 간파하겠지만, 사울이 사무엘의 인도와 조언을 확실히 기대하면서, 사무엘이 사울과 이스라엘 그리고 그 대적들과 관련된 사태 전개에서 당연히 손을 떼지 않았으리라고 생각하기 때문이다. 어쩌면 사울은 세상을 떠난 수많은 보통 사람들 가운데서 사무엘이라는 이 유명한 인물을 불러올리는 일이 상당히 어려운 일이 되리라고 생각했을 것이다. 우리가 곧 보겠지만, 하계(下界)에 있는 수많은 이들 가운데에도 서열 혹은 차등(差等)이 있으리라는 일종의 믿음이 존재했기 때문이다. 이런 이유 때문에, 사울은 특별한 수단에 호소하여 그가 원하는 일을 이루려 하지만, 그래도 그는 그런 일이 원리상 불가능하리라고 생각했을 리가 없다. 사무엘을 불러올리는 일은 단지 다소 어려운 문제였을 뿐이며, 그 신접한 여인이 한 행동은 이 여자도 그 점에서는 사울과 의견이 그다지 다르지 않았음을 보여준다. 이런 논증이 이 내러티브 전체가 하나님이 그런 거래를 인정하시지 않았으며 그런 이유로 이스라엘에서 더 훌륭한 정신을 가진 이들도 역시 그것을 인정하지 않았으리라는 인상을 풍긴다는 것과 상반되지는 않는다. 그런 논증과 이런 인상이 양립하지 못한다고 보는 것은 타당하지 않다. 그런 일(죽은 자를 불러올리는 일—역주)이 금지된 관습이었음을 인정하는 것은 별개 문제다. 이 내러티브 속의 어떤 것도 그 일이나 그 일의 뒤편에는 어떤 실재도 없으며 다만 신접한 여인의 사기 거래 행위와 사울의 엄청난 미신(迷信)만이 있었다고 귀띔하지 않는다. 이 내러티브의 내레이터가 누구였든, 그 내레이터는 분명 그렇게 여기지 않았다.

우리는 그런 일이 금지된 것이었고 그것이 실체가 없는 환영이었다는 두 가지 판단을 바꿀 수 없으며, 이 점을 더 분명히 증명해줄 실마리를 이사야 8장의 한 본문에서 얻는다. 이사야 선지자는 스올에 있는 자들과 소통하여 그 시대의 복잡한 정치 상황을 풀 실마리를 얻고자 하는 백성의 욕망을 비판한다. 그들은 이렇게 조언한다: "친숙한 영들을 가진 그들에게 묻고 엿보며 주절거리는 신접한 자들에게 물으라"(8:19). 여호와는 이런 모든 관습을 모든 신앙생활에서 당연히 따라야 할 원리, 곧 하나님 오직 그분에게만 물어야 한다는 원리와 대립하여 제시하신다—"백성이 그들 하나님께 구해야 하지 않느냐? 그들이 산 자를 위하여 죽은 자에게 구하겠느냐?"(8:19) 여기서 재차 주목해야 할 것은 이 본문이 주술의 허구 혹은 무익함이 아니라, 여호와께 당연히 여쭙지 않고 이처럼 영들의 세계에 호소하는 행위를 비판한다는 것이다. 여호와께 여쭙고 그의 말씀을 듣는 일은 예언을 통해 이루어진다고 여겼다. 여호와께 여쭙지 않고 다른 방법을 따를 수 있다는 것은 죽은 자들이 무의식이 아님을 암시한다. 죽은 자들은 그들의 힘을 신접한 자들과 친숙한 영들에게 느끼게 하지만, 이런 일은 이스라엘이 감히 시도해서는 안 되는 금지된 관습이다. 이 때문에 이런 명령이 이어진다: "율법[선지자의 가르침?]과 증언을 따르라. 만일 그들이 이 말씀대로 말하지 않으면, 그들 안에[그들에게] 아무런 빛도 없느니라[없으리라]"(8:20).

우리는 이사야 14:4 이하에서 바벨론 왕이 스올에 이를 때 그가 정복을 통해 그보다 앞서 그 스올로 보냈던 뭇 왕들에게 영접을 받는 모습을 탁월한 상상력으로 묘사해놓은 글을 만난다: "스올이 네가 올 때 너를 영접하려고 너를 위하여 그 깊은 곳에서 움직이나니, 그것이 너를 위하여 죽은 자들, 심지어 땅 위의 모든 우두머리들을 재촉하며, 그것이 열방의 모든 왕을 그들의 보좌에서 일으켜 세우므로, 그 왕들이 네게 말하되, 너도 우리처럼 약하게 되었느냐? … 네 허세가 무덤까지 떨어졌으며 … 벌레(구더기)가 네 위에 퍼지고 벌레들이 너를 덮었도다"(9-11절). 여기서 죽은 왕들을 이 땅 위에 사는 왕들에 비하면 약한 자들이지만 의식이 없지 않은 자들이라고 표현한다는 점에 주목하기 바란다. 지루하고 덧없는 일상이 이어지는 그들의 삶 속에서 일어난 바벨론 왕의 도착이라는 특별한 사건에 그들의 시선을 집중시키려면 그들을 그냥 흔들어 깨우면 된다. 그들은 이 바벨론 왕에게 환영이 아닌 환영을 베풀고 그들을 위압하던 그의 우월한 권세가 허무하게 사라졌음을 그에게 일깨워주며 즐거워한다.

사실 이 선지자는 여기서 상상으로 이야기한다. 그의 언어는 바벨론 사람들이 스올의 특징이라 추측하던 말의 정서와 말투에서 빌려왔지만, 이 선지자가 이스라엘 사람들은 이 주제에 관하여 다른 생각을 가졌다고 인식했음을 일러주는 단서는 전혀 없다. 이 땅에서 왕이었던 자들을 포함하여 스올에 있는 자들을 규정하는 말로 쓴 "약함"은 고대의 스올 관념에서 중요한 의미가 있다. 스올에 있는 자들은 존재를 빼앗기지 않았으며 의식을 잃어버리지 않았다. 그들은 다만 약하고, 그림자 같을 뿐이다. 그들은 어떤 일이 일어나도 둔감하여 주목하지 않는다. 그들은 흔들어 깨워야 한다. 그들과 이 땅에 있는 피조물의 차이는 실재의 영역이 아니라 활동의 영역에서 찾아야 한다. 다른 기능들처럼 그들의 의식도 손상을 입었을 수 있지만, 그래도 그들의 의식은 그들이 이전에 그들을 압제하던 이들을 괴롭힐 기회를 얻으면 그 압제자들을 충분히 비웃고 조롱할 수 있을 만큼은 또렷하게 남아 있다. 이 모든 표현은 스올에 있는 자들이 잠에 빠져 있다고 추정했던 견해와 철저히 일치하지 않으며, 이 때문에 우리가 생각했던 모든 독특한 특징들(스올에 있는 이들만이 가진 특징들—역주)이 사라져버린다. 하지만 이 묘사에는 또 다른 독특한 특징이 하나 있다: 즉 벌레(구더기)가 그 위대한 왕(바벨론 왕—역주)을 말 그대로 위와 아래를 모두 감싸 침낭처럼 덮어 주리라는 말이 일러주듯이, 그 왕들은(바벨론 왕에게 영접 아닌 영접을 베푸는 이들은—역주) 스올과 무덤이 긴밀한 연관을 갖고 있다고 추정한다. 무덤은 스올의 영역으로 들어가는 현관이라는 성격을 얻는다. 이처럼 비유와 비슷한 어법을 가리키는 말들은 구약 성경의 다른 곳에서도 발견된다.

신약 성경은 아주 담담히 죽은 자의 상태에 관한 정보를 제공한다. 처음에는 이것이 이상하게 보일지도 모르겠다. 사람들은 당연히 메시아가 오시면 이 주제에 엄청난 빛이 쏟아져 들어오리라고(이 주제를 이전과 비교할 수 없을 정도로 확실하게 밝혀줄 정보가 주어지리라고—역주) 기대하곤

했기 때문이다. 이런 기대는 다만 적절한 수준에서 이루어졌다. 하지만 그렇다 해도, 구약 시대보다 더 분명하고 더 풍성한 증거가 있다. 물론 사람들은 오랜 질문과 수수께끼를 대부분 쓸모없는 것으로 만들어버릴 수밖에 없고 완전히 새로운 만물 상태를 가져다 줄 주의 강림(parousia)이 가까워졌다고 생각했지만, 이렇게 파루시아가 가까워졌다고 생각함은 거론된 현상과 어떤 관련이 있었으리라고 상상해볼 수 있다. 다음과 같은 사실들은 죽은 자가 중간기 상태 때 무의식 상태에 있다는 추정을 배제한다. 고린도후서 5장에 따르면, 바울은 주가 강림하시기 전에 자기가 죽을 수도 있다고 생각한다. 이런 일이 있으면, 그는 주와 함께 지내는 상태에 있게 될 것이다. 물론 이것이 가장 먼저 의미하는 것은 무덤 속에 기주함일 리가 없다. 하지만 바울은 세상을 떠난 데살로니가 사람들을 놓고 이야기하면서 그들이 *nekroi en Christoi*("그리스도 안에서 죽은 자들")임을 인정하는데, 이는 정말 무덤을 가리킨다. 그러나 바울은 그것을 넘어선 무언가를 상상한다. 바울이 그것을 몸을 떠나 주와 함께 있음이라고 부르기 때문이다. 바울은 이제 불시에 몸을 떠나 (주와 함께 있을) 이 상태를 이야기하면서, 그 상태에는 어느 정도 불편함이 있으리라고 확언한다. 그 상태에 있는 이는 아직 부활 때 갖게 될 몸을 갖지 못했기에, 벌거벗었다고 느끼겠기 때문이다. 이런 느낌은 분명 자신의 상태를 돌아보는(self-reflexive) 의식 상태다(이것과 빌립보서 1:20 이하를 비교해보라. 물론 여기에는 몸의 있고 없음을 곱씹어보는 내용이 없다). 그러나 이곳은 장차 주께 가까이 있으면서 기쁨을 누리리라는 뜻을 고린도후서의 다른 맥락만큼이나 강하게 확언한다.

이것들과 함께 히브리서 12:22 이하를 세 번째 증거로 들 수 있다. 히브리서 12:22 이하에서는 저자가 그때 살아 있는 그리스도인들을 언급하며, 그들이 "시온산과 장자(長子)들의 총회와 교회와 … 온전해진 의인들의 영들에" 이르렀다고 선언한다. 이것을 보면서 저자에게 모든 것을 영으로 귀속시키는 경향이 있는 것 같다고 설명할 수는 없다. 11:35에 따르면, 이 저자도 바울 못지않게 몸의 부활을 철저히 믿는 사람이었기 때문이다. 중요한 사실은 그가 여기서 인용한 본문에서 세상을 떠난 구약과 신약의 신자들이 중간기 상태 때 의식을 가진 상태에서 경험한 기쁨과 빛으로 가득한 장면을 묘사한다는 것이다. 히브리서를 쓸 때의 그리스도인을 포함한 "구름 같은 증인들"에 관하여 말하는 내용도 같은 취지다. 그것은 분명 순전히 과장된 수사가 아니기 때문이다. 여기에서는 순교자들을 제단 밑에서 하나님께 부르짖는 사람들로 표현한 요한계시록의 장면들도 역시 인용했을지 모른다. 그러나 적어도 바울에 관한 한, 가장 설득력 있는 논증은 바울이 그리스도의 중간기 상태 및 그 뒤에 이어지는 부활과 신자들을 위하여 준비된 경험 사이에 유사성이 있다고 본다는 것이다.

바울 사도는 그리스도가 죽고 부활하시기까지 그의 영혼이 무의식과 무력(無力) 상태에 빠져 있었다고 생각하지도 않았고 그렇게 생각할 리도 없었음은 새삼 말할 나위가 없다. 에베소서 4:8 이하가 묘사하는 "음부 강하"(descensus) 장면은 사뭇 다른 취지를 담고 있다: "그가 위로 올라가셨을 때에 사로잡혔던 자들을 사로잡으셨으니 … 이제 올라가셨던 그가 또 먼저 땅 아래 더 낮은 곳으로 내려가셨음이 아니면 무엇이겠느냐?" 그리스도의 사례를 유추한 이 논증은 훨씬 더 설득력이 있다. 바울이 그리스도를 "잠자는 자들의 첫 열매"라고 규정하기 때문이다.

바울에겐 *koimasthai*(잠자다)라는 비유가 의식과 무의식이라는 말이 타당성을 가지는 영역 밖에서만 움직인다고 말할 수밖에 없는 충분한 이유가 있다. 이런 점으로 보아, 그 용어(잠자다—역주)는, 그 본질이나 용어 사용 전통에 비춰볼 때, 사람들이 중간기 상태의 정확한 본질을 자기 주관에 따라 고찰하여 결정하면서 어떤 견해를 선호하든 사람들이 선호하는 견해에 도통 관심이 없다는 것을 알 수 있다—"잠자다"라는 용어는 성경만이 쓰는 특수 용어나 특별 계시에 따른 용어가 아니다. 이런 말은 이방 종교가 묘사하는 종말의 세계에서도 역시 익숙하게 볼 수 있는데, 가령 그리스와 로마의 신화와 시에서도 이런 표현을 쓴다. 로마의 한 시인은 "우리는 모두 잠자며 긴 밤을 보낸다"(nobis omnibus una nox longa dormienda est)라고 말하는데,5) 무의식을 강조하는 것은 그가 강조하려는 의도 바깥에 멀찌감치 떨어져 있었다. 이 시인에겐 신약 성경과 이후 그리스도인들의 용례 속에 존재했던 연상 관념, 곧 밤이 지나면 늘 잠에서 깨어나는 아침이 온다는 관념도 존재하지 않는다. 시인이 밤은 한 번이요 모든 것을 집어삼키며 끝없이 이어진다는 생각을 표현하고자 일부러 *una*(한, a)와 *longa*(긴, long)라는 말을 골라 쓰기 때문이다. 다시 말해, "잠자다"라는 비유는 죽은 자가 결국 소멸해버릴 것이라는 믿음 앞에서도 그 명맥을 유지한다.

---

5) "One long night must be spent in sleep by us all,"(우리 모든 이가 잠든 채 긴 하룻밤을 보내야 한다), *Poems of Catullus* 5.6(Loeb 6-7). (엮은이 주—나는 이것이 보스가 인용하는 말이라고 생각하지만, 그가 제시한 본문은 다르다. 카툴루스가 적어놓은 본문은 이렇다. "Nobis, cum semel occidit brevis lux, nox est perpetua una dormienda"—우리에게서 짧은 빛이 사라지면 긴 하룻밤을 자야 한다.)

이런 철학적 불가지론(agnosticism) 또는 시적(詩的) 불가지론이 널리 퍼져 있지 않은 곳에서는 음부(Hades)의 상태를 묘사하는 표현이 셈어의 표현과 마찬가지로 무의식이라는 개념을 거의 담고 있지 않았다. 전설에 나오는 탁월한 인물들이 방문을 받는다. 아이네이아스는 아버지 안키세스를 방문하여 아버지와 이야기를 나눈다.[6] 아킬레우스는 태양이 비치는 곳에서 노예 노릇하는 것이 하계에서 왕 노릇하기보다 낫다는 말로 음부에 머무는 것에 느끼는 싫증을 토로한다.[7] 모든 것이 어둡고 희미하며, 양귀비 냄새가 진동하는 것 같고, "비몽사몽인 세계"다. 그러나 이런 비유들을 강조하면, 의식을 유지하고 있다는 사실이 뚜렷하게 도드라져 나타난다.

이 문제(사람이 죽은 뒤의 상태―역주)를 둘러싼 논쟁이 거의 오롯이 관심을 집중하는 곳이 바로 이 점, 곧 죽은 자에게 의식이 있느냐 아니면 의식이 없느냐라는 쟁점이다. 이 점은 이런 고대의 견해가 현대까지도 남아 있는, 또는 현대에 들어와 되살아난 경우들에서 특히 볼 수 있는데, 심지어 이제는 이런 견해를 종교적 믿음이라는 영역에서 만날 수 있다. 장 칼뱅은 "영혼의 잠(잠자는 영혼)"(Psychopannychia)이라는 제목으로 1534년에 펴낸 그의 논문에서 이 문제를 붙잡고 씨름했다.[8] 이 논문

---

6) Virgil, *Aeneid* 6.679 이하(Loeb 1:552 이하).
7) *The Odyssey* 11.488-91(Loeb 1:420-21)을 언급하는 것 같다. 내가 이런 내용을 제시할 수 있는 것은 내 딸 크리스틴 아네트 데니슨 덕분이다.
8) John Calvin, "Psychopannychia: Or a refutation of the error entertatined by some unskilful persons who ignorantly imagine that in the interval between death and the Judgment the soul sleeps, together with an explanation of the condition and life of

은 "죽음은 곧 잠"이라는 교리를 열심히 퍼뜨리고 있던 재세례파를 겨 냥한 것이었다. 나는 이 논쟁에서 드러난 적의(敵意)와 동기가 정확히 무 엇인가와 관련하여 재세례파 편을 들어줄 수 없다. 재세례파가 그런 교 리를 퍼뜨린 이유는 아마도 중간기 상태에서 고통이라는 개념을 제거 하고픈 욕구와 관련이 있었겠지만, 이것은 순전히 내 추측일 뿐이며, 내 겐 딱히 이 추측이 맞음을 증명할 여유가 없었다. 그런 교리가 개신교 교리 발전의 주류 속에서 나타나지 않았음을 아는 것으로 만족하자. "죽음은 곧 잠"이라는 교리는 종교개혁 당시도 그랬고 지금도 여전히 한 분파만이 주창하는 성격을 어느 정도 갖고 있다.

집단 종말론

우리는 이제 구약 성경이 말하는 개인 종말론에서 집단 종말론으로 넘 어간다. 인류가 미래에 맞이할 마지막 운명이 있다는 개념은 처음부터 전제되어 있었으며, 성경의 역사가 펼쳐지는 동안에 종종 분명하게 강 조되었다. 이 문제에서 계시의 진전이 어떻게 이루어졌는지 간략히 개 관("파악")해보려면, 우선 그런 전망(종말을 내다보는 전망—역주)이 취하는 일반 종말론 형태와 특별히 메시아와 관련된 형태를 구분해야 한다. 종

---

the soul after this present life." In *Tracts and Treatises in Defense of the Reformed Faith*, trans. Henry Beveridge(Grand Rapids: Eerdmans, 1958), 3:413-90. 근래 이 작품을 평가한 글을 보려면, Willem Balke, *Calvin and the Anabaptist Radicals*(Grand Rapids: Eerdmans, 1981), 25-34; Timothy George, "Calvin's Psychopannychia; Another Look," in E. J. Furcha, *In Honour of John Calvin*, 1509-64(Montreal: McGill University, 1987), 297-329을 참고하라.

말이 다가오고 종말이 다다른 것을 여호와가 최고 주권자로서 행하시는 개입 때문이라 말하는 것은 가끔 나오지만, 미래에 벌어질 위기 때 우리가 보통 메시아라 부르는 또 다른 인물(figure)과 하나님이 가질 관련성(연합)은 전혀 이야기하지 않는다. 이런 표현들은 쓰는 경우마다 반드시 함께 표현해야 할 정도로 아주 긴밀히 결합해 있지는 않지만, 그래도 서로 배척하지는 않는다. 몇몇 경우에, 이 표현들은 동일한 선지서(예언서)에서 나란히 등장한다. 가령 이사야서는 이 둘을 모두 갖고 있다. 이 표현들은 일정한 특징들을 공유하고 있다: 즉 이 표현들이 예언하는 것의 초자연성, 이런 예언을 불러오는 위기의 초자연성, 그리고 위기 뒤에 지속되는 상태의 초자연성이 그런 특징들이다. 장차 임하리라 예상하는 일이 이르렀음을 나타내는 말로 가장 자주 사용하는 말이 **오다(임하다)**라는 동사다. 이 동사는 성경 기록의 전 과정보다 더 오래 존속했으며, 지금도 그리스도가 장차 오셔서 당신이 종말에 행하실 기능들을 행하시리라는 것을 말할 때 가장 편리하게 쓸 수 있는 표현 형태다. 그러나 우리가 보기에 주로 메시아 종말론이 이렇게 말하는 방식을 활용하게 되었으며, 그러다보니 우리도 하나님의 오심보다 그리스도의 오심을 훨씬 더 많이 이야기하지만, 구약 시대에는 사정이 달랐다.

구약 시대에는 사람들이 기대하던 여호와의 강림이 일반 개념이었지만, 시간이 흐르면서 이 일반 개념에서 메시아의 오심이라는 특별한 개념이 발전한 것으로 보인다. 나아가 더 주목해야 할 것은 메시아의 오심이 벌어지는 상황, 그 오심의 성격, 그리고 그 오심으로 말미암아 시작되는 상태의 성격을 표현할 때 보통 사용하는 전달 수단에 의존한다는 것인데, 구약 계시도 이런 전달 수단에 속하는 것으로서 신앙 사건들을 표현하는 데 이바지한다. 종말론과 관련된 표현 형태들도 이것의 예외가 아니다. 우리는 구약 성경이 종말론을 다루는 장면들을 읽을 때 이 점을 마음에 새겨야 하지만, 단순히 구약 성경이 그런 표현 형태를 활용한다는 이유 때문에, 구약 성경도 시간의 제약을 받으며 이 땅의 냄새가 나는(earth-complexioned) 마지막 상태를 담고 있고 그런 상태를 가르친다는 결론을 내려서는 안 된다. 이런 표현 형태들은 상징인 교훈 수단도 일부 있었지만, 처음부터 그렇게(상징이 아니라 실제를 표현한 것으로—역주) 이해해야 하는 것도 일부 있었다. 겉으로 나타난 이런 묘사 수단과 형태를 간과한 채, 사전에 깊이 생각해보지도 않고 그런 묘사 수단과 형태를 영적 가치(의미)를 지닌 것들로 번역해버리는 것은 허용되지 않는다. 구약 성경을 잘못 해석한 수많은 사례의 뿌리가 바로 여기에 있다.

하지만 다른 한편으로 보면, 여러분이 그런 영해(靈解, spiritualization)는 허용할 수 없다고 말한다든지, 그런 영해는 철저히 자의에 치우친 주해로 나아가는 문을 여는 것이라고 말한다든지, 구약 성경이 우리에게 제시하는 모든 내용은 통일체로서 나눌 수 없는 것으로 여겨야 한다고 말한다든지, 또는 구약 성경이 우리에게 제시하는 내용은 통째로 받아들이든지 아니면 통째로 버려야 한다고 말하는 것은, 어쩌면 천년왕국에 관심이 있거나 다소 물질에 치우친 다른 몇몇 유형의 종교에 관심이 있기 때문인지도 모르겠다. 그러나 우리는 우리 주와 사도들의 사례에서도 이런 영해를 지지하는 근거가 있음을 보게 될 것이다. 이뿐 아니라, 이런 영해를 지지하는 근거로서 훨씬 더 이른 시기에 나온 것을 구약 성경 자체에서 발견한다. 선지자들 자신이 이 땅의 물질을 이용한 표현이라는 외피(外皮)를 뚫고 그 안을 들여다보기 시작한다. 이 외피 안에 구약의 여러 제도(관습)가 들어 있었다. 이 외피는 선지자들에게 상당히 투명한 베일이 되어 그 아래에 숨어 있는 영적 본질을 분별할 수 있게 해주고, 하나님이 지으신 그 내면의 아름다움을 선지자들에게 계시해준다. 예레미야가 여호와의 언약궤에 닥칠 운명에 관하여 말한 것을 비교해보라. 종말의 시대가 임하면 여호와의 언약궤는 그 지위를 잃을 것이다. 처음에는 감각으로 지각할 수 있는 형태가 그 교훈들을 전해주는 통로였지만, 그 시대(종말의 시대)가 되면 그런 형태가 불필요해질 것이기 때문이다. 언약궤가 애초에 도구이자 성물로서 드러내 보여주었던 것을 고려할 때, 그 시대가 되면, 여호와를 아는 지식과 죄 용서가 더 직접 전달될 것이다(렘 3:16; 31:31 이하).

기독교회가 구약 성경을 영해함으로써 구약 성경을 왜곡했다고 말할 권리를 가진 사람은 아무도 없다. 진실을 말하면, 선지자들 자신이 세상사를 더 높은 차원의 영적 열쇠를 지닌 것으로 바꿔놓기 시작했으며, 신약의 계시 기관들은 다만 그들이 시작한 과정을 계속 이어갔을 뿐이다. 이런 영해를 하나하나의 별개 사안에서 인정했다면, 이런 영해가 광범위한 규모로 이루어졌더라도 그것이 옳음을 부인해서는 안 된다. 신약 성경도 그런 선례를 제공하기 때문이다. 신약 성경 저자들이 이런 식으로 모든 경우에 종말의 완성을 승화시키지 않고(영의 차원으로 높이지 않고―역주), 글자 그대로 종말의 완성이 필요함을 일러주는 구체적 단일 사례들만 지적한다고 말할 수밖에 없다면, 우리가 할 일은 이것을 구약의 신앙 형태들을 회복시키거나 영속시키는 어떤 거대한 체계로 일반화하는 것이 아니라, 구약 성경과 신약 성경이 모두 종말론 관련 자료를 식별하며 다루는 과정을 진행할 때 그 근거로 삼는 원리를 조심스럽게 연구하는 것이다. 따라서 이런 주해와 신학의 비밀은 베드로와 바울에게서 배워야 한다. 이런 문제를 다룰 때는 혼란스러울 정도로 상세하게 아주 많이 다루지 말고, 그 가운데 크고 폭넓은 몇몇 측면만 다루어야 한다. 나는 이것을 로마가톨릭교 및 전천년설과 관련지어 말하겠지만, 물론 이 두 체계를 확인하는 것은 지금 당장 내가 하려는 일이 아니다.

그렇다면, 첫째, 구약 성경이 종말론과 관련하여 제시하는 객관적 계시 사례들을 열거해보자. 타락 뒤에 주어진 첫 번째 구속 계시(창 3:15)는 그 안에 이런 요소를 갖고 있었다. 그 계시는 죄에 거둘 마지막 승리, 저주를 제거하리라는 것을 예언했을 뿐 아니라, 낙원 상태 회복을 암시하기 때문이다. 그러나 이미, 타락보다 앞서 이루어진 시험도 그 안에 아주 견고한 종말론 부분을 갖고 있었다. 그 시험은 생명나무라는 상징을 통해 더 차원 높은(즉 궁극의) 생명을 얻으리라는 기대를 제공해주었는데, 바로 이것이 모든 종말론 계시의 종착점을 이룬다. 대홍수도, 여러분이 베드로서신(벧전 3:19-20, 4:5-6, 벧후 2:5, 3:5-7)에서 배울 수 있듯이, 마지막 심판의 한 유형이었다. 가나안 땅은 낙원인 땅의 모형이라는 의미를 갖고 있었다. 그 땅은 "젖과 꿀이 흐르는 땅"—이 표현은 미래의 복된 시대를 가리키는 동방의 종말론 단어였던 것으로 보인다—이었기 때문이다.

우리가 메시아와 상관없는 이런 일반적 종말론 신앙을 관찰할 수 있는 가장 오래된 형태가 "여호와의 날"이다. 우리는 이 말을 아모스 5장에서 만나는데, 여기에서는 선지자의 메시지에 새로 도입된 요소로서 등장하지 않는다. 이 말은 대중에게 널리 알려져 있어서 선지자도 호소할(가져다 쓸) 수 있는 것으로서 등장한다. 이스라엘 백성은 그날이 오길 바랐다. 그들은 그날이 오면 그들에게 오로지 좋은 일만 있으리라고 예상했거나, 적어도 그날이 어떤 불길한 본질을 갖고 있다 하더라도 이런 불길한 일은 다만 이스라엘의 원수에게만 영향을 미치지, 이스라엘 민족 전체에 영향을 주지는 않으리라고 예상했기 때문이다. 어쩌면 그들은 이스라엘 민족 안에 어떤 분파(여호와 하나님을 따르지 않는 무리―역주)가 있음을 인식했을 수도 있지만, 그렇다 해도 기껏해야 여호와의 날이 이스라엘의 악한 자들만 치지 그들 자신을 치지는 않으리라고 예상했을지 모른다. 아모스는 여호와의 날이라는 이 문구의 참된 의미를 이렇게 왜곡해버린 각 사례를 상대로 이의를 제기한다. 첫째, 아모스는 이 여호와의 날이라는 개념을 오로지 좋아하기만 할 개념으로 여기지 않는다. 아모스는 이 개념이 무시무시한 측면을 담고 있다고 해석한다. 그가 "여호와의 날을 고대하는 너희에게 화가 있을지니, 그날은 어둠이요 빛이 아닐 것이라"(18절)라고 위협하기 때문이다. 분명 이스라엘 사람들은 이 말에서 미래를 낙관하는 분위기를 느꼈다. 그러나 이 말과 관련하여 당시에는 이런 낙관론만 있지는 않았다. 이런 낙관론에 전혀 동조하지 않은 이들이 있었으며, 이런 이들은 어떤 무시무시한 조치와 장차 임할 여호와의 날이 틀림없이 연관되어 있을 것이라고 인식했다. 그들은 그것이 좋은 것을 일러주는 전조가 아님을 깨달았다. 그러나 다른 이들은 그날이 밝은 성격을 가졌다고 강조함으로써 그들 자신을 위로했지만, 그들은 그날을 멀리 떨어진 시간으로 옮겨놓음으로써 그 다른 이들과 똑같이 위안을 찾았다. 아모스 6:3에 따르면, 그들은 그날을 멀찍감치 떨어뜨려놓았다. 이는 물론 장차 임할 종말이 다른 나라들보다 덜하지도, 더하지도 않게 이스라엘에도 영향을 미치리라는 것을 암시하는 것이었다.

아모스가 그의 경고를 제시할 때 의문문 형태를 사용한 점에 주목하라: "무슨 이유로 그날이 너희를 위한 날이겠느냐? 그날은 어둠이요 빛이 아니라"(5:18). 그들이 그날을 바랐다는 사실은 물론이요, 아모스가 쓴 이 의문문 형태도 이스라엘 사람들이 과거에 긴 시간 동안 갖고 있었던 개념을 잘 알고 있음을 증명해준다. 분명 그것은 과거에 이미 이런 양면성을 지녔던 게 틀림없다. 여러분은 벌써 이때에 만물의 종말이 가진 두 주요 측면이 나란히 함께 등장하는 것을 보게 될 것이다. 우리는 만물의 마지막이 심판이요 구원(혹은 심판이요 부활)일 것이라고 말하는데, 마찬가지로 옛날 이스라엘도 그와 똑같이 두 측면을 강조했다: 종말을 생각하는 그들의 의식 속에서는 어둠과 빛이 결합해 있었지만, 일부 사람들은 그 두 측면을 구분하여 이스라엘 사람들을 구성하는 두 주요 그룹에 각각 배분했던 것 같다. 그때 이후로 "여호와의 날"은 성경의 종말론 안에 고정 문구로 계속 존재했다. 그 말은 구약 성경에서 신약 성경으로 전해진다. 바울과 초기 그리스도인들도 아모스만큼이나 그 말에 익숙했다. 이사야(2:12, 10:3, 13:6, 9, 34:8, 61:2), 스바냐(1:14-16), 요엘(1:15), 그리고 말라기(4:1, 5)는 그 전승을 구약 시대 마지막까지 전해준다. 분명 그 뒤에, 이 말은 메시아 종말론과 융합되었다. 따라서 신약 성경에서는 "주의 날"이 하나님의 날을 뜻하는지 아니면 그리스도의 날을 뜻하는지 분간하기가 가끔은 어렵다.

그렇다면 이 "날"은 무엇이며, 이날의 성격을 왜 이런 식으로 표현했을까? 이렇게 표현한 데에는 이 말을 명확하고 그 범위가 한정된 미래의 사건으로 나타내야 할 필요성을 넘어 훨씬 더 많은 이유가 있다. 사람들은 다양한 설명을 제시해왔다. 일부 사람들은 이 비유가 전쟁 용어에서 나왔다고 생각한다. 어떤 족속이 다른 족속에게 빛나고 확실한 승리를 거두면, 그 전투가 벌어진 날은 이런저런 족속의 "날"이라 불리곤 했다. 그 설명을 따른다면, 여기서 우리는 세속 영역에서 빌려온 표현을 갖고 있는 셈이다. 우리가 이사야 9:4에서 읽는 이 본문도 그런 경우다. "이는 당신이, 미디안의 날처럼, 그가 짊어진 멍에와, 그의 어깨의(그의 어깨를 치는) 막대기와 그를 압제하는 자의 채찍을 꺾으셨기 때문이나이다." 그러나 이런 설명만으로는 완전히 만족스럽지가 않다. 미디안의 날은 미디안이 승리를 거두는 날이 아니기 때문이다. 그와 반대로, 그날은 미디안이 패배하는 날이다. 다음으로, 이 문구의 기원과 의미는 군사 영역 자체가 아니라 그 영역이 갖고 있는 신앙(종교) 측면에서 나왔다고 주장하는 견해가 있었다. 그렇다면 "여호와의 날"이라는 말은 엄위와 영광의 유일한 소유자이신 여호와가 전투 때 그와 한편이거나 혹은 그를 대적하는 다른 모든 이들 위에 우뚝 서시는 날을 가리킬 것이다. 말하자면, 그날은 여호와가 독점하시는 날이다. 이사야는 이를 그의 예언을 담은 책 2장에서 다른 형태로 표현한다: (모든 것을 평평하게 흙으로 만들어버릴 지진이 있을 때에) 오직 여호와만이 위대해지실 것이다(사 2:2-5).

이런 설명들의 단점은 "날"이라는 말을 다만 시간을 나타내는 말로 본다는 것이다. 이 말에는 연대(年代)와 무관한 내용과 연상 개념이 들어 있음을 일러주는 것들이 있다. 아마도 십중팔구는 "날"이라는 말이, 적어도 처음에는, 빛으로 가득한 어떤 시기(season)를 가리키는 날, 갑자기 나타나 어둠을 쫓아내는 날을 뜻했을 것이다. 아모스의 말을 듣던 이들이 분명 그날을 그들에게 좋은 일을 미리 일러주는 경우라고 생각할 수밖에 없었던 것도 바로 그런 이유 때문이다. "여호와의 날"이라는 말에 붙은 바로 그날이라는 이름이 이런 것을 전제하지 않았을까? 아모스 선지자는 이 근거 없는 억측을 바로잡아주지만, 그렇다고 이 말이 본디 종말의 위기 때 빛이 등장할 것을 가리키는 의미를 가졌음을 부인하려 하지는 않는다. 그날은 늘 변함없이 빛이지만, 무엇보다 여호와께 빛이지 이스라엘의 죄인들에게는 어둠일 뿐이다. 이 비유 표현은 강림, 곧 그리스도의 "오심"이 현현(顯現, 감춰졌던 것이 밝히 드러남), 곧 "밝히 나타남"이기도 하다는 신약 성경의 표현에 깊은 영향을 주었다. 이 말은 이사야의 예언들에서(이사야서의 두 번째 부분에서; 이사야서 두 번째 부분은 이사야서를 이사야가 기록한 첫 번째 부분과 다른 이가 기록한 두 번째 부분으로 나눠보는 견해에 따른 이름으로서, 이사야 40-66장을 가리킨다—역주) 큰 역할을 한다. 이 말은 바울에 이르러 그 쓰임새가 독특하게 바뀐다. 바울은 두 문맥(로마서 13장과 데살로니가전서 5장)에서 이방 종교를 믿는 이들의 삶이라는 밤과 그리스도인에게 가까이 다가오는 낮을 대조하면서, 이 대조를 활용하여 자신이 회심시킨 자들에게 심지어 악한 자들도 수치심을 느낄 일을 자제하는 낮 시간에 합당하게 살아가라고 권면한다. 아울러 그는 그 대조에서 더 심오한 교훈을 끌어내어, 그리스도인이 종말의 때에 깨어 있어야 하며, 가까워진 주의 오심에서 나온 빛이 이미 그를 감싸고 있는 것처럼 살아가야 한다고 가르친다.

이런 본문을 보면, 바울이 "주의 날"이라는 말 속의 **날**과 "빛" 개념을 친밀하게 붙어 있는 개념으로 본다는 게 아주 분명히 드러난다. 이 본문에서는 이방 세계의 어둠조차도 단순히 이방 세계 전체의 부패를 가리키는 비유에 그치는 말이 아니다. 그것은 종말론 색깔을 지닌 비유다. 세계는 아주 도를 넘은 악(惡) 속으로 곤두박이친다. 세상이 맞이할 운명이 빨리 다가오고 있으며 그 운명이 들이닥칠 수밖에 없다는 절박한 심정에 사로잡히기 때문이다. 세상은 이 방탕한 밤이 자신에게 주어 누리게 하는 모든 것을 누릴 수 있는 대로 다 누린다: 세상이 "내일이면 우리가 죽으니, 먹고 마시자"라는 결론을 내리는 이유도 그 때문이다. 세상은 말 그대로 온 우주를 아우르는 나이트클럽 속에서 살아간다. 하지만 그리스도인은 아침이 밝아오기 전에 정성을 다하여 마무리해야 할 일들을 계속해야 하며, "이 시기를 알거니와, 자다가 깰 때가 되었으니, 이는 이제 우리 구원이 우리가 처음 신자가 되었을 때보다 가까워졌기 때문이다. 밤이 깊고 낮이 가까웠으니, 어둠의 일들을 내버리고 빛의 갑옷을 입자. 낮에 하는 것처럼 정직하게 행하고, 방탕하거나 술취함, 불륜과 부정(不貞)을 행하지 말자"(롬 13:11-13). 또 데살로니가서신에서는 이렇게 말한다: "그러나 형제들아 너희가 어둠 가운데 있지 않으니, 이는 그날이 도둑처럼 너희에게 임할 것이기 때문이다. 너희는 모두 빛의 자녀요 낮의 자녀다. 우리는 밤에 속하지 않았으니, 이는 곧 자는 자들은 밤에 자고, 취하는 자들은 밤에 취하기 때문이다"(살전 5:4-7). 여기서 바울이 이 비교 속에 또 다른 요소를, 곧 깨어 지킴이라는 요소를 집어넣었음을 관찰할 수 있을 것이다. 이 본문에는 십중팔구 우리 주가 말씀하셨던 지혜로운 처녀와 어리석은 처녀 비유를 떠올리는 기억이 들어 있을 것이다(하지만 그 비유에서 실제로 대조한 것은 "깨어 지킴"이 아니라 "준비함"이다).

나머지 부분을 보면, 메시아와 관련 없는 형태의 말만 살펴볼 경우, "여호와의 날"이라는 말과 나란히 놓을 수 있는 단일 개념이 없다. 다가오는 큰일을 서술하는 데 보통 사용하는 형태는 신현(神顯) 언어, 곧 하나님이 세상 무대에 나타나심을 표현한 언어다. 이를 서술하는 데, 아니 차라리 묘사라고 해야 할 일을 하는 데 채용한 이미지는 아주 풍성하지만, 그대로 이렇게 보통 그림 같은 형태를 유지한다—물론 그렇다고 하나님의 나타나심을 처음 보았던 이들에겐 그 나타나심이 그들 뜻대로 다른 영적 언어로 희석하거나 번역할 수 있는 단순한 비유에 그쳤다거나 계속하여 그런 비유에 그쳤다는 뜻은 아니다. 구약 시대 사람들은 훌륭한 번역자가 아니었으며, 그런 분야의 전문가가 아니었다. 쉽고 완벽하게 번역하는 이는 오직 여호와뿐이다. 그만이 종말의 완성이 다가올 때 성경이 다양하게 서술한 이 장면들이 드러낼 일들의 동기와 정신을 몸소 발견하시기 때문이다. 폭풍과 지진과 뇌우(雷雨)와 홍수라는 이미지가 모두 이 종말의 장면들이 던지는 인상을 고조시키는 데 기여한다. 이 모든 비유 가운데 오직 화산 폭발만이 가나안에서 생겨난 것이 아니다. 우리가 아는 한, 팔레스타인에는 화산이 없기 때문이다(이렇게 되면, 종말론 계시와 믿음이 고대에 생겨났음을 증명해주는 증거에 또 다른 증거가 하나 더 우연히 추가되는 셈이다). 홍수 같은 경우, 이 홍수라는 비유를 다룰 때는 대홍수 기사에 명백히 의존한다. 시편 93편에서, 여호와가 태고의 홍수를 통제하심은 장차 종말에 있을 홍수 때 그가 하실 행위의 모형이다: "오 여호와여 큰물이 그들의 소리를 높였나이다"(시 93:3 상반절). 이는 과거의 홍수와 관련이 있지만, 이 구절 후반부는 미래에 있을 홍수와 관련이 있다: "큰물이 그들의 물결을 높일 것입니다"(시 93:3 하반절). 그러나 구약 성경에서 노아의 홍수만이 종말론과 관련된 의미를 가진 홍수는 아님을 주의하기 바란다. 시편을 살펴보면, 종말에 나타날 하나님의 도성을 기쁘게 하는 물, 혹은 시내를 발견할 것이다(시 46:4).

그 예언이 자연과 관련된 이미지, 자연과 관련된 언어를 입는 한, 그 예언은 어떤 의미에서는 마지막 심판이 오기 전에 반드시 그 사이에 나타날 수밖에 없는 시간 전망에서 늘 독립성을 유지한다는 것을 보게 될 것이다. 자연에서 일어나는 맹렬한 폭발과 격변은 언제 일어날지 계산하지 못한다. 그런 일은 더 가까이 있거나 더 멀리 떨어져 있다고 생각할 수 있다. 더 가까운 쪽과 더 멀리 있는 쪽 가운데 어느 쪽이 맞는 것으로 드러날지는 말할 수 없다. 하지만 선지자들이 말하는 종말론 역시 심판을 묘사할 목적으로 군사와 관련된 틀을 사용한다. 예를 들면, 앗수르가 기원전 8세기에 유다와 예루살렘을 공격한 일은 결국 초자연적 구원 행위라는 위대한 일로 이어질 것이다. 예언은 그 시대에 한 획을 긋는 위기의 발생 바로 뒤쪽에, 이런 위기가 생기기 직전에 존재했던 보통의 평범한 일상사들의 일시 회복이 아니라, 그 전망을 단축하여(장차 있을 일이 짧게 이어질 것처럼 보이게 하여―역주) 마치 임박한 위기를 극복하고 나면 곧바로 최후 영광이 이스라엘 백성에게 임할 것처럼 보이게 해주는 기쁨을 놓아두는 경우가 자주 있다. 그러면 나중에는 처음에 나타났던 위대한 계시와 종말의 완성이라는 산(山) 사이에 있는 중간의 평원이 그 자체 안에 수많은 위기를 더 담고 있음을 때때로 볼 수 있게 된다. 처음에는 텅 비었다고 여겨 못보고 지나쳤던 전경(前景)이 계속하여 되풀이되며 그 과정(첫 계시에서 시작하여 종말의 완성에 이르는 과정―역주)을 감싸는 일련의 경우들로 나누어진다. 이 경우들은 자그마한(야트막한) 언덕들이어서, 지평선을 가까이 끌어당겨주는 산꼭대기에만 시선을 고정하면 자칫 못 보고 지나칠 수 있다(종말의 완성이 가까운 것처럼 보이게 해주는 큰 사건에만 집중하다보면, 종말에 이르기까지 발생할 수많은 자잘한 사건들을 못 보게 된다는 말이다―역주). 이런 예언을 예언이 아니라 평범한 말로 읽다 보면, 많든 적든 오해할 수밖에 없다. 이사야 28-33장은 앗수르의 위기를 서술하는데, 이를 읽는 독자들이 몇 번에 걸쳐 시온의 전쟁에 따른 혼란을 새롭게 회복된 낙원의 바람직한 상태로 해석한 것도 그런 오해에 해당한다. 예를 들어, 이사야 29:17—"오래지 않아 레바논이 기름진 밭으로 바뀌지 않겠으며, 그 기름진 밭을 숲으로 여기게 되지 않겠느냐?"—과 비교해보라. 또 "그날에는 못 듣는 사람들이 듣게 되고 눈먼 이들의 눈이 흐릿하고 어두운 데서 보게 되리라"(사 29:18)와 비교해보라.

이런 서술에 들어 있는 자연의 요소(nature-element)는 상징 묘사라는 범주 속에 넣는 것만으로 완전히 설명하지 못한다. 이런 요소는 그 자체가 자연을 구성할 수 있는 능력을 가졌기에 다가오는 세상에서도 없어서는 안 될 지위를 차지한다. 벨하우젠 학파 비평학자들은 오로지 한쪽에만 치우쳐 윤리에 관한 가르침만 강조했다고 말할 수 있을 것 같은데, 그들은 이렇게 오로지 윤리만 강조하는 쪽에 치우치다가 결국 윤리를 설파했던 위대한 선지자라면, 설령 그것이 자연 재앙과 관련된 것이든 아니면 그에 따른 자연의 소산이든, 어쨌거나 자연에는 어떤 중요성도 부여할 수 없었을 것이라는 입장에 빠지고 말았다. 이 사람들은 선지자들이 종말에 세상에 임할 위기를 어떤 초자연적 방식으로 일어날 위기로 보았을 리가 없다고 본다. 그들은 그들 자신의 관점에서 이런 일이(종말의 위기가 초자연적 방식으로 일어나는 일이—역주) 불가능하다고 말할 뿐 아니라, 선지자들 자신도 그들과 똑같은 관점을 가졌다고 말한다는 점에 주목하기 바란다. 때문에 그들은 이런 자연의 요소들을 가짜(선지자들이 기록하지 않은 것—역주)라고 의심한다. 이런 요소들은 후대에 편집자가 추가했다. 그들이 이를 통해 말하는 것은 반(反)초자연주의만이 아니다. 이 결론 속에는 그들이 따르는 펠라기우스주의에서 나온 결과물도 많이 들어 있다. 즉 그들은 순수한 윤리와 자유 의지를 옹호하면서, 값없이 주어진 은혜가 어떤 식으로든 선지자들의 종말론을 형성했다는 원리를 배척한다. 하지만 그들은 초창기의 대선지자들에게만 이런 판단을 적용한다. 외국의 영향이 동방에서 흘러들어온 뒤에는 예언의 성격이 바뀌었다. 예언은 묵시가 되었다. 이것의 시작을 에스겔서에서 발견할 수 있다.

그러나 이 지점에서 바벨론을 조사해본 결과들이 종말론에 관한 이런 견해가 순전히 추상개념임을 밝혀주었다. 구약 성경이 정말 동방에서 빌려온 것이라면, 그 안에는 틀림없이 자연의 변화가 일어날 여지를 인정하고 자연의 변화에 관심을 보이는 말이 있었을 것이다. 비판받는 견해는 "윤리"가 아니다. 그것은 "윤리주의"라는 이름으로 불러야 마땅하다. 그것은 손발을 절단당하고 거세당한 종말론을 상징한다. 즉 그것은 결코 종말론이 아니다. 선지자들이 받아서 후대 이스라엘에게 전해준 약속은 여호와가 새 하늘과 새 땅을 창조하시리라는 내용이다(분명 그곳은 의인들이 살 곳이지만, 새 하늘과 새 땅이다—사 65:17, 66:22). 사도 베드로는 모든 것을 망라하는 이 우주 차원의 약속이 그와 상관관계가 있는 윤리를 결코 배제하지 않는다고 생각했다. 때문에 그는 이사야서에서 "새 하늘과 새 땅"이라는 문구를 인용할 때 "의가 있을 곳인"이라는 말을 덧붙인다(벧후 3:13). 그것이 보통 그리스도인의 태도다. 새로운 영의 세계를 얻으면서 그 세계를 존속시켜 줄 적절한 물리 환경과 상황이 없는 영의 세계만 얻는 것은 성경이 말하는 종말론의 전체 취지에 어긋난다. 그런 견해는 결국 몸이 없는 부활을 가르치는 교리에 이르고 말 것이다. 구약 성경과 신약 성경은 모두 똑같은 방식으로 똑같은 이유를 들어 몸을 인간 본질이 완전성을 갖는 데 필수불가결한 것으로 골고루 균형 있게 강조하면서도, 자연계를 몸의 범주 속에 포함시키지는 않는다.

구약 성경에서 특별한 주목을 받는 이 객관적 종말론에서 한 가지 독특한 부분은 부활 예언이다. 이미 우리가 살펴본 욥기의 본문에서 이 부활 개념을 발견하는 이들도 있고 그렇지 못한 이들도 있지만, 부활 개념은 이 본문 외에도 두 문맥에서 나타난다(사 26:17 이하와 단 12:1 이하).

위 두 본문에서 부활을 언급하는 말은 억압, 하나님께 버림받음, 열매를 맺지 못하는 신앙을 자각함(이 경우는 이사야서)이라는 어두운 배경에서 등장하지만, 이와 반대로 이에 대한 반동으로서 비단 부활을 향한 소망뿐 아니라 부활하리라는 확실한 보장이 이런 말에서 튀어나온다는 것을 살펴보기 바란다. 부활은 틀림없이 회복을 가져온다. 이것이 부활이 의미하는 변호(우리의 의로움을 확인해줌—역주)이며, 우리는 이런 의미를 지금도 신약 성경에서 만난다. 나아가 바로 이것과 관련지어 주목해야 할 것은 이스라엘 사람들이 만물의 이런 위대한 전환점이 그들 자신의 의지에 따른 노력으로 임하리라고 기대하지 않는다는 점이다. 그들은 아이를 잉태했다. 그들은 산고를 겪었다. 그러나 그들이 낳은 것은 오직 바람뿐이었고, 이 땅에 아무런 구원도 베풀지 못했으며, 그 땅의 거민들을 넘어지게 할 수 없었다. 뿐만 아니라, 이사야서 본문은 독특하다. 부활을 부활 뒤에 이어질 미래 종말의 복된 상태와 직접 연관 짓기 때문이다. 이사야 25:6로 돌아가면, 이런 본문을 만난다: "만군의 여호와가 이 산에서 모든 민족에게 기름진 것과 바람이 미치지 않는 그늘에 오래 보관한 포도주와 골수가 가득한 기름진 것과 잘 묵혀 오래 보관한 포도주로 잔치를 베푸시리라." 더군다나 이곳에서는 다니엘 12장에는 없는 보편주의를 언급한다. 이는 이사야 선지자가 계속하여 "또 그가 이 산에서 모든 민족들(복수임을 유념하라)을 덮고 있는 가리개를 파괴하시고 모든 나라 위에 덮인 베일을 파괴하실 것이다, 그가 죽음을 영원히 삼켜버리실 것이요 주 여호와가 모든 얼굴에서 눈물을 씻겨주실 것이다"(7-8절)라고 말하기 때문이다. 엄밀히 말하면, 25장에 있는 이 예언과 다음 장에 나오는 본문은 다르다. 25장 본문은 이처럼 보편주의 음색을 내지만, 또 다른 문맥에서는 부활이 이스라엘에게 의미가 있는 일이라고 제시하기 때문이다. 여러분도 알듯이, 이렇게 따로 떨어져 있는 한 본문의 진술에서 천년왕국(전천년설) 원리에 근거한 일부 부활 및 예비 부활을 인정하는 결론을 끄집어내는 것은 아주 위험하다.

다니엘서의 경우, 우리는 여기서 일부 부활을 목격한다. 본문이 "땅의 티끌 가운데 자는 이들 가운데 많은 사람이 깨어나리라"(단 12:2)고 말하기 때문이다. 동시에 이 본문은 부활의 두 측면을 일러준다. "어떤 이는 영생을 받고 어떤 이는 수치와 영원한 모멸을 당하리라"는 말이 덧붙여져 있기 때문이다. 이 본문은 앞 부류가 결국 맞게 될 조건과 상태에 관하여 이렇게만 말한다: "또 지혜로운 자들은 궁창의 빛처럼 … 별과 같이 영원히 빛나리라." 이 본문을 보면서 장차 이루어질 종말론 교리 발전 전체를 염두에 두고 전천년 시기가 시작할 때 예비 부활이 있으리라는 원리를 확정해놓은 본문이라고 말하는 것은 부활 개념을 숫자를 한정하여 일부에서만 이루어지는 사실로 구체화해놓은 것과 부분 계시를 혼동하는 것이다. 이 본문은 동시 보편 부활을 부인하지 않는다. 다만 이 본문은 계시 과정이 부활 원리의 포괄성(일부만이 부활하는 게 아니라 세상을 떠난 모든 이가 부활한다는 원리—역주)을 충분히 계시할 수 있을 만한 지점에 아직 이르지 못했을 때에 나온 본문일 뿐이다.

종말론과 메시아 예언의 관계

종말론은 속(genus)이며, 메시아주의(메시아 예언)은 그 속에 속하는 종(species)이다. 따라서 모든 메시아주의는 종말론 색채를 지니지만, 모든 종말론 예고가 메시아주의를 담고 있지는 않다. 사실, 이 두 용어는 딱히 구별하지 않고 사용되었다. 처음에는 이런 섞어 쓰기를 용어의 내용을 충분히 심사숙고하지 않은 탓이라고 변명할 수 있었겠지만, 이제 와선 그런 섞어 쓰기가 오해를 낳게 되었다.

구약 성경에 있는 여러 유형의 종말론 표현 가운데 메시아주의 유형이, 엄밀히 말해 그렇게 불리는 유형이 차지하는 자리를 보여주는 표현은 다음과 같다. (1) 인간이 전혀 등장하지 않는 공식 표현으로서 대체로 종말론을 제시하는 유형이 있다. 신현(神顯)에서는 여호와가 몸소 새로운 만물 질서를 부여하고 그 질서를 선도하신다. "여호와의 오심"과 인간의 부재(不在)가 이 유형과 다른 세 유형을 구분해준다. (2) 인간과 여호와가 함께 등장하며, 둘 다 장차 "올"(to come) 이로 표현하지만, 인간은 명확히 왕의 성격을 갖고 있지 않다. (3) 명확히 왕인 인물과 여호와가 함께 등장한다. 이 경우는 왕인 인물을 신정(神政) 체제인 다윗 왕조와 뚜렷하게 결합시켜놓지 않았다. 왕인 메시아라는 개념이 역사 속에 존재했던 이스라엘 왕국보다 먼저 생겼기 때문이다. (4) 다윗 왕가의 인물임이 뚜렷한 인물과 여호와를 결합하면서, 이 인간과 다윗 반열의 왕들이 유기적 연합을 이루게 하는 방식으로 결합해놓았다. 이 유형은 메시아와 이스라엘 왕을 얼마나 많이 결합시켰는지 보여준다.

엄밀히 말하면, 그리고 그 어원을 고려할 때, 우리가 다만 이야기할 수 있는 메시아는 네 번째 유형이 제시하는 메시아다. 첫 번째 유형은 엄밀히 말해 종말론과 관련이 있으며, 나머지는 메시아주의와 관련이 있다. 한 저자, 곧 이사야의 글을 보면, 이것들을 나란히 구분해놓은 것을 발견할 것이다. 따라서 **메시아**라는 이름은 역사 속의 왕들에게 기름을 부었던 것에서 유래했기 때문에, **메시아 종말론**이라는 명칭은 네 번째 유형에만 사용하는 것이 논리에 맞을 것이다.

정경 이후 시대(postcanonical period)에는 메시아의 형상이 존재하지 않게 되거나 모호해진다. 이는 두 요인 때문이다. (1) 메시아라는 개념은 철저히 인간을 가리키게 되며, 이상하게도 종말론 개념이 더 초월성을 띠게 된다. 그 결과, 다윗의 아들(자손)이 메시아의 자리를 차지할 가능성은 더 작아진 것처럼 보였다. (2) 상서로운 모습을 보여준 마카비 시대가 있었다. 사람들은 어쩌면 그 모습을 보며 그 시대를 메시아 시대로 여겼을지 모른다. 그러나 마카비 가문은 다윗 반열이 아니었다.

다음으로 메시아라는 말의 어원과 의미를 논해보겠다. 어원을 살펴보면, "메시아"는 그리스어로 음역한 형태인 *Messias*에서 나왔다. 이 말은 히브리어 *Mashiah*에 해당하는 아람어인 *Mashicha'*에서 나왔다.

이 수동형들은 **mashah**(기름을 부어 "임명하다")에서 나왔다. 이 메시아라는 형태는 수동분사가 아니라 형용사 같은 형태다. 따라서 이 말은 기름을 부어 임명하는 행위의 결과로 지속되는 특질을 표현한다. 반면, 분사는 오로지 기름을 붓는 행위만을 가리키며, 기름을 부어 임명한 어떤 한 기간을 표현한다.

라가르드(Paul Anton de Lagarde, 1827-1891. 독일의 성경신학자요 고대근동학자다. 반유대주의를 주창한 대표자 중 한 사람으로 히틀러에게 영감을 주었던 인물이다—역주)에 따르면, **Messiah**라는 형태는 나바테아어 형태(Nabatean form)인 **Mishshiha**에서 나왔으며, 이 말에는 "기름을 부어 임명하는 자"를 가리키는 능동의 의미가 들어 있다.[9] 그가 언어학의 차원에서 제시하는 두 논거는 이러하다: (1) 이 나바테아어 형태는 그리스어 형태인 **Messias** 속에 들어 있는 *e* 소리를 설명해준다. 즉 그 *e* 소리는 **Mishshiha**의 *i*에서 나왔지, **Mashiah**의 *a*에서 나오지 않았다. (2) 히브리어 형태에서는 치찰음(sibilant)(-sh)을 겹쳐 쓰는 형태를 발견할 수 없다. 그러나 이 견해의 주장과 달리, 우리는 그리스어 음역이 가끔씩 *a* 소리를 *e* 소리로 바꿔놓는 것을 목격한다[70인역이 삼하 5:15의 *Japhia*(개역개정판: 야비아)를 *Jephies*로 바꿔놓았음을 참고하라]. 그리스어는 가끔씩 원어의 *s* 소리를 겹쳐 적는다(참고. *Jishai*를 *Jessai*로 적음). 그리고 두 번째, 성경 역본은 모두 이 말을 수동형으로 번역한다[70인

---

9) Paul de Lagarde, *Übersicht über die im Aramischen, Arabischen und Hebraischen übliche Bildung der Normina* (Osnabrück: Otto Zeller Verlag, 1972), 94.

역—*Christos*; 불가타—*Unctus*(*unctus*는 "기름을 바르다"라는 뜻인 동사 *ungere*의 과거분사형이다—역주); 신약 성경도 역시 그러하다—행 10:38을 참고하라]. 구약 성경의 종말론은 메시아를 기름 부어 임명하는 자로(능동의 의미로) 제시하지 않으며, 이를 구약 성경 안에서 성령을 부어주는 자로 쓰지도 않는다. 신약 성경을 보면, 우리는 우선 이 개념을 만나지만, 이 개념을 "기름 부어 임명함"(anointing)이라 부르지는 않는다. 신약 성경은 성령으로 "세례를 베풂," 성령을 "줌," 성령을 "부어줌"과 같은 말을 이야기하지만, 이때 메시아가 기름 붓는 행위를 하는 것으로 이야기하지는 않는다. 요한일서 2:20은 "기름을 붓는 자"라는 개념을 제시하지만, 많은 주해가는 여기에서는 하나님이 주어라고 주장한다.

구약 성경에서는 누가 "기름부음"을 받는 자인가? 구약 성경에서는 "메시아"를 대제사장과 관련지어 사용한다. 레위기 4:3, 5, 16, 6:15(히브리어 본문, 영역본/개역개정판은 6:22)에서는 형용사로 사용하고, 다니엘 9:25-26에서는 명사로 사용한다. 어떤 율법을 보면, 다른 제사장들도 "기름부음을 받는다." 그러나 메시아(기름부음을 받은 자)라는 칭호는 오직 대제사장에게만 사용한다. 신정 체제의 왕은 "여호와가 기름 부으신 자"라 부른다(야곱의 하나님 여호와와 함께 연계형을 사용한 것, 곧 "내게 기름부음 받은 자"를 사용했음을 주목하라; 절대형은 전혀 나타나지 않는다). 아울러 이 말로 족장들을 가리킨 경우도 볼 수 있다(시 105:15=대상 16:22, 은유로서 "지극히 신성한, 신성불가침인"을 뜻한다). 고레스(퀴루스)도 "기름부음 받은 자"라 부른다(사 45:1). 이 문구를 종종 (하나님 옆에 있는) 종말론의 중심인물에게 적용하기도 한다: 삼상 2:10, 삼하 22:51=시 18:51(영역/개역개정 18:50), 합 3:13, 시 2:2, 20:7(영역/개역개정 20:6), 28:8, 84:10(영역/개역개정 84:9),

89:39(영역/개역개정 89:38), 52(영역/개역개정 51), 132:17. 구약 성경에 메시아라는 말을 종말론적 왕에게 적용한 경우가 나타나는가를 놓고 종종 논쟁이 벌어진다. 근래 주해가들은 이 본문 중 몇 곳에서 이스라엘 민족을 "여호와께 기름부음 받은 자"로 언급한 것을 발견한다. 이제 문제는 그 종말론적 왕이 메시아인가 아닌가라는 문제다. 벨하우젠(Julius Wellhausen, 1844-1918. 독일의 구약신학자요 고대근동학자다. 문서설을 만든 사람이다―역주)과 다른 이들은 이런 언급을 이스라엘 백성에게 적용하며, 왕을 언급한 경우는 한 왕조를 가리킨다고 본다.10) 이는 메시아가 한 인간임을 부인하는 것이기에 당연히 중요한 문제다. 시편이 이 메시아라는 형상을 없애버렸는가도 문제다. 구약 성경은 **Messiah**라는 말을 선지자들에게 전혀 적용하지 않는다. 보통 선지자는 기름부음을 받지만, 그래도 그를 "기름부음을 받은 자"로 부르지 않았다.

제사장에게 기름부음과 왕에게 기름부음의 관계를 놓고 두 가지 주요 이론이 있다. 쉬타데(Bernhard Stade, 1848-1906. 독일의 구약신학자다―역주)는 제사장에게 기름부음이 왕에게 기름부음보다 더 오래 되었다고 본다.11) 제사장에게 기름부음에서 왕에게 기름부음이 나왔다. 따라서 제사장과 관련된 요소가 왕위에 추가되었다. 또는 왕에게 기름부음은 왕에게 제사장의 특권을 부여한 것이라고 추측했다. 벨하우젠은 반대

---

10) Julius Wellhausen, *The Book of Psalms* (New York: Dodd, Mead, & Co., 1898), 164(시편 2편), 176(시편 28편).

11) Bernhard Stade, *Geschichte des Volkes Israel* (Berlin: G. Grote'sche Verlagsbuchhandlung, 1887), 1:413.

견해를, 곧 왕에게 기름부음이 제사장에게 기름부음보다 더 오래 되었다고 주장한다. 왕에게 기름부음에서 (대)제사장에게 기름부음이 나왔다. 본디 제사장직 취임은 기름부음으로 이루어지는 게 아니라, "그 손을 채움"(mizze' iaad)으로 이루어졌다. 나중에 나온 율법은 이 개념을 그대로 보존하면서도, 기름부음을 추가했다. 그보다 더 옛 시대에는 제사장에게 기름부음을 언급한 말이 없다(아직 우리는 여기서 "기름부음 받은 자"인 왕을 죽이는 것은 악하다는 말만을 읽을 뿐이다). 스가랴 4:14은 여호수아와 스룹바벨을 언급하며, "기름부음 받은 자들"을 언급하는 가장 오래된 구절이다. 나아가 벨하우젠은 여호수아가 스스로 그 자신에게 왕의 의식을 적용함으로써 회중의 우두머리로 기름부음을 받았다고 믿는다. 따라서 그는 사실상 왕이었다. 이때부터 대제사장은 유대교 안에서 사실상 왕과 같은 지위에 있었다. 벨하우젠은 "손을 채움"을 제사장직에 취임한 자에게 첫 급료를 주는 것이라고 설명한다.[12] 후대의 율법은 이렇게 이해하지 않았고, 이를 여호와 앞에 드릴 요제(搖祭, wave offering)를 손 위에 올려놓음으로 서술한다.

벨하우젠의 견해는 다음과 같은 근거를 토대로 비판할 수 있겠다. 첫째, 사사기 17:5을 보면, 미가가 제사장을 세우는 과정을 그의 아들에게 적용하는데, 우리라면 여기서 미가가 제사장이 된 그의 아들에게 급료를 지불했으리라는 생각은 하지 않을 것이다. 둘째, 설령 그것이 급료를

---

[12] Julius Wellhausen, *Prolegomena to the History of Israel* (Edinburgh: Adam & Charles Black, 1885), 152-53.

지불한다는 의미일지라도, 우리는 이를 제사장에게 적용했으리라고 생각하지 않는다. 벨하우젠은 오직 제사장만이 급료를 받았다고 말한다. 하지만 미가 3:11은 급료(샀)를 받는 제사장을 꾸짖는다. 셋째, 제사장이 급료를 받는 일이 이스라엘 백성이 포로로 잡혀간 뒤에 여호수아에서 시작되었을 개연성은 거의 없다. 우리는 스룹바벨이 왕위에 있었던 동안에는 그런 일이 있었으리라고 생각하지 않는다. 마지막으로 이 견해에 따르면, 어떻게 다른 제사장들도 기름부음 받은 이로 표현하게 되었는지 의문이 생긴다.

쉬타데의 견해에는 참인 요소가 하나 있다. 몇몇 고찰 결과는 왕이 제사장의 일에 참여했다는 생각을 지지한다. 하지만 왕도 기름부음을 받았기 때문에 이런 일을 했다고 말하기는 불가능하다. 다윗은 하나님의 궤 앞에서 춤을 추었는데, 이때 제사장이 입은 에봇을 입었다(삼하 6:14). 다윗과 솔로몬은 백성을 축복했는데, 이는 제사장의 기능이었다. 왕의 성소(聖所)에서는 제사장이 왕의 시종이었던 것으로 보이며, 왕이 제사장의 특권을 행사했다. 하지만 이 주장은 장점과 단점이 모두 있으며, 하나가 다른 하나보다 우위에 있었음을 설명해주지 못한다. 어떤 이에게 기름을 부어 왕으로 세우는 일은 제사장이 했다. 여호야다는 요아스를 왕으로 세운 주연배우였다(대하 23:16-24:16; 참고. 왕하 11:17-13:19). 가끔은 선지자가 이런 기능을 했다—예를 들어, 사무엘은 사울에게 기름을 부어 왕으로 세웠다. 이렇게 제사장이 기름을 부어 왕을 세움은 제사장이 가지는 어떤 특징을 나누어주려고 행한 것으로 볼 수도 있겠다. (이는 그리스도 안에서 왕과 제사장의 기능이 긴밀하게 결합할 것을 미리 보여준다. 이 결합은 구약 성경도 예언했다.) 하지만 이런 제사장의 특징은 기름부음 자체에서 나오지 않는다. 시편 2편과 110편은 기름부음을 왕으로 세우는 기름부음이라고 제시한다. 어쩌면 이것은 메시아 개념이 지배하고 있었기 때문일지 모른다. 대체로 보아 더 나은 견해는 두 기름부음, 곧 제사장에게 기름부음과 왕에게 기름부음에서 일치하는 관습을 찾는 것이다. 메시아에게 기름부음은 왕에게 기름부음과 더 밀접한 관련이 있다.

앞서 논의한 내용은 이런 질문을 낳는다—신정 체제의 왕은 보통 기름부음을 받았는가? 일부 사람들은 기름을 붓는 의식이 왕위 자체에 속해 있었기 때문에 각 왕이 새로 왕위에 오를 때마다 기름부음 의식이 이루어졌다고 주장한다. 다른 이들은 그런 규칙은 없었으나 예외가 있었다고, 즉 새 왕이 그가 나온 집안에서 처음 왕이 된 자이거나 왕위에 오를 권리를 주장하는 자가 둘 이상일 때에만 기름을 부어 왕으로 세웠다고 주장한다. 방금 언급한 모든 기름부음 사례들은 이런 범주 중 어느 하나에 속하겠지만, 이 주장도 딱 부러지게 결론이 난 것은 아니다. 그런 경우는 우연히도 왕위 즉위를 상세히 서술해놓은 경우일 뿐이기 때문이다. 기름을 부어 왕을 세움이 가지는 의미(중요성)와 내용으로 보아, 첫 번째 견해가 옳다. 왕을 보통 "여호와께 기름부음을 받은 자"라고 부르기 때문이다(삿 9:8, 애 4:20). 기름부음은 그 왕이 여호와께 유일하게 기름부음을 받은 사람이라는 것을 확인해준다. 사실, "여호와께 기름부음을 받은 자"는 일종의 속명(屬名, generic name)이며, "왕"과 거의 같은 말이다. 사사기 9:8은 나무들이 나가서 기름을 부어 그들 위에 한 왕을 세웠다고 말한다. 예레미야애가는 "여호와께 기름부음을 받은 자"에 관하여 이야기한다. 이때 강조하는 것은 누구에게 기름을 부었다는 선언이 아니라, 그 자리에 임명했다는 것이다. 하지만 이것이 꼭 핵심은 아니다.

기름부음을 받은 자는 그 기름부음을 통해 여호와와 독특한 관계를 맺는다. 이런 사람은 여호와와 밀접하게 결합하면서 독특한 신성함과 초자연적 영향력을 받는다. 다음 내용을 살펴보기 바란다: (1) 왕을 죽임은 두려운 일이요 여호와께 손을 댄 것과 마찬가지다(참고. 삼상 24:6, 26:9). (2) 왕을 저주함은 하나님을 저주함과 동일하게 여겼다(참고. 왕상 21:10 이하). (3) "여호와께(여호와의) 기름부음을 받은 자"의 소유격("여호와의")은 근원(출처)을 나타낸다기보다, 소유를 뜻한다(즉 여호와와가 특별한 방식으로 당신 소유로 삼으셨음을 뜻한다). (왕을 특별히 존경하는 근거는 애국심이 아니라 종교였다. 이 두 요소, 곧 하나님과 왕의 독특한 관계 그리고 왕을 특별히 존경함이라는 요소는 그리스도 안에서 강하게 결합하여 나타난다.) 마지막으로, 뭔가 구체적이고 초자연성을 지닌 것이 기름부음을 받은 자에게 전달되었다. 어떤 이들은 기름이나 지방이 생명체에서 가장 좋은 요소이기 때문에, 기름부음을 받은 자가 이것을 받았다고 말한다. 그러나 이스라엘 사람들은 이내 이 기름부음과 여호와의 영을 연결하기 시작했다. 스가랴 4:6-10, 사무엘상 11:6, 그리고 사무엘상 16:3은 그(기름부음을 받을 자—역주)가 여호와의 영으로 말미암아 왕위에 오를 것이라고 말한다. 이렇게 영(여호와의 영)과 밀접한 관계에 있음은 기름부음이라는 말을 성령을 부어줌을 나타내는 은유로 사용한 경우에서 볼 수 있다(참고. 사 61:1). 야고보서 5:14만이 글자 그대로 기름부음을 이야기한다. 신약 성경에서는 그리스도가 "기름부음을 받은 분"이자 성령을 가지신 분이다. 이는 기름부음이 기독론에서 가지는 중요성을 일러준다. 요컨대,

왕에게 기름을 붓는다는 말에는 "하나님의 임명, 하나님과 관계를 맺음, 하나님의 명에 따른 존경, 하나님의 영"이라는 의미가 들어 있다.

우리는 여기서 "메시아"라는 축약 형태가 처음의 완전한 형태인 "여호와께 기름부음을 받은 자"에서 나왔다는 것만을 하나 더 언급해두겠다. 달만(Gustaf Hermann Dalman, 1855-1941. 독일의 구약신학자요 고대근동 학자다―역주)은 이런 축약 형태가 하나님의 이름인 여호와를 교묘하게 발음하지 않고 회피하는 유대교 관습에서 생겨났다고 주장한다.[13] 이것이 후대 유대인들의 특징이었다(그러나 솔로몬의 시편 17:32, 18:6, 8, 바룩2서 39:7, 40:1, 72:2, 에스라4서 7:28, 에녹1서 48:10, 52:4, 눅 2:26을 참고하라. 어쩌면 눅 2:11도 여기에 해당할지 모르겠다).

---

13) Gustaf Dalman, *The Words of Jesus* (reprint; Minneapolis: Klock & Klock, 1981), 291. *Die Worte Jesu* (Leipzig: J. C. Hinrichssche Buchhandlung, 1930), 238-39와 비교해보라. 아울러 달만이 쓴 *Studien zur biblischen Theologie: der Gottesname Adonaj und seine Geschichte* (Berlin: H. Renther, 1889), 82-83을 참고하라.

Chapter 2

이방 세계의 종말론

우리는 이 주제를 아래에서 처음으로 대강 언급해본다. 순수한 자연 종교에서는 종말론을 발견하지 못한다. 이런 자연 종교는 발전이나 종착점을 모르는 자연 과정의 끝없는 순환에 의존하기 때문이다. 그런 종교는 종말론을 인식하지 못한다. 자연에 존재하는 만물이 끝을 맞는다는 것 (이것이 곧 종말론이 일러주는 것이다)은 (믿음의 대상이 모두 없어진다는 말이기에) 그런 자연 종교가 가진 믿음의 끝을 의미할 수밖에 없기 때문이다. 여기에는 사실상 종말론이 없다. 자연은 사슬처럼 이어지는 반복에 의존하기 때문이다. 이런 반복이 멈추면, 자연도 멈추고 그와 더불어 믿음도 끝이 난다.

종말론은 더 차원 높은 유형의 자연 종교, 곧 신화를 만들어내는 (mythopoeic) 유형들에는 존재할 가능성이 있다. 이런 유형들은 자연이 과거에 큰 격변과 재앙에 복종했다고 믿는다. 물론 이런 패턴은 미래에도 되풀이될 수밖에 없다. 시작이라는 개념은 끝이라는 개념을 낳을 수 있다. 그리하여 우리는 이방인 중에서도 과거가 미래 속으로 들어온 곳에서는 종말론이란 것을 발견한다. 더 자세히 말하면, 종말론은 그 형태가 궁극에 이르면서 결국 성경이 계시하는 종교의 가장 탁월한 특징 가운데 하나가 되었지만, 그래도 이 종말론이란 것을 성경이 계시하는 종교의 범주에 국한된 것으로 이해해서는 안 된다. 종말론은 그 전체가 특별 계시의 산물도 아니요, 오로지 특별 은혜(은총)의 산물도 아니다. 성경이 말하는 종말론 형태는 아주 독특하고, 아주 탁월하며, 아주 심오한 것이어서, 우리는 어쩌면 이방 세계에는 이런 종말론을 아예 인정하지 않으려 할지도 모르겠다. 이는 옳지 않다. 참된 종교의 범주 밖에 있긴 하지만, "종말론"이라는 이름으로 부를 수밖에 없는 것이 세계의 다양한 지역에 있었다. 중요한 것은 그런 종말론을 인정하지 않는 것이 아니라, 그 종말론이 성경의 결과물과 어떤 점에서 다른지 더욱더 예리하게 관찰하는 것이다.

우리는 이런 이방 세계의 종말론을 헬레니즘의 혼합주의와 로마의 신앙 영역은 물론이요, 바벨론 사람들, 이집트 사람들, 그리고 페르시아 사람들 가운데에서도 발견한다. 이 다양한 지역에서 나타난 종말론의 모습들이 아주 비슷하다보니, 우리는 일반성을 띠고 그런 지역에 널리 퍼져 있던 어떤 것이 이런 종말론 신앙이나 미신의 배경으로서 그 종말론 밑바닥에 깔려 있지 않았나 하는 추측을 할 수밖에 없다. 이 원시 종말론은 그 나름의 전문 형태와 관용 표현을 갖고 있었으며, 어떤 엄숙한 상황에서 큰 감동을 안겨주는 강렬한 언어가 필요할 경우에 그런 것들을 사용했다. 온갖 종류의 기이한 일은 왕과 관련된 이야기로 만들어

냈다: 왕의 태생, 왕의 본성, 그리고 말하자면, 왕의 통치를 내다보는 전망. 이것 자체가 종말론은 아닙니다. 이는 종말론 언어를 종말론 밖에서 사용한 경우다. "왕이여, 만세수를 누리소서!"는 여러분이 문학 종말론(literary eschatology)이나 궁정의식 종말론(court-ceremonial eschatology)으로 부를 법한 것을 담고 있는 이 영역에 속한 문구다.

우리가 이런 이방 세계의 종말론 뒤편으로 가서, "끝을 향해 가는 것들" 따위처럼 이방 세계에서 사용하는 유비들과 성경의 가르침을 비교해보면, 이방 세계의 유비와 이 주제(종말론=역주)에 관한 성경의 가르침은 근본 개념부터 다르다는 것을 이내 깨닫는다. 그것들은 모두 진짜 종밀론이 아니다. 그 유비들이 만물이 향해 산다고 표현한 끝은 절대 종말이 아니라, 펼쳐진 세계사의 한 장 중 마지막 부분이기 때문이다. 이 세계사는, 그 장을 다 읽고 나면, 다음 장으로 넘어간다. 한 세계가 다하면 또 다른 세계가 나타나고 순환에 순환이 되풀이되어, 사람들이 지각할 수 있는 끝이 전혀 없다. 이런 것은 확실히 황금시대, 철기 시대, 청동기 시대, 석기 시대 따위가 잇달아 이어진다는 고대의 개념이 여러분에게 가장 잘 알려준다. 바벨론 사람들은 이런 사이비 종말론을 천문학자의 관측, 아니 더 정확히 말하면, 점성술사의 관측에서 끌어냈다. 바벨론에서 하늘을 읽는 자들은 춘분 때가 되면 황도대(黃道帶, 황도12궁, Zodiac)의 양자리(백양궁)가 마침내 더 앞자리를 차지한다는 것을 관측해냈다. 분명 이것은 두세 해 동안 관측할 문제가 아니었다. 시대가 바뀌어도 계속 관측하여 꼼꼼히 기록해야 할 일이었다. 이제 사람들은 이런 일이 변함없는 천체의 정확성과 필연성으로 말미암아 계속 이어지면, 그 별자리가 황도대를 다 돌아 그 출발점으로 되돌아가서 그들이 우주의 1년이라 여겼던 과정을 다 마무리할 때까지 단지 충분한 시간만 이어지면 된다는 것을 확실하게 깨달았다. 이런 것이 그들의 종말론이었다. 이 종말론은 그 출발점이 하나님이 아니라 피조물이었는데, 이런 모습은 모든 이방 종교의 발전 과정에서 나타나는 증상이다. 여러분은 지금도 아름다운 성탄 송가인 "저 맑고 환한 밤중에"(It Came Upon a Midnight Clear)에서 그런 증상의 메아리를 지극히 희미하게나마 포착할 수 있다.

>보라, 그날들이 속히 다가오니
>선지자 시인들이 예언했던 날들이라.
>세월은 끊임없이 돌고 돌아
>황금시대가 돌아오네.
>평화가 온 땅위에 임하니
>이 땅의 묵은 광영(光榮)이 사라지도다.
>온 세상이 다시 그 노래를 되돌려주니,
>이제 천사들이 그 노래를 부르네.
>(It Came Upon a Midnight Clear의 4절을 원문 그대로 옮겼다—역주)

"황금시대"는, 그 시대에 그런 형태로 이름을 붙인 것으로 보아, 계속 이어지는 시대가 아니다. 그 시대는 기독교 종말론이 내다보는 영원한 시대가 아니다. 그 시대는 백과사전의 한 판(版, edition)이지, 사람은 기록하지 못할 하나님의 저서가 아니다.

이집트의 종말론은 기원전 2250-2000년 무렵에 발견되고 기록되었다 하는 네 텍스트에 근거하고 있다. 글로 기록되지 않은 형태는 그보다 훨씬 더 오래되었다 한다(기원전 3750-3000년 무렵에 나왔다고 한다). 골레니셰프 파피루스(Papyrus Golenischeff; 러시아 출신 이집트 학자인 블라디미르 골레니셰프〈1856-1947〉가 발견한 이집트 파피루스로서, 이집트 15왕조의 유물이다―역주)는 스네프루(Snefru) 왕 시대(기원전 2000년 무렵; 스네프루는 이집트 고왕조인 4왕조의 첫 파라오다. 저자는 기원전 2000년 무렵의 파라오라고 하나, 사실은 2600년경의 파라오다―역주)의 한 제사장이 기록한 예언이다.[1] 이 파피루스는 약탈, 침입, 기근, 태양풍 따위와 같은 큰 격변과 환난의 시대를 진리와 번영과 승리 따위가 널리 퍼져 있을 큰 구원과 복의 시대와 대조하여 제시한다. 전자에서 후자로 바뀜은 한 여자와 한 "인자"에게 태어난 남쪽 출신의 왕이 이룰 것이다. 레이던 파피루스(Leyden Papyrus; 기원후 3세기 무렵에 쓴 것으로 보이며 그리스어로 기록되어 있다. 이집트 테베에서 발견했으며, 화란 레이던에 보관해놓았다―역주)는 한 이집트 현자(기원전 1300년 무렵)의 권면을 담고 있다.[2] 여기에서도 재앙의 시대와 그 뒤에 이어질 갱신의 시대를 대조한다. 갱신의 시대는 "만인의 목자"가 가져오는데, 그 목자는 마음에 악이 없고, 흩어진 양떼를 찾으며, 죄를 징벌하고, 그 마음에 신들을(gods) 가졌다. 여기서 제시한 대조는 윤리를 지향한다. 바켄라네프(Bakenranef; 그리스어로 표기하면 Bocchoris) 왕(이

---

1) 블라디미르 골레니셰프(Vladimir S. Golenishcher/Golenischeff, 1856-1947)는 Papyrus Leningrad 1116B를 1913년에 출간했다: Les papyrus hieratique nos. 1115, 1116A, et 1116B de l'Ermitage Imperial a St. Petersbourg. 영역문을 보려면, *ANET* 1:144-46을 보라. 파라오 스네프루 시대는 대략 기원전 2613-2494년이다.

2) 참고. "The Admonitions of Ipu-Wer," *ANET* 1:441-44. "양치기"(곧 목자)를 언급하는 말은 443쪽에 있다. 이 기록은 현재 기원전 1350-1100년에 나온 문서로 본다.

집트 24왕조 때 파라오로서 기원전 725년부터 720년까지 통치했다—역주) 때 나온 "한 어린 양 예언"도 거듭 똑같은 대조를 제시한다.3) 영광스러운 미래는 군대가 시리아에 원정하여(시리아를 침공하여) 승리를 거둠으로 말미암아 이루어진다. 아멘호텝(Amenhotep; 그리스어로 표기하면 Amenophis) 4세(이집트 18왕조 때 파라오로서, 기원전 14세기 중반에 이집트를 다스렸다—역주) 때 나온 "토기장이 예언"은 재앙들(태양이 어두워짐)과 큰 불법이 판치는 시대를 언급한다.4) 이어 한 왕이 나타나는데, 그는 아주 복된 상태를 가져오는데, 그 상태가 어찌나 복되던지 죽은 자들도 일어나서 그 상태를 함께 누리길 소원하는 이들이 많을 것이다.

이런 설명과 번역을 믿을 수 있는지, 정말 이런 관념이 존재했는지 의문이 있다. 한스 랑에(Hans Ostenfeld Lange, 1863-1943. 덴마크의 이집트 학자다—역주)5)가 이 텍스트들6)을 1903년에 처음 번역했다. 6년 뒤, 그와 앨런 가디너(Alan Henderson Gardiner, 1879-1963. 영국의 저명한 이집트 학자

---

3) 이 기록은 이집트 왕 바켄라네프 왕 치세기에 나온 것으로 본다(기원전 718-712년경). 그러나 이집트 민중문자로 기록된 파피루스 본문은 아우구스투스 카이사르 치세기(7-8년)에 나왔다. 이 예언 본문은 C. C. Cown, "Hebrew and Egyptian Apocalyptic Literature," *Harvard Theological Review 18*(1925): 393-94에서 볼 수 있다.

4) "토기장이 예언"은 Oxyrhynchus Papyrus 2332("The Oracles of the Potter")다. 이는 기원후 3세기에 나온 그리스어 텍스트다(284년경)-참고. Oxyrhynchus Papyri(Oxford Microform Edition, 1981), 22:89-99. 영어 텍스트는 McCown, "Hebrew and Egyptian Apocalyptic Literature," 398에 있다. 이는 아메노피스4세=아크나톤(기원전 1379-1362년) 때 나온 것으로 본다.

5) Hans Ostenfelt Lange(1863-1943).

6) 레이던 파피루스.

다—역주)⁷⁾는 그 텍스트에서 종말론 요소를 모두 제거했다.⁸⁾ 가디너는 이 고대 문서들의 의미를 축소하여, 나쁜 시대를 레(Re, 혹은 라; 고대 이집트가 숭배한 태양신—역주)가 가져다 줄 더 좋은 시대와 구원을 바라는 소망과 대조하여 묘사한 것에 불과하다고 본다.⁹⁾ 첫 번째 문서는 그 시대 왕과 관련 있다. 특이한 문구들은 동방의 궁정 양식이 지닌 특징이다. 왕이 즉위할 때, 이런 예언들을 공표했다. 왕의 치세는 위대한 융성을 가져오는 통치가 되겠지만, 왕이 악하게 행동하면 그 반대가 되리라는 것이 그 예언이었다. 우리는 이 문서들이 서로 대조를 이루는 재앙과 복된 상태가 여기 이 땅위에서 나타나는 것으로 제시한다고 결론짓는다. 따라서 이 예언들은 진짜 종말의 사건이기에 당연히 종말의 사건이라 불러야 할 사건들을 이야기하는 게 아니라, 어느 한때에 이루어진 반전(反轉)만 이야기할 뿐이다. 이 문서들 속에는 초자연성을 띤 요소들을 고찰하는 내용이 없다. 기껏해야 여기서 구사한 언어가 종말론 자체를 증명한다기보다 단지 이런 용어들이 유래한 어떤 문자적 종말론이 있었던 게 틀림없다는 것을 우리에게 일러줄 뿐이라는 말밖에 할 수 없을지도 모르겠다.

앗수르와 바벨론의 종말론을 보면, 빛과 태양의 신인 마르둑이 구원과 구출을 베푸는 신이기도 하다. 앗수르와 바벨론은 새해를 마르둑 축제로 축하하는데, 이 축제에서는 마르둑을 그 사람들의 삶 속에 새해를,

---

7) Alan Henderson Gardiner.

8) 참고. A. H. Gardiner, *The Admonitions of an Egyptian Sage from a Hieratic Papyrus in Leiden* (Hildesheim: Georg Olms Verlag, 1909/1969), 13-14.

9) Ibid., 13-14, 78-80.

곧 새로운 세계 질서를 가져다주는 자로 제시한다. 그들은 그들의 왕 중 일부를 신으로 섬겼다. 그 왕들은 신이 애호하는 이들이었을 뿐 아니라, 심지어 신에게서 태어난 이였으며, 때로는 그들 자신이 신이라 불리기도 했다. 왕의 아버지가 누구인지 모르거나 사생아로 태어났을 때는 특히 그랬는데, 왕들은 이런 상황에서 자신이 신의 소생이라고 주장했다. 구데아(Gudea, 기원전 2200년 무렵; 정확히 말하면 기원전 2144년부터 2124년까지 메소포타미아 남부 지역을 다스렸다—역주)10)는 그 자신을 유일신(deis) 가툼둑(Gatumdug; 라가쉬에서 섬기던 여신—역주)이 낳은 신이라 부른다.11) 사르곤 1세(Sargon I, 수메르의 성읍국가들을 점령하여 제국을 세운 아카드 왕이다. 기원전 2334년부터 2279년까지 통치했다—역주),12) 나람-신(Naram-Sin, 사르곤 1세의 손자로서 아카드 제국의 전성기를 이룩한 왕이다. 기원전 2254년부터 2218년까지 통치했다—역주),13) 그리고 아수르바니팔 1세(Assurbanipal I; 신앗수르 왕국의 왕으로서 기원전 668년부터 627년까지 통치했다. 역대 쐐기문자 자료들을 모아 니네베에 큰 도서관을 만든 인물이다—역주)14)도 이런 경우다. 여기에서도 종말론이 배경이 되었을 개연성이 아주 높다. 구약 성경은 메

---

10) Gudea of Lagash.
11) 이 텍스트는 Henri Frankfort, *Kingship and the Gods*(Chicago: University of Chicago Press, 1978), 238에서 볼 수 있다.
12) Sargon I(기원전 2350년경). George A. Barton, *The Royal Inscriptions of Sumer and Akkad*(New Haven: Yale University Press, 1929), 343, 353에 Nppur와 Kish에서 나온 명문들이 들어 있으니, 이를 참고하라.
13) Naram-Sin(기원전 2200년경). 텍스트를 보려면, Frankfort, *Kingship and the Gods*, 224을 보라.
14) Ashurbanipal I(기원전 669-627년경). Daniel D. Luckenbill, *Ancient Records of Assyria and Babylon*(London: Historics and Mysteries, 1989), 2:291을 보라.

시아를 하나님으로 이야기하지 않는다는 주장이 종종 있어 왔다. 이 이방 세계의 종말론을 보면, 그런 주장에 큰 의문이 든다. 이 문서들도 제왕의 즉위와 연계하여 재앙과 복된 상태를 대조, 제시한다[소위 조신(朝臣)의 연설]. 제왕의 통치가 선하면 복된 시대를 연 인물로 칭송을 받지만, 그 통치가 악할 때는 그 반대다. 후자의 경우에는, 저주라는 개념을 강조하며, 인간과 인간의 불화를 언급하고, 태양과 달이 어두워짐을 제시한다. 이런 요소들 역시 성경에 나오는 것임을 주목해야 한다.

세계의 순환이라는 개념은 여러 시대가 잇달아 이어지다가 마침내 첫 출발점에 다시 도착한 뒤, 그 과정이 다시 시작된다는 생각이다. 세네카(Lucius Annaeus Seneca, 기원전 4년-기원후 65년. 로마의 정치가요 사상가였으며 네로의 스승이었다—역주)는 베로수스(Berosus, 기원전 280년 무렵 사람; 바벨론의 사제요 저술가로서 코이네 그리스어로 글을 썼다—역주)라는 사제가 한 말을 인용한다. 베로수스는 게자리에서 천체의 합(合)이 있을 때 엄청난 불이 일어나 세계가 끝이 나고, 염소자리에서 천체의 합(合)이 있을 때 엄청난 홍수가 일어나 세계가 파멸당하리라고 가르쳤다.[15] 세계가 다다를 종착점이 있으며 역사가 시대별로 나뉜다는 견해를 여기에서도 발견한다. 그들은 "태양의 진행," 곧 춘분 때 황도대에서 태양이 전진 운동을 하는 것을 관측하여 태양이 원래 위치로 돌아온다는 개념을 끌어냈으며, 이를 통해 1년을 단위로 한 세계력(世界曆) 개념을 끌어

---

15) Seneca, *Natural Questions* 3.29.1(Loeb 7:287)은 Berosus(기원전 330-250년경)를 인용한다.

냈다. 이 바벨론 종말론은 대부분 베로수스에게서 나왔다. 아울러 그는 대홍수 이전 왕들의 연대표를 제시한다. 그들은 432,000년(혹은 36,000년이 12개월을 가리킨다는 주장이 있다)을 다스려 세계의 순환을 한 번 마무리했으며, 이 순환은 대홍수로 막을 내렸다.[16] 홍수 뒤에는 세계력을 태양의 활동에 근거하여 생각했다. 사람들은 태양이 쌍둥이자리에서 출발하여 황도대의 모든 별자리를 다 지나 다시 쌍둥이자리에 이르면 우주의 한 해(세계의 한 해)가 끝난다는 것을 알아차렸다. 우주의 한 해가 끝남으로써 다시 처음 상태로 돌아갔다.

우리는 이 모든 것을 다음과 같이 설명한다. "조신(朝臣)의 연설"이 생각하는 변화들은 절대성을 지닌 변화라기보다 정치와 경제의 변화임을 주목하기 바란다. 반면, 그 연설에서 터무니없이 과장하여 표현한 언어는 본디 종말론 언어인 것 같다. 어떤 왕들이 초자연적 기원을 갖고 있다는 생각은 어떤 메시아 신앙 속에 종말론적 배경을 갖고 있을지도 모른다. 마지막으로, 천문 관측 결과는 종말론에 다가가는 어떤 접근법[즉 주기성(periodicity); 끝과 시작의 일치]을 암시한다. 그럴지라도 여기에는 참된 종말론이 없다. 끝없이 되풀이되는 세계의 순환은 우리의 종말론 견해가 제시하는 영원한 복된 상태를 전혀 제시하지 않기 때문이다.

이제 우리는 페르시아의 종말론을 살펴본다. 이 종말론은 천문의 변화 과정에 근거하지 않고, 두 세력의 싸움, 곧 선(아후라 마즈다 또는 오르

---

16) 432,000년을 알아보려면, *ERE* 2:533을 참고하라.

마즈드; "아후라Ahura"는 "빛"을 뜻하고 "마즈다Mazda"는 "지혜"를 뜻한다. 조로아스터교의 최고신이다—역주)과 악(앙그라 마이뉴 또는 아리만; "앙그라Angra"는 "파괴하는"을 뜻하고 "마이뉴Mainyu"는 "마음, 영혼"을 뜻한다—역주)의 싸움을 그 근거로 삼는다. 다시 말해, 여기서 싸움은 윤리의 성격을 띤 어떤 명확한(적어도 일부는 그렇다) 목표로 옮겨 간다. 핵심은 선한 세력이 결국에는 우위를 차지한다는 것이다. 페르시아의 종말론에 들어 있는 종말론 요소들은 다음과 같다: 윤리 투쟁의 끝은 결국 심판과 부활, 그리고 죽음 뒤의 선한 예비 심판에 따른 선의 최종 우위; 그 과정의 뒤 단계 동안에 (간격을 두고 이따금) 많은 구원자가 등장함; 마지막에 유일한 진짜 구원자(the Savior)가 등장함; 보편 구원, 곧 모든 사람이 복된 상태에 있으리라는 구원론; 그 과정의 주기성, 즉 먼저 6,000년 동안 조용한 시간이 이어지다, 뒤이어 두 적대 세력이 싸움을 벌이고, 뒤이어 혼란과 불에 따른 파괴가 6,000년 동안 이어짐; 마지막으로 복된 시기.

　다른 종말론보다 이 종말론이 우리를 성경의 종말론에 훨씬 더 가까이 데려간다. 여기에서는 심지어 신약 성경의 메시아사상에 비견할 만한 것들이 나타난다. 사람들은 이마(Yima; 고대 이란 전설 속 왕조인 피쉬다디 왕조의 네 번째 왕이며, Jamshid라고도 한다—역주)를 황금시대의 첫 왕(첫 아담)으로 여겼다. 그는 그가 다스리는 백성들과 함께 미래의 삶(낙원)으로 옮겨졌다. 사람들은 바로 이렇게 함께 묶어 제시하는 개념이 신약 성경에서도 나타난다고 말하면서, 그리스도와 신자들, 이리와 어린 양 따위를 그 예로 든다. 아울러 구약 성경의 "인자"(어떤 탁월한 인물을 가리키는 히브리어 관용어다)라는 표현이 이 첫 사람을 언급한 것이라고 지적하는 이들이 있다. 결국 이것은, 인자라는 인물과 낙원 개념을 고려할 때,

이 페르시아의 종말론이 성경의 종말론에 영향을 주었다는 주장이다.

성경이 페르시아의 종말론에 의존하고 있다는 견해를 비판한 주장 가운데, 이런 정교한 체계 자체는 아베스타(Avesta; 조로아스터교 경전 모음—역주)에서는 나타나지 않고 오로지 후대의 책에서만 나타난다는 비판을 살펴보기 바란다. 즉 이런 책들이 얼마나 오래되었는가는 확실치 않다. 일부 학자들은 이 책들의 저작 연대를 아주 늦게 잡으면서, 도리어 이 책들이 성경에 의존했을 가능성도 충분히 있다고 본다. 프랑스 학자인 다르메스테테르(James Darmesteter, 1849-1894. 프랑스의 동양학자요 고대 유물 연구자다. 페르시아를 깊이 연구했다—역주)는 이 책들의 저작 연대를 아주 늦게 본다.[17] 아베스타에서는 성경에서 나타나는 아주 발전된 체계를 발견할 수 없다. 아베스타에 들어 있는 메시아 요소들은 훨씬 더 뒤에 나왔다(아마도 기원후 200년경에 나왔을 것이다). 페르시아의 종말론이 성경의 종말론과 닮아 보이는 것은 페르시아의 종교가 어느 정도 윤리의 색깔을 띠고 있는 데다(semi-ethical) 전투라는 성격을 띠고 있기 때문일지 모른다. 그런 유사성은 세계에서 일어나는 사건들을 역사 사실로 해석하게 하는 방향으로 작동하여, 이 사건들을 앞으로 나아가는 것으로 보게 하고 결국은 종말론에 이르게 한다. 하지만 둘 사이의 차이를 간과해서는 안 된다. 정확히 말하면, 페르시아의 종말론에는 구속과 관련된 요소가 없다. 윤리와 관련된 요소들도 물리적, 제의적 개념과 뒤섞여 있다(즉 정결함과 부정함이 윤리 관련 요소들과 완전히 분리되어 있지 않

---

17) 아베스타 시대를 바라보는 다르메스테테르의 견해를 보려면, *ERE* 2:270을 참고하라.

다). 종말론 분야를 보면, 마법으로 강제하는 경우가 많으며, 심지어 이런 경우가 신들의 활동보다 더 위에 있다. 현재 학자들이 논쟁중인 문제는 바로 일부 학자들[가령 빌헬름 부세트[18)](Wilhelm Bousset, 1865-1920). 독일의 신학자다. 종교사학파의 거두였다―역주]이 제시하는 이론, 곧 구약과 신약 중간기에 나타난 유대 묵시문학 속의 종말론 개념을 바벨론을 거쳐 페르시아에게서 영향을 받은 것으로 보는 이론이다. 그러나 다른 일부 학자들은 이를 부인한다.

마지막으로 살펴볼 이방 세계의 종말론 사상 사례는 헬레니즘 시대에 나타난 종말론 사상, 곧 혼합주의의 영향을 받은 그리스와 로마의 종말론 사상이다. 이 종류가 지닌 주요 특징 중 하나는 특이하게도 **Soter**(소테르)라는 칭호를 사용한다는 것이다. 처음에는 이 칭호를 신, 반신(半神, demigods), 영웅에서 세상을 떠난 통치자인 인간에게 옮겨 사용하다가, 나중에는 살아 있는 통치자에게 사용한다. 그리스 역사에서 이 용어를 사용한 내력은 다음과 같다. 첫째, 고대 그리스 종교는 이 용어를 신과 반신을 가리키는 말로 사용했다. 이어 알렉산드로스 대왕 이후 헬레니즘 시대에는 이 땅의 통치자들에게 이 용어를 부여했지만, 그래도 죽은 뒤에만 붙였으며 이 용어를 붙일 때도 아주 주저했다. 그 뒤에는 대담하게도 살아 있는 왕들이 이 용어를 사용했는데, 특히 이집트의 프톨레마이오스 왕조 왕들과 앗수르(시리아)의 셀레우코스 왕조 왕들이 이 용어를 사용했다. 마지막으로 로마의 집정관들이 이 용어를 택하여

---

18) Wilhelm Bousset, *Die Religion des Judentums* (Tübingen: J. C. B. Mohr, 1926), 481 이하.

그들 자신에게 적용했다. 콘스탄티누스 시대에 이르기까지, 황제는 인류의 구원자라 불렸다. 이 말에는 비단 정치적 의미뿐 아니라 종교적 의미도 들어 있었다. 황제는 숭배의 정점이었고 경배해야 할 대상이었으며, 이를 통해 신에 버금가는 존재가 되었다. 이집트에서는 아우구스투스(Augustus, 기원전 63년-기원후 14년. 정적 안토니우스를 물리치고 로마 제정 시대를 연 인물이다. 아우구스투스는 "존엄한 자"라는 뜻으로 원로원에서 수여한 칭호다—역주)를 "태양의 아들," "라(Ra)와 이시스(Isis, 고대 이집트가 숭배한 여신—역주)가 사랑하는 자," "주의 주"라 불렀다. (이것은 종말론 자체라기보다 그냥 종말론과 관련된 용어일 수 있다.) (특히 로마의 종말론에서) 종말론 성격이 두드러진 요소는 세계에 도래할 새 시대(lustrum)요, 새 지도자들이 다스리는 복된 세계가 존재하는 시대다.

이런 종말론은 다음 자료에서 찾아볼 수 있다. 첫째, 우리는 이런 종말론을 웨(베)르길리우스(Publius Vergilius Maro, 기원전 70년-기원전 19년. 고대 로마의 유명한 시인이다—역주)가 쓴 네 번째 목가(기원전 40년경)에서 본다. 여기에서는 환상 같은 기대와 폴리오(Pollio)의 아기가 태어날 것을 연계한다.[19] 웨르길리우스는 그 사건을 황금시대의 돌아옴, 곧 사투르누스(Saturnus, 로마 신화에 나오는 신으로서 유피테르에게 쫓겨나 이탈리아반도에서 황금시대를 연다—역주) 시대의 돌아옴과 연계한다. 그 아들이 신이 되고 신들에게 경이로운 이가 될 것이다. 그는 정치 세계와 자연계(곧 동물들 가운데)에 평화를 가져다 줄 것이다. 이 일이 있기 전에 잠시 싸움

---

19) "Eclogue IV"(Loeb 1:29-33).

이 벌어지는 시대가 있을 것이며, 특히 또 다른 트로이 전쟁이나 아르고(Argo)선(그리스 신화에서 이아손이 금 양털을 찾으려고 타고 간 배—역주)의 항해가 있을 것이다. 웨르길리우스는 이 시대를 배가 더 이상 바다를 항해하지 않고, 상업이 필요하지 않으며, 땅이 모든 것을 생산하고, 농사를 짓지 않아도 되며, 양의 등에서 물든 양털이 자랄 시대로 묘사한다.

우리는 이런 개념이 새 **시대**, 희생과 정결이 이루어지는 시대를 제시한다고 설명한다. 이것에는 성경의 색채가 들어 있다(즉 속죄 뒤에 복된 상태가 나타난다). 시빌(시빌의 신탁, The Sibyl)은 이것이 마지막 때가 되리라고 예언했다. 세계는 원래의 순환으로, 곧 사투르누스 시대로 돌아간다.[20] 이 견해에는 우주 차원의 요소들이 들어 있다. 웨르길리우스는 이 시대의 호메로스가 되고 싶어 했다. 그는 옥타위(비)아누스와 안토니우스의 싸움이 벌어진 뒤에 썼다(기원전 40년; 그러나 옥타위아누스가 악티움 해전에서 안토니우스와 클레오파트라 연합군을 물리치고 로마의 패권을 차지한 때는 기원전 31년이다—역주). 때문에 이 시인이 폴리오의 아들에 관한 이 모든 내용을 믿었다고 결론짓기는 어려울 것 같다. 이것은 십중팔구 동방 궁정의 스타일을 모방했을 것이다. 하지만 여기서 초자연성을 지닌 존재가 그런 역할을 한다는 점은 놀랍기만 하다. 이런 생각은 바벨론 사람들이 했던 생각을 뛰어넘는 것으로서, 대부분 시적 상상에서 나왔을 수 있다.

---

20) 참고. "The Sibylline Oracles" 1.1-4 in James H. Charlesworth, ed., *The Old Testament Pseudepigrapha* (Garden City, N.Y.: Doubleday, 1983), 1:335.

둘째, 기원전 23년 무렵에 기록된 〈아이네이스〉21)(웨르길리우스가 쓴 서사시—역주)를 보면, 안키세스(아이네이스의 아버지—역주)가 그의 아들에게 아우구스투스가 사투르누스 시대에 바다에서 바다에 이르는 영역을 다스릴 것이라고 예언한다. 결국 여기에서는 폴리오의 아들에 관한 기록을 아우구스투스에게 적용한다.

셋째, 아우구스투스 치세와 관련이 있는 아시아 지역 속주의 정령(政令)과 명문(새김글, 銘文)은 아우구스투스가 "세계 구원자인 신"에게 주어진 어떤 영예들을 받을 것이라고 말했다. 그의 생일이 새로운 만물 질서의 시작인데, 이는 그가 세계에 새 얼굴을 주었기 때문이요(세계 혁신자), 신이 그에게 새 권력을 주었기 때문이다. 게다가 그의 생일은 "새 복음의 시작"을 의미하며, 이 때문에 역법(달력)도 바뀐다. 새해가 9월 23일에 시작한다. 이것은 과장된 언어로서, 분명 정치 언어가 아니라 종말론 언어다.

우리는 이 모든 것을 어떻게 설명하는가? 첫째, 인간의 마음속에는 행복지상주의에 기초하여 현재 상태보다 복된 상태를 더 위에 놓으려는 자연스러운 욕구가 있다. 어쩌면 이런 욕구는 원래 상태(곧 낙원)를 생각하면 떠오르는 희미한 기억 때문일지도 모른다. 어쨌든 로마의 종말론에는 새로운 것이 없다. 모든 것이 우리가 위에서 서술했던 동방의 사상을(어쩌면 심지어 구약 성경의 사상도) 헬레니즘 풍조에 맞춰 응용한 것이다. 둘째, 아울러 이런 종말론은 고대의 계시가 특별한 민족에게 국

---

21) Virgil, *Aeneid* 6.791 이하(Loeb 1:560-63).

한되기 전에 남아 있던 고대 계시의 찌꺼기로 볼 수 있을지도 모르겠다. 성경은 구원론보다 더 오래된(구속 계시보다 더 오래된) 이런 계시가 정말 존재했었다고 가르쳐준다. 이렇게 오래된 개념이 남아 있었다는 것은 그야말로 경이 아닌가? 그 개념은 죄가 들어온 뒤에 새로운 형태를 얻지만, 그 일이 이스라엘 밖에서 이루어지지는 않았다. 그럴지라도 더 오래된 잔재들이 세계의 사람들 속에 여전히 남아 있었을 수도 있다. 그렇다면 이번에도 그 잔재들은 그 기원이 일부분 바벨론의 천문 관측으로 거슬러 올라갈 수 있을지도 모르겠다. 마지막으로, 웨르길리우스는 기원전 40년부터 23년까지 시를 썼기 때문에, 당연히 구약 성경과 다른 유대 문헌에서 영향을 받았을 수도 있다. 하지만 그가 구약 성경에 의존했다고 보는 이런 생각은 논란을 일으킬 가능성이 크다.

Chapter 3

구약 종말론 역사에서 현재라는 시기

먼저 구약 성경의 종말론 관련 내용이 가지는 중요성을 각각 달리 평가하는 견해들을 살펴보겠다. 보수 신학은 구약과 신약의 연속성과 동일성을 변호하고자 구약 성경의 종말론 관련 내용을 아주 높이 평가한다. 이 신학은 종말론을 구약 예언과 신앙(종교)의 중추로 보았다. 구약을 주로 신약(새 언약)을 설명해주는 것으로 보고 연구했기 때문이다. 게다가 이런 보수 시각은, 곧 신약 백성들이 미래 일을 일러준 예언의 주제였다는 견해는 변증에도 이바지했다. 마지막으로, 구약의 종말론이 구원에서 차지하는 중요성 때문에 구약의 종말론 자료를 아주 귀중히 여겼다. 하지만 다른 이들은 구약이 다루는 종말론 주제를 아주 낮게 평가했다. 합리주의 정신은 초자연성에 반대하고 주관에 치우치는 경향이 있었으며, 이 때문에 종말론을 마음에 들어 하지 않았다. 이 접근법은 초자연성과 객관성을 지닌 종말론 요소들을 모두 내버린다.

날카로운 합리주의 형태인 벨하우젠 학파가 구약의 종말론을 대하는 태도를 살펴보자. 이 접근법을 따르면, 이스라엘 종교사는 그 기원과 발전, 그리고 철학이라는 관점에서 해석하게 된다. 구약이 신앙에서 가지는 가치는 그것이 표방하는 윤리적 유일신론에서 찾을 수 있다. 종말론을 강조하다보면, 이를 못보고 지나칠 위험이 있으며, 종말론과 모순을 빚는 것들에 무게를 실어줄 위험이 있다. 때문에 벨하우젠은 종말론 요소가 구약의 본질 요소는 아니라고 본다. 오히려 구약의 종말론 요소는 어떤 사건들의 독특한 결합이 이루어지면서 상당히 나중에 가서야 구약 속으로 들어오게 되었다. 벨하우젠 학파는 모든 것을 한 원리로 귀속시키거나 축소하려고 하며, 이것이 주로 구약 성경을 낮게 평가하는 결과를 낳는다. 이스라엘의 초기 종교(선지자 시대 이전 종교)에는 진정한 종말론이라 할 만한 것이 없다. 이런 현상이 벌어진 이유는 당시 이스라엘의 종교가 배타성을 갖고 있었고(세계를 아우르는 보편성이 없었고), 더 넓은 시각을 갖지 못한 채 그저 이스라엘이 순간순간 맞이하는 운명만 생각했기 때문이다. 여호와는 세계사의 전 과정을 주관하시는 하나님이 아니라 한 민족의 하나님이었다. 때문에 구약의 종말론에서 우주를 아우르고 보편성을 띤 요소는 아주 오래 되었을 리가 없다. 다시 말해, 한 민족의 하나님인 여호와를 우주를 아우르는 요소들을 가진 참된 종말론의 근원(머리)으로 여길 수는 없었을 것이다. 초기에도 어떤 종말론이 있었다면, 그것은 틀림없이 원시 종말론, 곧 이스라엘이 위대한 번영을 누리게 되리라는 소망이었을 것이다.

물리적 요소, 곧 짐승들의 관계가 바뀌고 사막의 상태가 바뀌는 것은 윤리와 무관하기 때문에, 순전히 윤리에만 관심을 기울이는 선지자들에게서 나왔을 리가 없다. 선지자들은 오로지 역사의 심판만을 예언했다. 따라서 물리적 종말론은 선지자들에게서 나온 게 아니라, 더 뒤에 나온 묵시문학에서 나온 것이다.

윤리 관련 요소는, 나아가 오직 이 요소만이 기원전 8세기 이후에 등장한 선지자들에게서 나왔다. 벨하우젠 자신은 재앙(비통)을 말하는 종말론이 안녕(복)을 말하는 종말론보다 앞서 나왔다고 생각한다. 선지자들은 그 당대에는 다만 재앙을 예언한 선지자들이었으며, 오로지 위협만을 미리 일러주었다. 심리와 역사의 관점에서 볼 때, 선지자들의 이런 종말론은 그들이 이스라엘의 죄 그리고 이 죄와 결합한 외적의 침공 위협 및 이스라엘의 파멸에 맞선 저항에서 나온 것이다. 그들은 이런 종말론을 나중에 곱씹어 생각하다가 이 종말론과 대조를 이루는 것을 만들어냈는데, 그것이 안녕을 말하는 종말론이었다. 이 종말론은 이스라엘을 상대로 애국심이 담긴 애정을 표현하는 내용으로 이루어져 있었고, 이는 결국 재앙 뒤에 회복이 있으리라는 소망을 표현하여 재앙을 내다보는 전망의 엄혹함을 완화시켜주었다. 이 두 전망은 그 연대가 서로 조금 떨어져 있긴 하지만, 벨하우젠 학파는 같은 생각(을 가진 자)이 이 두 전망을 모두 인식할 수 있었으리라고 믿는다. 안녕을 말하는 종말론의 일부인 메시아 개념을 포함한 이런 변화는 동일한 선지자 속에서 발견할 수 있다. 메시아 개념은 현재의 왕과 왕국에 맞선 저항으로 생겨났다. 그것은 어떤 바람직한 왕국을 묘사한 것이었다. 이는 이 개념이 나온 시기를 선지자들과 왕의 관계가 깨진 때쯤(기원전 800년경)으로 확정해준다.

벨하우젠 학파에서도 극단에 치우친 쪽은 이런 사상이 같은 생각에서 나올 수 없었으리라고 주장한다. 안녕의 종말론은 재앙을 말하는 종말론보다 수세기 더 오래되었으며, 오로지 재앙만을 선포한 선지자의 관념에 정면으로 어긋났다. 따라서 안녕을 재앙에 덧붙인 것은 훨씬 더 뒤에 일어난 일이다(나중에 같은 선지자의 생각 속에서 일어난 일이 아니라, 후대의 다른 선지자들의 생각 속에서 일어난 일이다). 1897년, 파울 폴츠(Paul Volz, 1871-1941. 독일의 구약학자다. 튀빙언대학교 교수를 지냈다—역주)는 포로기 이전에 나온 여호와 예언과 메시아의 상호 관련을 다룬 저서에 다음과 같이 써놓았다.[1] 진정한 포로기 이전 예언의 정신이 보기에는 메시아 개념은 낯선 것이었다. 그 시기 예언은 오로지 심판만을 설교하기 때문이다. 에스겔 이전에는 메시아 예언이 없다! 아모스서에서 에스겔서까지 살펴보면, 메시아 개념이 존재했음을 증명해주는 본문이 단 하나도 없다. 지금 그 이전 선지자들의 글에서 발견할 수 있는 메시아 요소는 후대에(에스겔 이후에) 이루어진 편집의 결과다. 에스겔과 그 뒤에 나타나는 메시아 요소는 진정한 예언 정신(이는 윤리를 다룬다는 것을 기억하라)의 감화를 받지 않고, 타락한 선지자 정신의 영향을 받은 것이다. 이런 패턴은 다음과 같은 점들에서 관찰할 수 있다고 한다.

진정한 예언은 윤리를 다룬다. 메시아 예언은 기이한 초자연성을 갖고 있다. 모든 메시아 개념은 어떤 불가사의한(초자연성을 지닌) 힘이 새로운 만물 질서를 가져오리라는 것을 나타낸다. 선지자들은, 윤리 절대

---

1) *Die vorexilische Jahveprophetie und der Messias*(1897).

주의자들처럼, 정의라는 한 개념에 열중했다. 때문에 그들은 불가사의한 힘을 전혀 몰랐다. 진정한 예언은 보편주의를 지향하는 경향이 있다. 그러나 메시아 예언은 자기(민족)중심주의와 애국심을 지향하곤 한다. 메시아는 이스라엘을 위한 민족적-정치적 인물로서, 그의 목표는 이스라엘 내부 질서를 확립하고 전쟁을 승리로 이끄는 것이다. 선지자들은 이것과 완전히 거리가 멀다. 진정한 예언은 왕에 맞선다. 메시아 예언은 메시아라는 왕을 중심으로 삼는다. 진정한 예언은 순전히 윤리를 다룬다(이 윤리는 정의와 관련이 있다). 메시아 예언은 은혜 개념, 곧 받을 자격이 없는데도 받아 누리는 복된 상태를 제시한다. 이 비평가들은 정의를 높이 여기는 개념이 발전의 결과였기 때문에, 은혜로운 하나님이라는 원시 개념으로 되돌아갈 위험은 거의 없었다고 믿는다. (주목할 것은 덜 과격한 비평학자들조차도 벨하우젠의 도식을 널리 받아들여, 메시아 예언은 왕과 선지자의 단절―불화―을 전제한다고 믿는다는 점이다.)

지금까지 살펴본 모든 내용(위에서 말한 폴츠의 견해가 제시하는 독특한 논지를 포함한 모든 내용)에 따르면, 에스겔이 끼친 영향은 구약 종말론의 발전에서 신기원을 이룬다. 에스겔 이전의 자료에서는 예언을 역사 경험을 계속 곱씹어 본 생각의 결과물로 보았다. 그 방법은 심리 중심이요 역사 중심이었다. 그 방법은 명확한 한계가 있었고, 실재와 늘 잇닿아 있었다. 결국 자연주의가 종말론을 물들였다. 에스겔서의 예언 혹은 종말론 자료는 사색과 성찰에 기초하고 있다. 이런 사색과 성찰 이전에는 역사 경험이 에스겔서의 자료를 통제했지만, 이제는 문학의 영감이 그 자료를 통제했다. 창조성을 지닌 요소들이 새로운 자료 속에서 작용하기 시작했고 작용했다. 그 요소들 가운데 일부를 열거하면 이런 것들이다: (1)

물리적(윤리와 무관한) 요소들이 선지자의 예언 속에 들어왔으며, 후기 이사야가 말한 "새 하늘과 새 땅"에서 정점에 이르렀다(이사야 65장이 "새 하늘과 새 땅"을 말한다―역주). (2) 지평선이 넓어져, 물리적 경계와 나라의 경계를 넘어 우주를 아우르게 된다. (3) 윤리 요소는 그 배경 속으로 사라진다. (4) 그리고 마지막으로, 낯선 동방의 자료가 들어와 있다.

그럼 이 비평학파(벨하우젠 학파)는 이것을 어떻게 설명하는가? 그들의 설명은 그들의 신학 입장과 연결되어 있다. 벨하우젠은 구약 성경과 선지서가 표명하는 윤리 정신 때문에, 그리고 이들이 표명하는 윤리 정신에 비례하여, 구약 성경과 선지서의 가치를 인정한다. 이스라엘 종교의 가치는 그것이 표방하는 윤리적 유일신론에 있다. 그러나 이스라엘의 종교는 무엇보다도 구원의 종교다. 종말론은 구원론 요소와 긴밀하게 연결되어 있다. 종말론이 모든 구원 개념의 모체다. 이제 윤리 요소와 구원론 요소는 조화를 이룰 수 있다. 이 비평학자들 때문에 윤리가 참된 종교보다 더 커졌으며, 종말론이 밀려났다. 우리는 이제 구속 개념이 중심이라고 대답한다. 종말론이 모든 구원 개념의 모체다.

벨하우젠 학파가 보인 반응은―궁켈(Hermann Gunkel, 1862-1932. 독일의 구약신학자이며, 양식사 연구를 개척했다―역주)과 그레스만(Hugo Gressmann, 1877-1927. 독일의 구약신학자다―역주) 학파가 진행한―앗수르-바벨론 연구의 영향을 받아 나온 것이다. 이 현대 동방(오리엔트) 학자들은 벨하우젠에게 심각한 타격을 입힌다. 궁켈이 쓴 〈창조와 혼돈〉*Creation and Chaos* 2)(하르낙은 이 책 제목으로 이 책 내용을 규정하며 비웃었다)3)과 그레스만이 쓴 〈이스라엘 종말론과 유대 종말론의 기원〉*The Origin of Israelite and Jewish Eschatology* 4)이 특히 그러했다. 궁켈과 그레스만은 모두 바벨론이 초기 이스라엘에 강렬한 영향을 미쳤다고 믿는다. 바벨론 사람들이 이스라엘 사람들에게 큰 영향을 미쳤기 때문에, 바벨론의 종말론 요소들도 틀림없이 이스라엘 종교 속에 주입되었을 것이다. 궁켈과 그레스만은 벨하우젠이 사용한 방법과 똑같은 방법을 채용하면서도, 다만 철학적 구성이라는 문제에서는 벨하우젠에 반대했다. 그들도 벨하우젠처럼 율법서가 선지서보다 더 오래되었다고 믿었다. 그들은 선지서의 행간을 읽고 선지서 저자들이 가진 전제들을 발견함으로써 그런 지식을 얻었다. 벨하우젠은 이스라엘 종교 속에서 종말론을 발견하려 할 때 이런 방법을 채택하지 않았는데, 그 이유는 단지 그가 종말론을 선지자들이 만들어낸 것으로 보았기 때문이었다. 반면, 이 바벨론 연구자들(궁켈과 그레스만)은 고대 이스라엘에도 종말론이 있었다고 믿었다. 그들은 행간을 읽어내는 벨하우젠의 방법을 활용하여 고대 이스라엘 안에서 종말론을 발견했다. 궁켈과 그레스만은 벨하우젠 학파에 불만을 가졌다. 벨하우젠 학파가 이 책들이 어디서 유래했는가보다 언제 나왔는가를 훨씬 더 강조한다는 것이 그 불만의 요지였다. 벨하우젠은 문학 발전과 실제 발

---

2) *Schöpfung und Chaos in Urzeit und Endzeit* (1895).

3) 이런 비판을 살펴보려면, Werner Klatt, *Hermann Gunkel. Zu seiner Theologie der Religionsgeschichte und zur Entstehung der formgeschichtlichen Methode* (Göttingen: Vandenhoeck & Ruprecht, 1969), 70.

4) *Der Ursprung der israelitisch-jüdischen Eschatologie* (1905).

전이 동일하게 이루어졌다고 보았다. 궁켈과 그레스만은 기록이 이루어지기 오래 전에 존재했던 일이 나중에 기록으로 나타난다고 말한다. 이들에 따르면, 이스라엘 종교 속에는 초창기부터(선지자 시대 이전부터) 종말론이 있었던 게 틀림없다.

궁켈-그레스만이 주장하는 체계의 구성 요소들은 다음과 같다: (1) 주해로 발견한 결과들을 이스라엘 종교 속에 고대 종말론 요소가 있었음을 지적하는 데 사용한다. (2) 이런 종말론 요소를 바벨론에서 수입했다고 가정한다. (3) 이런 자료를 대중 차원에서 널리 사용하다보니, 이 종말론의 형태와 믿음은 윤리와 무관했으며(순전히 신화만 담고 있었으며), 선지자들이 처음으로 이 종말론에 윤리를 도입했다. 우리는 이 세 가지가 본디 서로 연관이 없었다고 설명한다. 따라서 이 사람의 연구 결과에 동의하면서도 다른 사람의 연구 결과에 동의하지 않을 수 있다. 벨하우젠은 고대 이스라엘 종교에 종말론이 없었다고 말한다. 궁켈은 고대 이스라엘 종교에도 종말론이 있었으며, 그 종말론은 바벨론에서 왔다고 말한다. 우리는 고대 이스라엘의 종말론이 일부는 계시에서 나왔다고 말한다.

궁켈-그레스만의 견해가 주해로 끌어낸 결론은 이스라엘의 종말론이 선지자 시대 이전에 이미 있었음을 발견했다. 이스라엘 민중은 아모스 이전에 이미 어떤 종말론을 갖고 있었으며, 이 종말론과 하나님 예배를 연계했다. 이런 결론은 선지자들이 이스라엘 백성이 당연히 종말론을 알 것으로 여기는 점에서 끌어낼 수 있다. 아모스는 "심판의 날"을 그들이 잘못 인식하고 있는 어떤 것으로 이야기하지 않는다("여호와의 날을 바라는 너희에게 화가 있으리니," 아모스 5:18). 그들은 구약 성경 속에서 양면성을 가진 종말론을 발견했다. 그 종말론은 재앙이 닥치리라는 위협과 안녕을 희구하는 소망으로 이루어져 있었다. 아모스 5:18은 그 백성이 여호와의 오심을 소망한다고 말한다. 반면 아모스 6:3에서는 어두운 요소를 발견한다("너희는 여호와의 날이 멀리 있다 여기고"). 일부 사람들은 이스라엘이 그날을 오직 다른 민족(나라)들에게만 어두운 날로 여긴다고 생각한다. 하지만 아모스 6:3과 이사야 5:19 이하는 그날을 악한 날로 인식한 무리가 있었음을 일러준다. 실제로 일부 사람들은 그날이 아주 가까우며 그날이 그들을 지나쳐 가리라고 생각했다. 그러나 두 요소가 모두 있다. 그들은 대중이 믿는 종말론은 물론이요 선지자들이 선포한 종말론에서도 자연과 관련된 요소들이 들어 있음을 발견했지만, 두 종말론은 강조점에 차이가 있었다. 선지자들은 우리에게 역사 속에 등장할 어떤 정치적 힘뿐 아니라 자연의 격변이 그 위기를 해결해주리라고 말한다. 온 우주를 아우르는 보편 요소의 시작은 선지자 시대 이전의 초기 종말론에서 이미 찾아볼 수 있다. 벨하우젠의 견해(물리적 요소와 관련된 견해)는 선지자들이 앗수르가 침공할 수 있음을 깨단고 그 침공과 심판을 연계하면서 선지자들 사이에서 종말론 개념이 등장했다고 본다. 나중에 선지자들이 타락하면서 물리적 요소들이 종말론에 들어왔다. 그들은 종말론 개념을 확장하여 그 개념에 우주와 관련된 요소를 부여했다. 이런 일이 일어난 때는 제2이사야(Deutero-Isaiah) 시대 이전이 아니었다.

우리는 이 비평학자들의 견해에 다음과 같은 반론을 제시한다. 궁켈과 그레스만은 대중의 종말론(안녕을 말하는 종말론)이 윤리를 중시하지 않은 반면, 선지자들의 종말론(재앙을 말하는 종말론)은 윤리를 아주 중시했다고 본다. 그들은 고대 문서가 그 시작부터 여호와를 만나는(여호와가 나타나는) 곳이면 어디에서나 자연의 큰 격변을 언급한다고 말한다. 자연은 실제로 종말론이 활동하는 영역에 속해 있다. 아모스(1:14, 2:2, 6:8, 8:9)는 이와 관련지어 전쟁, 지진, 역병, 일식 같은 것들을 언급한다. 여기서 전쟁은 종말론의 모체로 등장하지 않고 오히려 단지 동등한 요소로 등장한다. 아모스는 앗수르 사람들을 전혀 언급하지 않는다. 따라서 선지자의 종말론에서 이 요소를 아주 두드러지게 부각시키는 것은 엄청난 과장이다. 호세아(4:3, 13:14-15)는 죽음과 스올 그리고 동풍을 이야기한다. 호세아서에서는 자연력이 가장 두드러진다. 전쟁을 이야기할 때는 앗수르와 애굽(이집트)을 동등하게 다루며, 전쟁 자체를 다만 동등한 요소로 본다. 이사야(2:12-19, 24:4, 33:9, 34:4)도 같은 식으로 종말론의 요소들을 이야기한다. 2장과 9장에 있는 커다란 종말론 본문은 앗수르를 언급하지 않는다. 7:18에서는 앗수르와 애굽을 동등하게 다룬다.

이런 다양한 종말론 요소들은, 그것이 생겨난 때를 따져보면, 동등한 위치에 있었던 것으로 보인다. 이 요소들의 순서를 구분하여 정해야 한다면, 다음과 같이 정할 수 있을 것이다: 재앙, 전쟁, 앗수르. 선지자 시대 이전 시대에는 사람들 사이에서 어떤 종말론을 추적하여 찾아낼 수 있는 것과 똑같은 방법으로 이 자연의 격변이라는 요소를 민중들 가운데서 발견할 수 있다. 선지자들은 사람들이 당연히 이런 종말론 지식을 갖고 있다고 생각한다. 벨하우젠이 이 요소들을 선지자들의 창조물이라 선언한 것은 도통 말이 되지 않는 소리다. 팔레스타인 자체가 이런 자연 격변들이 일어나는 곳이 아니었기 때문이다. 따라서 이런 자료는 팔레스타인에서 나온 자료일 리가 없다. 이 자연의 격변이란 것이 어딘가에서 유래한 요소라면, 틀림없이 선지자 시대보다 더 오래되었을 것이며, 팔레스타인 밖에서 유래한 게 틀림없다. 이런 물리적 요소의 내용은 이것이 보통 신현(하나님의 나타나심)에서 유래함을 보여준다. 하지만 이런 자료는 대부분 팔레스타인에는 낯설다. 지진, 폭풍(특히 동남풍), 홍수는 팔레스타인의 자연 현상임이 확실하다. 화산 폭발은 팔레스타인에서는 발견할 수 없지만, 성경이 자주 언급하긴 한다(참고. 나 1:6, 미 1:3-4, 6, 말 3:19, 신 32:22, 시 97:5). 이어 이런 요소들 역시 선지자들의 글 속에서 조화를 이루지 못한 채 나타난다. 만일 이 자료가 누군가가 고안한 것이라면, 이런 요소들을 조화롭게 통일시키려 한 흔적을 발견했을 텐데, 그런 흔적이 없다. 아모스서를 보면, 기근과 불과 전쟁과 재난이 나란히 놓여 있는 모습을 발견하는데, 이들을 조화시켜보려는 어떤 시도도 보이지 않는다. 이어 자연과 관련된 이미지를 무력 침공으로 바꿔놓은 경우도 가끔 있다. 이사야 28:1 이하가 홍수를 앗수르의 침공으로 바꿔놓은 것이 그 예다. 본래 말하려 한 것은 홍수라는 개념이었으나, 나중에 그 개념에 정치적 전개라는 개념이 덧붙여졌다. 하지만 원래 개념은 그대로 유지된다.

이제 우리는 이스라엘의 종말론에서 물리적 요소들이 선지자 시대 이전의 측면이라는 주장을 요약해볼 수 있다. 첫째, 몇몇 요소들은 가나안에는 낯선 것이지만, 가나안에 들어오기 전부터 그들에게 존재했던 게 틀림없다. 둘째, 서로 다른 요소들을 조화시켜보려는 시도가 없다. 셋째, 물리적 요소들을 정치 현상에 적용하는 발전이 이루어졌다.

궁켈-그레스만 학파는 고대 종말론에 보편성을 띤 요소(특별히 이스라엘에게만 적용되지 않고 널리 인류에게 적용되는 요소—역주)들이 담겨 있음을 발견했다. 보편성을 지닌 요소들을 인정하는 이런 견해는 이사야서와 미가서가 말하는 재앙의 종말론과 안녕의 종말론에서 모두 발견할 수 있다. 그러나 비평학자들은 이런 언급들이 뒤늦게 나온 것이라고 선언한다. 하지만 이런 언급은 스바냐 2:4, 12, 3:10에서 발견할 수 있는데, 이 본문들은 가사(가자), 아스글론(아쉬켈론), 구스(에티오피아)도 종말론의 조망 속에 포함시키고 있다. (스바냐는 심지어 비평가들도 확실하다고 인정한다.) 비평학자들은 이렇게 보편성을 지닌 요소를 놓고 두 가지 설명을 제시한다. 첫째, 앗수르가 일어선 것이 이런 개념을 낳았다. 앗수르는 이스라엘 민족의 적이었기 때문에 심판받을 대상에 포함된다. 그러나 스바냐는 이 이방 사람들이 저지른 죄를 전혀 언급하지 않는다. 스바냐가 이 이방 사람들을 종말론의 범주 속에 포함시켰다면 당연히 그들의 죄를 언급했을 것이다. 위에서 제시한 내용은 이방 사람들을 다룰 때도 어떤 윤리적 배경을 요구한다. 서언에서 물고기와 새들을 말한다는 것은 이 서언이 일반 물질 개념과 연관이 있음을 보여준다. 단지 팔레스타인 안의 동물 세계만 영향(종말에 일어날 일이 미칠 영향—역주)을 받으리라고 예상하는 이는 아무도 없을 것이다. 둘째, 그것은 이방 사람들에게 저항이 쓸데없음을 확실히 새겨주는 교훈 도구다. 비평학자들의 견해를 비판해보면, 열방을 무너뜨릴 이는 앗수르 사람들이 아니라 여호와다. 자연 요소가 오래되었다면, 이 요소를 이스라엘에만 국한시키기는 불가능할 것이다. 이사야 64:1-3과 미가 1:3-4은 여호와가 그 땅(팔레스타인)이 아니라 온 땅을 흔드실 것이라고 말한다. 낙원 회복이라는 개념은 특정 지역에만 국한되지 않는다. 호세아 2:18은 싸움이 그 땅에서 쫓겨나리라고 예언한다. 이것이 특정 지역에서만 일어날 리는 없을 것이다. 호세아가 절대 안전 상태를 묘사하기 때문이다. 우리가 이것을 특정 지역에서 일어나는 일로 여기면, 이스라엘은 무방비 상태가 되어 안전하지 않을 것이다. 이처럼 물리적 요소가 보편(온 세계를 아우르는) 요소와 뒤섞여 있다. 따라서 낙원 회복이라는 개념이 오래되었다면, 이런 보편 요소도 오래된 게 틀림없다.

궁켈-그레스만 학파는 고대 종말론에서 메시아 요소도 발견했다. 벨하우젠은 물론이요 그보다 더 보수성을 띠는 몇몇 사람들도 비평주의(역사비평)의 견해를 따라 메시아 요소를 뒤늦게 나타난 요소로 본다. 그 이유는 (1) 그 요소가 역사 속에 존재하는 왕국을 전제하기 때문이요, (2) 그 요소가 왕과 선지자들의 불화(관계 단절)를 전제하기 때문이다. 그러나 우리는 이 견해에 대한 논박으로서 선지자들이 이 땅의 왕을 제쳐두고 여호와가 왕이라는 개념을 갖고 있었음을 언급해둔다. 여호와는 본디 그와 이스라엘의 관계에서 왕이었다. 그렇다면 다음과 같은 요소들도 찾아볼 수 있다: (a) 왕이 아닌 메시아 (b) 왕이지만 다윗과 무관한 메시아 (c) 왕으로서 다윗 왕조와 관련 있는 메시아. 이것들은 우선 미가(기원전 800년 무렵)에서 분명하게 발견할 수 있다. 미가는 영원에서 나오고 그 어머니가 산고(産苦)를 겪을 미래의 통치자를 이야기한다(미 5:2-4). 이런 개념은 다윗 혈통과 관련이 있다. 미가는 이런 개념이 사람들 사이에 아주 널리 퍼져 있다고 말하면서, 이스라엘 사람들이 이런 개념을 당연히 잘 알고 있으리라고 생각한다. 둘째, 이사야 11:1, 10은 다윗의 집을 언급한다. 이사야 9:6은 한 아기가 우리에게 났다고 말한다(이것도 잘 알려진 내용으로서 이야기한다). 이 말이 느닷없이 나타나는 것으로 보아 여기 와서 비로소 새롭게 등장한 말이라고 볼 수가 없다. 이사야 7:14은 한 젊은 여자를 잘 알려진 이로 언급한다. 셋째, 아모스와 호세아는 왕을 이야기하지 않고, 왕국의 회복만 이야기한다. 넷째, 시편 45편은 살아 있는 왕을 평범하지 않은 언어로 말한다. 비평학자들은 이것이 다만 왕이 등극할 때 쓴 종말론 언어이며, 그렇다면 이 종말론 언어는 틀림없이 더 오래되었으리라고 주장한다. 옛 견해는 이 본문이 메시아의 전형인 왕을 표현한다고 본다. 마지막으로, 창세기 49장과 민수기 24장은 실로 예언과 발람 신탁을 제시한다. (이 예언들을 복권시키는 것이 현대의 흐름이다. 이 예언들은 한때 배척받았다.) 사람들은 이 예언들도 메시아 예언으로 본다. 실로 예언은 유다와 관련이 있으며, 발람 예언은 야곱과 관련이 있다.

궁켈과 그레스만이 발견한 것들을 요약해본다.
a. 선지자 시대 이전의 종말론
b. 초창기 예언 속에 들어 있는 물리적 요소
c. 양면성을 지닌 종말론
d. 보편성을 띤 종말론
e. 메시아 종말론

비판을 제시해본다: 그레스만은 이런 내용의 근원을 놓고 우리와 견해를 달리 한다. 그는 이런 내용이 바벨론에서 왔다고 말한다. 그러나 우리는 이런 내용이 계시에 근거하여 이스라엘에 널리 퍼져 있던 전승이라고 말한다. 이 전승이 바벨론의 종말론에 널리 퍼져 있던 내용을 가졌다면, 바벨론에서 왔을 수도 있다. 그레스만은, 대중의 종말론은 신

화에서 나왔으며 신화의 성격을 가졌지만, 윤리적 동기의 지배를 받았던 선지자들은 윤리적 종말론을 갖고 있었다고 주장한다. 그레스만이 이런 주장을 펴는 것은 이런 이유 때문이다: (1) 그는 선지자들의 윤리적 경향을 지나치게 강조한다. 그는 윤리 요소가 주된 요소라고 말한다. 그러나 정작 선지자들은 물리적 요소에 관심을 가졌기 때문에 그의 주장은 지나치다. 선지자들이 물리적 요소에 관심을 보인 이유는 비단 설교(교훈)에 적용할 수 있기 때문만은 아니었으며, 그들이 물리적 요소에 보인 관심은 자연의 타락과 죄(곧 윤리적 요소)의 관계를 보여주었다. 자연은 여호와의 탁월한 위대함과 장엄함을 분명히 밝히는 데 사용된다. (2) 그는 이스라엘 사람들 가운데 널리 퍼져 있었던 믿음을 과소평가한다. 이에 대한 답변으로서, 이스라엘 사람들 가운데에도 윤리적 요소가 있었음을 주목하기 바란다. 하나님이 재앙을 내리심을 "천벌"이라 부르는데, 이 말은 윤리의 색깔을 띠고 있다. 고대의 표현을 보면, 하나님은 왕이자 심판자다. 결국 이 표현에는 윤리 개념이 들어 있는 셈이다. 승리를 나타내는 전문용어가 의인데, 이는 승리라는 것의 가치를 윤리의 관점에서 인정했음을 보여준다.

Chapter 4

구속 종말론 이전의 종말론

종말론을 하나님이 펼치시는 구원 사역의 완성인 구원론의 부록이라 주장하는 것은 성경에 맞지 않다. 종말론과 구원론이 꼭 관련이 있지는 않다. 그러나 그렇게 생각하면, 종말론이라는 장(章) 전체가 죄가 있기 전에 기록되었음을 고려하지 않은 것이다. 따라서 구속 이전의 종말론을 무시함은 단순히 그 종말론을 빠뜨린 데 그치지 않고, 엉뚱한 곳을 귀착점으로 삼은 것이다. 죄가 존재하기 전에 그리고 죄와 상관없이, 우주에게 주어진 어떤 절대 종말이 있다. 피조물인 우주는 단지 시작일 뿐이다. 그것은 곧 우주가 영속하지 않고 어딘가에 도달하리라는 것을 의미했다. 하나님과 세상의 관계가 지닌 원리는 처음부터 작용의 원리 또는 어떤 결과를 발생시키는 원리였다. 그 목표는 비교급(즉 진화—이전보다 나아졌음)이 아니라, 최상급(곧 최종 목표)이었다.

이 목표는 죄보다 먼저 있었을 뿐 아니라, 죄와 무관했다. 이해하기

쉽게, 하나님과 절대적이고 완전한 윤리적 관계를 맺음이라는 목표와 인간 및 세계의 초자연화(supernaturalizing)라는 목표를 구분해보자. 이런 요소들은 긴밀하게 연관되어 있으나, 논리상 서로 별개다. 이 두 요소는 죄 및 구속과 상관없이 실현될 수도 있었지만, 그리 되지 않았다. 윤리 요소는 변하지 않는 올곧음이라는 정점에 이를 수도 있었지만, 그러지 못했다. 마찬가지로 초자연화 요소도 죄와 상관없이 실현될 수 있었지만, 그러지 못했다. 이 둘의 관계 역시 같은 기초 위에서, 곧 죄와 상관없이, 인식할 수 있다. 요컨대, 최초 목표(처음에 하나님이 정해놓으신 목표—역주)는 죄의 결과들을 바로잡으려(치료하려) 함으로써 종말론이 구속(救贖) 차원에서 발전해나가도록 늘 규범 역할을 하고, 이와 관련하여 최초 목표가 바로잡힌 상태를 넘어서는 것으로서 실현되게끔(곧 죽음의 가능성을 넘어 부활한 뒤 영생에 들어가게끔) 지지해준다. 구속과 관련 없는 가닥은 성경의 종말론에서 자연(물리적) 요소가 두드러짐을 설명해준다. 결국 그것은 단순히 인간의 전환(하나님과 절대적 윤리적 관계를 갖게 됨) 문제가 아니라, 세계의 변화와 초자연화를 아우르는 문제다.

이제 이 원래의 종말론에 구원과 관련된 의미가 덧붙는다. 원래의 종말론은 그것이 본디 가졌던 목적을 유지하면서도 이제 구원과 관련된 형태를 갖게 된다. 그것이 다루는 끝은 구원 과정의 끝이다. 종말론 드라마의 위대한 두 연기(곧 부활과 심판)는 분명 치료의 의미를 갖고 있다. 그렇지만 구속 종말론 이전의 종말론(pre-redemptive eschatology, 종말론에 구속 개념이 덧붙기 이전의 종말론)에도 구속 프로그램에서 제거되지 않고 다시 이 프로그램에 결합된 무언가가 있다. 종말론은 회복보다 완성을 목표로 한다. 따라서 구속 종말론은 틀림없이 회복과 관련이 있으며 완성과 관련이 있다. 구속 종말론은 원래 상태를 목표로 삼지 않고 인간이 초월 상태에 이름을 목표로 삼는다. 이 종말론은 분명 치료하고 튼튼하게 만들어주는 종말론이다. 모든 구원 행위는 틀림없이 치료 행위요 초자연화 행위다. 이 행위를 통해 인간은 단지 정상이 되는 데 그치지 않고, 정상을 넘어 더 우월한 존재가 될 수 있는 준비를 갖춘다. 우리는 바로 이 지점에서 구원론과 종말론의 큰 차이를 발견한다. 그 목표는 순전히 영적 요소만으로 다다를 수 없는 목표다. 초자연화 요소가 이런 생각을 시사한다. 그 목표는 육의 차원과 영의 차원의 철저한 변화를 요구하기 때문이다. 그것은 (궁켈과 그레스만이 주장하듯이) 사람들이 올바른 생각에서 떠났다는 뜻도 아니요, 이런 표현들이 다만 신화의 용어를 사용한 표현 방식이라는 뜻도 아니다. 선지자들의 생각 속에는 아무런 갈등도 없었다(선지자들은 원래의 종말론이 가졌던 최종 목표가 육의 차원과 영의 차원을 함께 갖고 있음을 전혀 모순이라고 생각하지 않았다는 말이다—역주). 자연 요소는 종교(신앙)를 거스르지 않는다. 자연 요소가 없으면 절대 목표에 이르지 못한다는 선지자들의 주장은 성경과 일치했다. 그들은 더 순전하게 신앙과 종말론을 꿰뚫어보는 직관을 갖고 있었다.

창세기 1-3장을 검토해보면 이런 종말론적 운명이 사실임을 확인할 수 있다. **마지막 상태**라는 말은 **낙원**(곧 낙원 회복)과 같다. 하지만 이 "낙원 회복"이 더 높은 상태를 가리키지는 않는다. 이것은 다만 구속 프로그램에 정상 상태를 회복하는 것이 들어 있음을 증명해줄 뿐이다. 생명나무도 선지자들이 말한 요소(곧 도덕 요소—역주)를 담고 있다(참고. 창 3:22). 이 내러티브는 인간에게 생명—신앙적, 물리적, 윤리적 생명—이 없다는 생각을 분명히 배제한다. 여기에서는 지금 소유한 생명과 장차 얻으리라 예상하는 생명을 구분한다. 장차 얻으리라 예상하는 생명은 영생이다. 종말론의 본질은 장래에 있으리라 예상하는 이런 요소다. 일곱째 날, 곧 **안식일**이라는 말 역시 종말론 용어로 볼 수 있다. 안식일의 원형은 하나님의 생명이요 하나님이 하신 일이다. 따라서 안식일은 가득 참을 뜻한다. 멈춤이나 지쳐 있음이 아니라, 완성이다. 이런 완성의 쉼을 인간의 삶 속에 들여온 것은 인간에게 그가 다다를 목표를 보여주려 했기 때문이다. 안식일은 인간이 타락하지 않았을 때도 종말론과 관련된 표지였다. 안식일의 의미는 인간과 하나님의 관계에 있기 때문이다. 이런 사실에 주목하는 것이 중요한 이유는 그것이 곧 종말론이 종교의 근본 요소임을 증언해주기 때문이다. 종말론은 구속 이전의 실존이 보여주듯이 참된 종교의 본질이다.

이 원시 종말론에서는 두 원리가 두드러지게 나타난다. 첫째, 종말론과 윤리의 긴밀한 결합이 두드러진다. 우리는 여기서 더 높은 상태에 도달할 가능성을 갖지만, 그 상태에 도달할 것인가는 순종이 판가름한다. 생명나무라는 것은 지식나무(the tree of knowledge)다. 생명나무가 신비한 상징이긴 하지만, 마법으로 생명을 주지는 않는다. 이런 윤리적 접근은 미래에 얻을 생명의 윤리성을 상징한다. 둘째, 원시 종말론은 그 내용을 보면 종교성이 아주 높다. 지극히 높은 삶을 규정하는 특징이 하나님과 나누는 가장 친밀한 사귐이다. 낙원을 하나님의 동산이라 부른다(참고. 사 51:3, 창 3:8). 그리스 신화에 나오는 신들의 땅도 이와 비슷한 개념을 표현한다. 생명나무는 하나님의 동산 중앙에 있다. 때로는 하나님의 강이나 생명의 강을 언급하기도 한다. 이것을 하나님과 긴밀하게 연계하는 이유는 이런 것들이 하나님의 산에서 흘러나오기 때문이다

(참고. 시 36:8 이하, 46:4 이하, 욜 3:18, 겔 47:1-7). 미래의 낙원을 하나님의 낙원이라 말한다(참고. 계 2:7). 종말의 상태는 하나님이 중심이 되시는 상태다. 성경과 합치하지 않는 사색이 문을 활짝 열어놓고 있는 모든 그릇된 행복주의는 여기서 장벽에 부닥친다. 물리적 요소는 윤리 요소와 신앙 요소에 종속한다.

Chapter 5

첫 번째 구속 계시가 제시하는 종말론

종말론은 구원론보다 더 오래되었다. 첫 구속 계시 직후의 구속 계시에서는 종말론을 거의 이야기하지 않기 때문이다. 하나님의 방법은 죄의 신앙적, 도덕적 측면들을 깊이 새겨주는 것이었다. 그 결과, 죄로 가득한 인간은 더 위대한 상태를 약속받아도 진정될 수가 없었고, 그 허물을 가벼이 여길 수 없었으며, 위로를 얻지 못했다. 이런 점에서 종말론을 강조하는 신학 사색은 구속이 덧붙여졌음을 잊어버린다. 죄가 들어오기 전에는 종말론을 가리키는 게 자연스러웠듯이, 지금은 구속을 가리키는 것이 자연스럽다. 낙원에서 쫓겨남이 있지만, 더 나은 낙원을 언급하는 말은 한 마디도 없다. 인간의 운명은 하계(下界)에 매여 꼼짝할 수 없게 되었다. 그러나 뱀의 씨(자식)를 누르고 승리하리라는 약속이 주어진다. 이것이 최종 문제를 가리키긴 하지만, 회복 너머를 바라보지는 않는다. 우리가 여자의 씨를 메시아로 해석할 수 있다면, 첫 구속 계시는 종말론 색깔이 더 짙어질 것이다.

첫째, 여자의 씨와 뱀의 씨가 나란히 나온다. 뱀의 씨는 집단으로 해석해야 한다. 뱀 자체와 구별되기 때문이다. 따라서 여자의 씨도 집단으로 받아들여야 한다. 둘째, 여자의 씨는 그 근원이 인간임을 일러주지만, 메시아는 늘 하나님이라 말하며 하나님을 그 근원으로 이야기한다. 셋째, 성령이 로마서 16:20에서는 이 표현을 집단으로 해석하게 하신다. 넷째, 그 형태가 메시아와 관련된 추론을 하게 한다는 것을 인정할 수밖에 없다. 여기서 문제 삼는 두 세력은 뱀과 여자의 씨다. 이것을 이런 식으로 표현한다는 것은 틀림없이 중요한 의미가 있다. 악의 힘은 뱀에게 집중되어 있다. 따라서 우리는 여자의 씨에도 비슷한 집중이 있으리라고 예상하게 된다. 결국 "뱀의 씨"를 뱀 하나에 집중시켜놓은 것은 어떤 메시아 개념을 에둘러 암시하는 셈이다. 다섯째, 이것은 곧 구약 성경에서는 종말론 과정을 집단 형태로 표현한 것이 개인 형태로 표현해놓은 "메시아" 개념보다 더 오래되지 않았나 하는 커다란 의문을 불러일으킨다. "여자의 씨" 약속을 어떤 개인(사람)을 가리키는 의미로 이해하면, 소위 메시아 형태 예언이 더 오래되었을 것이다. 그러나 그런 경우에도, 이런 주장을 아무 근거 없이 무조건 펼칠 수는 없을 것이다. **씨**라는 말은 언제나 집단의 의미를 갖고 있기 때문이다. 따라서 "여자의 씨"도 그 반대말인 "뱀의 씨(자손)"에 상응하여 집단을 가리키는 말임이 틀림없다.

사람들이 유일하게 다툼을 벌이는 문제는 이것이다: 두 요소가 모두 현존한다 할 때, 집단 개념에 큰 강조점을 두는가 아니면 집단 개념을 개별화한 형태에 큰 강조점을 두는가? 우리는 전자가 옳다고 믿는 경향이 있다. 다시 말해, 이것은 여기서 "여자의 씨"라 부르는 치명타가 인류라는 범주에서 나와 뱀의 머리를 쳐서 상하게 함으로써 모든 일을 해결하리라는 예언이다. 다른 견해에 따르면, 그 절을 달리 표현하여 "여자의 씨가" 뱀의 머리를 상하게 하리라고 말했으면 모호함을 모두 제거하기가 쉬웠을 것이다. 현재는 우리가 인격체인 뱀과 인격체로 표현해놓지 않은 "여자의 씨"를 갖고 있는 셈이다.

반면, 메시아 개념이 뒤늦게야 구약의 종말론 사상 세계에 들어온 것이라는 이론은 전혀 진실이 아니다. 이 이론이 유일하게 진실을 말한 부분은 **메시아**라는 이름이 상당히 늦게 나타난다는 것뿐이다. 이 이름은 시편에 이르기까지 나타나지 않는다. 이런 현상이 벌어진 이유는 하나님 옆에 있는 종말의 중개자를 향한 기대를 다윗의 집에 주어진 약속과 연계한 뒤에야 비로소 "메시아"라는 말이 종말의 중개자를 가리키는 이름으로 쓰게 되었기 때문이다. "메시아"는 여호와가 다윗과 그의 후계자들에게 기름을 부어 세우신 뒤에야 비로소 "여호와께 기름부음 받은 자"로 불릴 수 있었다. 그러나 그에게 무슨 이름이 주어졌든, "여호와께 기름부음 받은 자"라 불리게 된 그 존재는 오래 전부터 이미 알려져 있었다. 원(原)복음(protevangelium)은 집단의 관점에서 해석해야 할 수도 있다. 그러나 노아의 아버지인 라멕이 그의 아들이 태어날 때 한 말을 보면(창 5:29), 인류 생활의 정상 상태를 회복한 위대한 자라 칭송받을 누군가가 족장 혈통에서 태어나리라는 믿음과 기대가 당시에 널리 퍼져 있었던 게 드러난다. 당시 인류는 비정상이요 구원받기를 바라며 절규하는 이들이라 인식되었다("바로 이 아들이 여호와가 저주하신 땅[에서 생겨난] 우리 일과 우리 손의 수고를 생각하여 우리를 위로하리라"). 이 말은 비참하고, 살기 어려우며, 힘들게 농사를 지어야 하는 상태를 저주에서 직접 끌어내고 죄에서 간접으로 끌어낸다. 인간이 원죄를 지은 뒤에 저주가 선포되면서, 땅도 이렇게 비참하고 저주받은 상태를 그 운명으로 짊어지게 되었기 때문이다.

여러분도 알아차리겠지만, 이것은 첫 약속에서 집단성을 배제하면서도, 그 약속에 따른 기대가 어떤 개인을 통해 이루어질 것으로 표현하는 형태와 이스라엘 민족의 어떤 특정 부분을 결합하는 차원까지 나아가지는 않는다. 노아의 아버지 라멕은 물론이요 노아도 이 문제와 관련하여 역사를 염두에 둔 시각을 가졌던 것 같다. 노아의 아버지는 그의 아들이 완성의 도구일 수도 있다고 생각했다. 노아가 이렇게 짧은 시야에서 나온, 그를 향한 기대를 소중히 여기지 않고 무시해버렸다면, 그 자손들의 신앙 상태와 도덕 상태가 그런 소망을 품게 하거나 그런 소망을 부추길 만큼 훌륭하지는 않았기 때문일 수도 있다.

Chapter 6

대홍수의 종말론적 배경

광대한 범위에 걸쳐 일어난 홍수 사건은 나쁜 결과도 가져왔지만 좋은 결과도 가져왔다. 첫째, 나쁜 쪽으로 보면, 대홍수는 세계를 파괴했다(참고. 창 6장). 이것은 재앙으로 나타난 세계 심판이다. 이 사실은 이방 세계의 신화가 확인해준다. 그 신화에서는 이 홍수와 세계가 나온 근원인 혼돈의 홍수(chaos-flood)를 결합한다. 창조와 대홍수는 모두 우주 차원의 의미를 갖고 있다. 그것은 인간에게 국한되지 않았지만, 대홍수의 요점은 하나님이 세계 창조를 후회하신다는 것이었다. 둘째, 좋은 쪽으로 보면, 대홍수는 새로운 세계 질서의 시작이다. 그 해의 첫째 달 곧 그 달의 첫 날에 물이 물러가고(참고. 창 8:13), 이로써 새해가 시작되었다. 이는 어쩌면 역사의 시대성 및 **언약**(berith) 원리와 관련이 있을 수도 있다. 시대성(시대 구분)은 보통 시대가 시작할 때 나타나는 언약들이 보여준다. 이제 대홍수와 대홍수 이후 만물의 질서는 종말의 위기와 종말의 상태를 미리 드러내 보여준다. 다시 말해, 대홍수와 "새 창조"는 세계가 맞이할 절대 종말과 세계의 최종 갱신을 미리 보여주는 모형이다.

이것은 창세기 8:22이 "땅이 있을 동안에는" 그 재앙이 되풀이되지 않으리라고 약속한다는 사실이 확인해준다. 그 재앙은 세계가 끝나기까지 되풀이되지 않는다. 이 약속은 자연의 과정을 혼란에 빠뜨릴 재앙은 돌아오지 못하게 막으면서도, 자연의 과정을 바꿔놓을(그럼으로써 세계에 마침표를 찍을) 재앙은 허용한다.

이 때문에 예언과 시편도 종말을 묘사할 때 홍수라는 이미지를 사용한다. 시편과 선지서는 홍수에서 가져온 말들로 여호와의 개입을 이야기한다. 이런 말들은 홍수에서 가져왔거나 선지자들이 만들어낸 것이다. 어쨌든 홍수와 다시 올 것의 연관성이 분명하게 나타난다. 시편 29:10을 보면, 여호와가 왕으로 앉아 계셨으며, 왕으로 앉아 계실 것이라고 말한다. 이사야는 그것을 군사와 관련지어 묘사하지만, 하나님의 직접 개입으로도 묘사한다(참고. 17:12, 28:2, 15). 예레미야 47:2은 물이 북쪽에서 일어나 넘치리라고 말한다. 이것은 자연에서 저절로 일어나는 일이 아니다. 북쪽에서 홍수가 밀려오는 경우는 거의 없기 때문이다. 이사야 24:18을 보면, 하늘의 창문이 열리면서 이런 파괴가 일어나리라고 말한다(참고. 이사야 54:9, "이는 네게 노아의 홍수와 같도다."; 히브리어 본문과 개역개정판은 모두 "**내게** 노아의 홍수와 같도다"라고 말하는데, 저자는 **unto thee**로 적어놓았다—역주). 이스라엘과 맺은 새 언약에서는 노아와 했던 약속을 더 높은 차원에서 다시 맺는다(곧 새 언약은 종말과 관련된 약속이다). 아울러 선지자들이 쓴 "남은 자"라는 개념도 대홍수 내러티브에서 가져왔을 개연성이 있다. 이 개념은 선지서보다 더 오래되었다. 이것이(곧 "남은 자'가 되는 것이—역주) 이스라엘 사람들이 기대하는 것 중에 들어 있었기 때문이다.

마지막으로, 신약 성경은 노아 시대를 그리스도의 재림과 나란히 놓아두었다(참고. 마 24:37, 눅 17:26). 이 본문들은 우리가 고찰중인 두 시대(곧 노아 시대와 종말의 시대—역주) 직전에 죄가 세상을 가득 채움을 대비하여 지적한다. 그러나 이와 관련하여 특별히 그리스도의 오심이 갑작스럽게 이루어지리라는 것을 강조한다. 베드로전서 3:20 이하는 세례의 물과 홍수의 물을 비교한다. 두 물은 모두 종말과 관련된 의미를 갖고 있으며, 구원을 지향한다. 그 물은 세계를 심판하는 도구였고, 세례 때는 경건한(하나님을 믿는) 자와 경건치 않은(하나님을 믿지 않는) 자를 나누어주었다. 따라서 "선한 양심의 의문(eperoteria)"(21절)은 심판을 미리 일러준다(저자는 eperoteria로 적고 이를 interrogation으로 적어놓았으나, NA27판 본문이 일러주는 그리스어는 eperotema이며, 이는 의문이라는 뜻과 간구하는 뜻을 갖고 있다—역주). 바울은 "너희가 구속의 날까지 인 치심을 받았다"고 말한다(엡 4:30). "몇 명만이 구원을 받았다"는 말은 구약의 남은 자 개념을 일러준다(벧전 3:20). 베드로후서 3:5 이하는 홍수 재앙과 마지막 재앙을 나란히 대비하여 제시한다. 현재의 우주는 불로 살라 없어지기까지 보존된다. 베드로는 이 본문에서 현세가 지속되리라는 반(反) 종말론 개념을 반박한다. 그는 과거에 있었던 세계와 지금 존재하는 세계를 이야기한다. 하나님 말씀이 홍수 이전의 세계를 치밀하게 보존하셨고, 그 말씀이 지금도 그 일을 하신다. 클레멘스서신은 모세가 세계의 재생(再生)을 설교했다는 점에서 대홍수에는 종말론과 관련된 의미가 들어 있었다고 지적한다(참고. 클레멘스1서 9:4과 마 19:28).

Chapter 7

신현(神顯)에 들어 있는 종말론 요소

구속 종말론은 계시를 넘어 더 많은 의미를 갖고 있다. 보통 대홍수가 가리키는 의미는 심판 쪽이지 주로 구속 쪽은 아니다. 자연 종말론은 구속 종말론을 표상한다. 족장들의 역사 속에서 나타난 계시는 구속의 흐름을 따르는 종말론을 미리 보여준다. 평원에 있는 도시들의 파멸과 관련지어 사용한 "불과 유황"이라는 표현(창 19:24)은 심판 종말론을 표현한다. 하지만 이것이 유일한 예외가 아니라면, 오히려 이것이 주된 종말론일지도 모른다. 그러나 주로 강조하는 것은 구속 측면이다. 신현은 하나님이 몸소 자신을 사람들이 볼 수 있는 형태로 나타내심이다. 이런 신현은 단순히 계시(드러냄)라는 목적을 넘어 더 큰 목적을 갖고 있다. 신현은 하나님이 인간에게 다가가 인간과 교제하심을 원초 형태로 표현한다. 하나님은 신현 때 그저 말씀만 하시지 않는다. 그는 행동하신다!

과거와 관련하여 생각해보면, 신현은 과거 하나님과 인간의 단절과 달라진 새로운 접근법을 보여준다. 이 교제 상실(하나님과 인간의 사귐이 끊어짐—역주)은 인간을 낙원에서 쫓아냄으로 나타났다. 신현은 처음에 하나님과 인간이 보통 나누곤 했던 사귐으로 돌아가는 첫 단계를 나타낸다. 미래와 관련하여 생각해보면, 신현은 낙원 상태의 갱신을 나타내며, 그 자체가 미래의 완전한 낙원을 미리 보여준다. 그것은 새 세계를 가리킨다. 이런 의미는 신현의 지역성(하나님이 어떤 특정 장소나 지역에서 자신을 나타내심—역주)이 표현해준다. 이런 형태의 자기 계시가 가나안으로 들어오기 전에는 나타나지 않음을 주목하라. 그것은 신현과 이후에 하나님이 가나안에서 자신을 나타내심을 연결해준다. 하나님의 이런 나타나심은 다만 시작일 뿐이다. 이 나타나심은 잠시만 이루어진다는 점에서 나중에 나타날 자기 계시 형태와 다르다. 이런 나타나심은 그냥 방문이다. 하나님이 영원히 가까이 계시게 하는 방법은 제단을 짓는 것이다. 하나님은 제단에 다시 찾아오시며, 이 제단은 하나님이 늘 찾아와 사귐을 나누실 수 있는 곳이다. 이 모든 것이 하나님의 영원한 내주(in-dwelling)를 준비한다. 가나안은 이스라엘이 종말에 맞이할 상태를 미리 보여준다. 가나안은 젖과 꿀이 흐르는 땅, 곧 낙원의 모형이다. 이후에 가나안은 구약에서 가장 고귀하고 영원한 신현 무대(곧 성전)가 됨으로써 신정(하나님의 통치)이라는 최종 완성 상태를 미리 보여주는 모형이 되었음을 주목하라.

여호와의 사자(使者)는 여호와가 완전하신 분이요 우리가 이해할 수 있는 분임을 상징한다. 이 사자로 말미암아 신현은 구속에 국한된다. 여호와의 나타나심을 눈으로 볼 수 있음은 구속에 속하기 때문이다(예수 그리스도의 성육신과 십자가 사건을 생각해보라—역주). 이렇게 여호와와 한 인물을 연계하다보면, 여호와가 실제로 나중에 오실 메시아와 같아진다. 메시아의 의미는 하나님이 하시는 일과 그 의미를 구체적 현실로 만드신다는 데 있다. 따라서 *사자* 신현(*malach*-theophanies)은 진정한 성육신 예언이다. 그 이유는 메시아가 이 원리를 그 논리적 귀결로, 곧 하나님이 우리와 함께하심을 뜻하는 임마누엘로 끌어가기 때문이다. 결국 메시아와 관련된 모든 것이 종말론과 관련이 있다.

신현이 이후에 등장할 종말론 용어들을 결정하게 된다. "오심" 또는 "강림"이 주된 종말론 용어다. "하나님이 오신다"가 모든 종말론의 핵심을 표현한다. 이는 하나님의 임재가 종말론에서 가장 큰 관심사이기 때문이다. 주의 강림(parousia)이 중요한 이유도 그 때문이다. 후대에는 이 개념이 더 일반성을 띤 개념이 되었다. 족장 시대에도 **옴**(coming)이라는 말은 일반 종말론 및 메시아 종말론과 관련이 있었다. 그리스도의 공현(epiphany, 예수 그리스도가 특히 동방박사를 통해 이방 세계에도 당신이 메시아이심을 나타낸 사건—역주)과 강림은 결국 구약에서 나온 개념이다.

마지막으로, 신현이 자기를 낮추고 사람들에게 다정히 다가가는 성격을 갖고 있음을 살펴보라. 이 점은 후대보다 오히려 족장 시대에 더 많이 선포되었다. 그 시대에는 "구원"을 후대에 있을 "심판"과 구분하여 강조했기 때문이다. 초자연성을 띤 일이 자비로운 의도를 담고 있다. 후대의 종말론 언어가 표상하는 이미지는 주로 신현과 관련이 있다. 여호와는 불이나 지진 같은 것들 속에서 나타나신다. 족장 시대 신현에는 이런 것들이 없다. 자연히 구원 요소를 먼저 강조할 수밖에 없었다. 종말론의 중심은 무엇보다 구원에 있지, 적들을 파괴하는 데 있지 않기 때문이다.

Chapter 8

실로 예언

족장 야곱이 그 아들 유다에게 선언한 복은 널리 다른 지파들에게 선언한 복 가운데에서도 아주 독특한 위치를 차지한다(참고. 창 49:10). 이것이 그 유명한 "실로" 예언이다. 이 예언을 주제로 다룬 책이 수없이 많았지만, 이 예언을 둘러싼 해석의 난관들이 완전히 해결되었다고 말하기는 아직 불가능하다. 그래도 한 가지 큰 이득만은 기록해둬야겠다. 그것은 곧 그 자신의 종교성에서 메시아를 향한 모든 종류의 관심을 완전히 지워버린 불신(不信) 학자들도 "실로"를 언급한 글귀가 메시아와 관련된 신비한 글귀라는 것을 점점 더 분명히 깨닫게 되었다는 것이다. 야곱이 한 말은 이렇다: "규(珪, scepter)가 유다에서 떠나지 아니하며, 심판자의 지팡이가 그 발 사이에서 떠나지 아니하리니, 실로가 오기까지 그리하며, 모든 나라(민족)가 그에게 순종하리로다."

이 실로라는 말은 우연히 터져 나온 말임이 분명하다. 이것이 족장의 역사에서 유일하게 메시아를 언급한 말이기 때문이다. 이것은 그 백성이 메시아 종말론을 알고 있음을 전제한다. 그 이유는 (1) 이것을 잘 알려진 자료라 언급하기 때문이요, (2) 이것을 소개할 때, 소개 자체로 끝나지 않고 여호와의 통치가 영원함(그것이 "떠나지" 아니하리니)을 표현하려 하기 때문이다. 이것이 알려져 있지 않은 용어였다면, 딱히 설명할 수가 없었을 것이다. "실로가 오기까지 그리하며"라는 표현은 영원 개념의 실체를 밝혀준다. 이런 일은 여기의 "실로"를 아예 "그의 실로"라 번역해놓은 몇몇 역본에서는 훨씬 더 강하게 이루어진다. 이것이 말하려는 것은 유다가 그 통치를 영원히 유지하되, 메시아가 오시기 전은 물론이요 메시아가 오신 뒤에도 그리하리라는 것이다. 이 말은 우연히 나온 말이기에 우리에게는 더더욱 중요하다. 이 말을 소개할 때 소개 자체가 목적이었다면, 우리는 아무런 추론도 할 수 없었을 것이다. 하지만 우리는 얼마든지 이 말이 예언보다 더 오래되었다고 추정할 수 있다. 첫째, 이런 추정은 이 말이 야곱에게서 나왔다는 우리 견해에서 나온 것이다. 그렇다면 실로라는 개념은 야곱보다 오래되었을 것이다. 둘째, 이 개념이 솔로몬이 죽은 뒤에(다윗 왕국이 일어설 때) 들어왔다고 보는 비평 진영의 주장에 근거하더라도, 우리는 이 개념이 다윗보다 더 오래되었다고 주장할 수 있다. 우리는 이 개념이 다윗 왕국의 타락이 시작된 뒤에 들어왔으며 이와 더불어 메시아 개념이 시작되었다고 보는 벨하우젠의 주장에 그렇게 대답한다.

"실로"를 주해한 역사를 시대별로 살펴보면 다음과 같다. 이를 메시아와 연계하는 해석은 예전에는 비웃음을 샀지만, 이제는 사람들이 아주 확신하는 해석이 되었다. 이 해석은 실로 자체와 상관없이 받아들여졌다. 실로 자체가 무엇인가는 여전히 의문이다. 이처럼 이 예언을 메시아와 연계하는 해석을 새로이 확신하는 입장은 고대와 중세의 주해로 돌아가는 것이다. 실로를 어떤 장소(고을)로 보는 생각은 중세의 해석에 맞선 반발로서 18세기에 시작되었다. 이것이 19세기까지 유행한 해석이었다. 헹스텐베르크(Ernst Wilhelm Theodor Herrmann Hengstenberg, 1802-1869. 독일의 루터파 신학자다―역주) 학파가 유일한 예외였다.[1] 제법 정통 신학자인 딜만(Christian Friedrich August Dillmann, 1823-1894. 독일의 성경 신학자요 오리엔트 연구자다―역주)[2]과 델리취(Franz Delitzsch, 1813-1890. 독일의 루터파 신학자이며 히브리 연구자다―역주)[3]는 실로를 메시아와 무관하게 보는 생각을 받아들였다. 실로를 메시아와 연계하는 생각에는 학문성이 없다는 낙인이 찍혔다. 이제는 거의 모든 학파가 실로와 메시아를 연계하는 생각을 받아들인다. 이는 분명 우리에게 이 개념을 오래된 개념이라 부르는 것이 쓸데없음을 가르쳐준다.

현대에 들어와 실로를 메시아와 연계하는 해석을 복원하는 작업이 다음과 같이 이루어지고 있다. 이 일을 시작한 이들은 벨하우젠 학파였다. 벨하우젠은 여기서 말하는 실로를 자그마한 동네로 보는 것은 터무니없다고 지적했다. 본문의 맥락과 의미는 실로가 크고 보편성을 지닌

---

1) *Christology of the Old Testament* (Grand Rapids: Kregel, 1956), 1:57-98, 특히 80 이하를 보라.
2) August Dillmann, *Genesis Critically and Exegetically Expoundes* (Edinburgh: T. & T. Clark, 1897), 2:462-65.
3) Franz Delitzsch, *A New Commentary on Genesis* (Edinburgh: T. & T. Clark, n.d.), 2:375-85.

것임을 보여준다. 벨하우젠은 메시아 예언이 뒤늦게 나왔으며 "야곱의 축복"은 다윗=솔로몬 시대에 나온 것이라고 추정한다. 따라서 사람들이 메시아와 관련지어 해석하는 이 글귀는 후대에 끼워 넣은 것이다. 궁켈[4]과 그레스만[5] 학파는 실로를 메시아와 연계하는 해석을 계속 해나갔다. 그러나 그들은 이 본문을 후대에 끼워 넣은 본문으로 여기지 않는다는 점에서 벨하우젠과 의견을 달리 한다. 그들은 이 본문을 이 축복만큼이나 오래되었다고 본다. 이 본문이 말하는 개념과 글귀는 다윗과 솔로몬—두 사람의 치세를 아우르는 시대—만큼이나 충분히 오래되었을 수 있다. 하지만 궁켈과 그레스만 학파는 이 본문을 우리만큼 먼 과거에 나온 본문으로 여기지는 않는다.

각 경우에 이 예언을 분석하고 논지를 제시한 주장들은 다음과 같다. 메시아 개념은 선지자들이 만들어낸 것이다. 메시아 개념은 돌아가는 사태가 아주 비참해져 메시아라는 이를 유일한 소망으로 여기기 시작하면서 등장했다. 우리는 이런 추정에 반대한다. 그렇게 추정할 근거가 전혀 없기 때문이다. 사실 메시아 개념은 선지자 시대 무렵에 되살아난 것이요, 십중팔구는 당시 돌아가는 사태 때문에 되살아났을 것이다. 그것은 곧 메시아 개념이 이 실로 예언에서 나왔을 수 있음을 뜻한다. 이 구원과 회복 사역이 메시아가 하는 일이다. 그러나 메시아는 다른 역

---

[4] Hermann Gunkel, *Genesis übersetzt und erklärt* (Göttingen: Vandenhoeck & Ruprecht, 1977), 481-82.

[5] Hugo Gressmann, *Der Messias* (Göttingen: Vandenhoeck & Ruprecht, 1929), 221-23.

할도, 곧 열방을 다스리는 통치자, 다윗과 솔로몬의 치세가 상징하는 평화와 복된 상태를 확보하는 자라는 역할도 갖고 있었다. 중요한 점은 구원이 필요하다는 사실이 메시아 개념의 등장을 설명해주지는 못했다는 것이다.

이 예언은 10절 상반절과 11절을 이어주는 이음매를 끊어버린다(벨하우젠도 이렇게 생각한다). 이 두 구절은 유다의 현재 상태를 다루는데, 실로 예언은 이 두 구절 사이에서 등장한다. 물론 이런 견해에 맞서, 여기서 실로를 언급한 것은 실로 자체를 소개하려 함이 아니라 10절 상반절에서 언급한 유다의 통치에 관하여 뭔가를 강조하려 했기 때문이라는 반론을 제기할 수도 있겠다. 게다가 11절이 유다를 언급한 본문인가라는 의문도 가질 수 있다. 11절은 메시아 시대를 묘사하는 것일 수도 있다.

이어지는 문맥은 그야말로 현실과 세상사에 치우쳐 있어서 메시아를 묘사하는 말과 같은 차원에 놓고 언급하기가 불가능하다. 우리는 이런 반대 의견이 반대자들에게 역사 감각과 시적 안목이 없음을 보여준다고 반박한다. 이 본문은 사람들이 철부지처럼 육신의 복을 기뻐하던 시절로 거슬러 올라간다. 심지어 메시아 시대를 묘사하는 글에서도 육신과 관련된 묘사가 아주 두드러지게 나타난다. 육신의 기쁨과 자연의 융성을 새 시대를 구성하는 몇몇 요인으로 언급한다. 다음과 같은 반대 고찰들을 주목하라: (1) 10절 상반절에는 이를 보완해줄 뭔가가 필요하다(이 점은 본문 내용 자체가 시사한다). (2) 10절 상반절에서 11절로 넘어가는 것이, 곧 유다의 영광에서 그가 포도주와 우유를 탐닉하는 모습을 묘사하는 장면으로 넘어가는 것이 아주 거칠다.

이 본문을 메시아와 연계하지 않는 주해는 다음과 같다. 첫째, 실로는 쉼을 뜻하는 보통명사다. 따라서 "실로가 오기까지"는 "쉼이 오기까지" 또는 "그가 쉬게 될 때까지"다. 이 "쉼"은 솔로몬 시대의 안정된 정치 상태를 가리키거나, 종말의 시대를 가리킨다(후자는 진정 메시아와 연계한 해석으로 볼 수 없다). 우리는 이에 반대한다. 구약 성경은 보통 실로를 "쉼"을 가리키는 말로 사용하지 않기 때문이다. **Shalal-Shala'-Shalam-Menuha**'는 "쉼"이라는 의미로 등장한다. **shlh**라는 어근은 주로 "쉼"을 뜻하지만, 이 단어는 예레미야 12:1과 시편 122:6에서만 나타난다. 이 어근에서 나온 명사는 어디에서도 나오지 않는다. "실로"가 명사라면, 실론(Shilon)이어야 할 것이다. -**on**이 보통명사의 어미이기 때문이다(고유명사에는 -on이 때로 -oo로 바뀌기도 한다). 그러나 우리는 여기서 "실로"는 단지 보통명사라고 주장한다(Shelomom=Shelomoh임을 참고하라).

둘째, 실로는 고유명사이며, 성막이 있었던 에브라임의 어느 한 동네 이름이다. 이 견해에는 두 형태가 있다. 첫째, "그들(곧 그 백성)이 실로에 오는 동안," 곧 "영원히"로 번역하는 형태가 있다. 이 번역이 말하려는 것은 실로의 성소가 결코 파괴당하지 않으리라는 것이다(참고. 렘 7:12, 14). 두 번째 견해는 "그" 또는 "그들"이 실로에 올 때까지, 곧 "그" 또는 "그들"이 실로에 와서 거기에 성막을 세울 때까지로 번역한다. 앞의 번역은 의미가 잘 통한다. 그렇게 번역하면 유다가 오랫동안 우월한 위치에 있으리라는 뜻이 되기 때문이다. 이에 반대하는 다음 견해들을 살펴보자:

(1) 서두 문구인 히브리어 **ad ki**는 결코 "…하는 동안"을 의미할 수 없다. (2) 이 견해는 실로가 영원한 성소가 되리라는 전망을 갖고 있을 때부터, 곧 언약궤가 실로에 나타난 사사 시대부터 존재했다는 전제를 갖고 있다. 야곱 시대에는, 실로에 설령 성소가 있었다 해도, 그 성소가 사람들이 결코 무너지지 않으리라고 생각하던 온 백성의 성소는 아니었다. 야곱은 처음에 그것을 미래 일로 내다볼 수밖에 없었으며, 그가 내다본 것을 바탕 삼아 나중에 이런 식으로 말한 것이다. 그렇지 않았다면, 이 예언은 실로에 성막이 세워진 뒤, 다윗 시대가 열리기 전에 나온 예언이지만, 이는 비평학자들의 견해는 물론이요 정통 쪽의 견해에도 부합하지 않는다. 예레미야(7:12 이하)는 그곳이 한때 결코 무너지지 않을 곳이라는 평을 들었지만, 자신이 이제는 그런 생각을 비웃는다고 말한다. 야곱이 이런 예언을 하면서 사람들이 미래에 그리 생각하리라는 잘못된 생각을 토대로 예언했을 수 있다고 주장하는 것은 말이 되지 않는다. (3) 이 견해에 따르면, 실로는 중요하지 않다. 그러나 이 예언에는 실로에 실제로 중요한 무언가가 필요하다. 그러나 사실 비평학자들의 평가에 따르면, 실로는 아주 중요하지는 않았다. 여호수아 18:1은 실로를 이스라엘 역사의 전환점으로, 곧 정복 시대에서 소유 시대로 넘어가는 지점으로 제시한다. 유다는 백성들을 실로로 이끌지 않았으며, 유다가 실로로 오지도 않았다(이런 이유 때문에 일부 사람들은 "그들이 실로로 오기까지"로 번역한다). (4) 이런 해석은 비평학자들이 바라보는 이 본문의 의미와 들어맞지 않는다. 비평학자들은 이 본문이 "그가 오기까지 그리고 이후로 영원히 유다가 규를 잡고 있으리라"는 뜻일 거라고 생각한다. 그러나 그것이 실로에 오기 전이나 온 뒤로 유다가 늘 통치권을 소유하거나 유지했다는 증거가 전혀 없다. 이 본문과 열방을 다스림 사이에는 틀림없이 어

떤 연관이 있다. 그렇지 않으면 이 본문(예언)은 약한 부록일 뿐이요, 그 구문도 지극히 취약해진다. (5) 이스라엘 역사를 돌아보면, 역사 속에 이 개념을 적용할 만한 것이 전혀 없다(참고. 민 2:2, 10:14, 삿 1:2, 20:18). 규와 통치자의 지팡이는 아주 명확한데, 유다는 이런 통치권을 가진 적이 한 번도 없었다. 실로 이전의 지도자도 모세와 여호수아였다.

셋째, 실로를 고을로 보는 견해를 변형한 델리취의 견해가 또 한 가지 전형을 제시한다.[6] 델리취에 따르면, 이 예언은 성취되기까지 세 단계를 거쳤다. 실로에 성막을 세운 것은 이스라엘이 가나안 족속들에게 승리를 거두고 그 뒤에 따라온 평화를 일러주는 상징이었다. 그리하여 유다의 이력 속에서도 전쟁과 평화의 단계들이 재현되었다. 첫째, 이미 언급했듯이, 가나안 정복 때는 실로에 성막을 세운 뒤에 평화가 찾아왔다. 둘째, 전쟁과 같았던 다윗의 통치가 있은 뒤에 솔로몬의 평화로운 통치가 이어졌다—솔로몬 때 성전을 지었다. 마지막으로, 그리스도가 수치를 당하고 고난을 당하는 '전쟁'을 치르신 뒤에야 하늘로 높이 올림을 받아 승리를 구가하시는 상태가 뒤따랐다—이때 그가 하늘의 성막으로 들어가셨다.

우리는 이런 견해에 다음과 같은 반론을 제시한다. (1) 예언의 구조는 전쟁과 평화의 대립이라는 원리를 그 기초로 삼지 않는다. (2) 실로로 오는 것은, 설령 그것이 더 평화로운 상태의 시작을 알리는 것일지라

---

6) 참고. Delitzsch, *New Commentary on Genesis*, 2:380-86.

도, 유다가 지도자의 지위를 계속 유지하는 것과 무관하다. 유다의 지도자 지위 같은 것이 존재했더라도, 실로로 오는 것과 유다의 지도자 지위는 무관하다. (3) 실로로 옴은 유다의 통치가 영속하는 것과 아무 관련이 없다. 어떤 의미에서 보면, 성전 건축은 다윗의 통치를 영속케 하는 도구였을 수도 있으며, 실제로 그런 도구였다. (4) 실로로 옴과 솔로몬의 등극은 여러 나라를 정복하는 일보다 앞서 일어나지 않고, 뒤에 일어났다. 본문을 보면, 그 일은 **shlh** 요소(**shlh**-factor)가 들어온 뒤에 일어난다. 여러 나라를 정복하는 일은 이 예언이 시사하는 것처럼(델리취는 그렇게 본다) 이스라엘 백성이 실로로 온 뒤에 일어나지 않고 오기 전에 일어났다. (5) 델리취는 이것을 마치 그 근본 구조가 전쟁과 평화의 대조인 것처럼 보지만, 사실은 점층(climactic)이다. 즉 유다는 그 통치를 영속시켜 줄 무언가가 일어날 때까지 통치할 것이다. 델리취가 발견하는 대조는 이 본문에서는 사자의 비유에서 발견할 수 있다: "유다는 사자 새끼로다. 내 아들아 너는 먹이를 찢고 위로 올라갔도다. 그가 엎드리고, 그가 수사자와 암사자 같이 웅크렸으니, 누가 그를 깨울 수 있으랴"(창 49:9). 그런 다음 실로 예언이 나온다.

실로 예언을 메시아와 관련짓는 주해는 다양한 형태로 나타났는데, 다음과 같이 가장 오래된 견해가 가장 받아들일 만한 견해다. 이 견해는 **shiloh**라 읽지 않고 **sheloh**라 읽으면서, 이를 기초로 삼아 이 본문을 "그것이 속한 그가 올 때까지"(**he asher lo**)로 번역한다. 이 견해를 뒷받침하는 고찰 결과 중에는 다음과 같은 것이 있다. 첫째는 **요드**(yodh)를 생략해버린 것이다. 이는 가장 오래된 대다수 사본과 문서에서 나타난다.7) 알렉산드리아 사본(Codex Alexandrinus)과 바티칸 사본(Codex Vaticanus)은 **heos an elthe ta apokeimena auto**, 곧 "그를 위하여 준비된 일들이 일어날 때까지"—메시아의 통치가 이루어질 때까지—로 기록해놓았다. 다른 사본들은 **heos an elthe ho apokeita**, 곧 "그를 위하여 그것이 준비된 그가 올 때까지"—메시아인 통치자가 올 때까지—로 기록해놓았다. 이들 가운데 어느 것이 더 옳은지 결정하는 문제는 어렵지 않다. 두 번역의 전제인 **shlh**(**sheloh**) 이해가 동일할 뿐 아니라, 둘 다 메시아와 연계하여 해석하기 때문이다. 순교자 유스티누스(100-165. 초기 교회의 변증가요 신학자이며 순교자였다—역주)는 심지어 유대인들이 그리스도께 맞서려는 그들의 목적 때문에 이 본문을 바꿔놓았다고 비판한다.8) 현대 비평가들은 이를 "그(곧 규나 통치자의 막대기)가 올 때까지"라는 의미로 받아들인다.

이 본문을 이렇게 바라보는 전통적 견해를 뒷받침하는 또 다른 근거가 에스겔 21:32(영역 성경과 개역개정판은 27절), 곧 "심판이 속한 그(곧 심판자—역주)가 이를 때까지니 그가 이르면 내가 그에게 그것을 주리라"다. 어떤 이들은 에스겔이 느부갓네살을 염두에 두고 있다고 주장한다. 이 주장이 옳다면, 이는 실로 예언을 언급한 말일 리가 없다. 느부갓네살의

---

7) 사마리아 정경 본문[참고. Brian Walton, *Biblia sacra polyglotta*(1657) 1:221], 타르굼 옹켈로스[참고. Moses Aberbach, *Targum Onkelos to Genesis*(KTAV, 1982) 284-86], 페쉬타(시리아어 역본)(참고. Walton, 1:220), 그리고 70인역, 아울러 순교자 유스티노스를 비롯한 많은 교부들이 그러하다.

8) Justin Martyr, *Dialogue with Trypho*, 120(FC, 6:334).

통치에서는 실로 예언이 이루어진 자취를 찾을 수가 없었을 것이기 때문이다. 여기서 말하는 심판은 파멸의 심판이 아니라, 오히려 "다스림"이다. 따라서 그 의미는 창세기에서나 에스겔에서나 본질상 똑같다. 어떤 이들은 에스겔 예언이 더 오래되었으며 이 예언이 야곱의 신탁 속에 들어왔다고 주장한다. 이 주장에는 이런 반론이 있다: 야곱이 느부갓네살 때 자기 예언이 이루어질 것을 예언했으리라고 믿을 수는 없을 것이다. 따라서 우리는 후대 유대인이 이 에스겔 예언을 야곱의 예언에 집어넣었다는 생각도 하지 않는다. 에스겔 예언은 창세기 본문의 설명이며, 둘 다 메시아와 관련이 있다. 에스겔서의 **심판**이라는 말이 그런 연관성을 보여주는 것일지도 모른다. 이 말은 불길한 말이 아니다. 오히려 히브리어에서는 이 말이 "통치자의 지팡이" 같은 것을 뜻한다.

이어 두 본문에 등장하는 글자들의 특별한 연관성도 주목을 끌었다. 에스겔서에서는(aSHer Lo Hamishpat) 중요한 글자들이 **SH-L-H**(*sheloh*)라 적혀 있다. 우리는 이것에 이런 반론들을 제시한다: (a) 창세기에서는 주어가 숨어 있으나, 에스겔서에서는 ***mishpat***(심판)라는 주어가 분명하게 드러난다. 창세기의 형태는 축약형으로 보인다. 마치 사람들이 잘 아는 예언인 것 같다. 에스겔이 정말로 이 창세기 예언을 가리킨 것이라면, 그는 자신이 창세기 예언을 해석한 것을 제시하는 셈이다(이것은 반론이라기보다 단지 이 두 예언의 차이를 말하는 것일 뿐이다). (b) 전통 견해에 맞선 반론은 실로 예언이 메시아가 유다에 속해 있음을 표현하지 않았음을 그 근거로 삼는다. 그러나 문맥을 살펴보면 그런 점이 표현되었다고 봐야 한다. 다시 말해 유다는 장차 올 이에게 자리를 내주고 자신은 옆으로 물러나야 할 것처럼 보인다. 실로 예언을 메시아를 언급하는 말로 보면, 이 실로 예언 전체가 내부 연관성을 잃어버리는 것 같다. 실로 예언을 위에서 맨 처음 제시한 70인역 번역처럼 번역하면 옳지 않을 것이다. 그러나 이것은 에스겔서 본문과 일치하지 않는다. 에스겔 본문에서는 주어가 유다를 언급하지 않고 메시아를 언급하기 때문이다. 하지만 그 주어를 특정해버리면, 곧 유다의 통치자가 가진 지팡이로 특정하면 어려움이 생긴다. 따라서 우리는 이와 같이 바꿔 쓸 수 있겠다: "유다의 규와 통치자의 지팡이를 가진 그가 오기까지."

더 새로운 견해는 **shlh**라는 단어를 "쉼을 주는 자"인 메시아로 이해해야 한다고 주장한다. 이 단어는 고유명사다. 그렇게 이해한다면, 이 말은 "쉼을 주는 자가 오기까지"라는 말이 될 것이다. 이를 권위 있게 지지해주는 초기 증거는 발견하기가 어렵다. 맨 처음 이를 언급한 곳은 솔로몬과 실로를 연계하는 곳이다. 이 견해는 현대 학파 가운데 널리 퍼져 있는데, 특히 헹스텐베르크의 영향을 받은 이들 가운데 널리 퍼져 있다. 헹스텐베르크는 이 번역을 지지하는 언급들을 성경 전체에서 찾아낸다.[9] "평강의 왕"(사 9:6), "평강의 왕"(시 72편), "이 사람은 평강이 되리라"(미 5:6-영역 성경과 개역개정판은 5절), 메시아가 "평강의 짐승을 타시나니"(슥 9:9), "쉼의 사람"(대상 22:9), "그는 우리의 평강이라"(엡 2:14). 그러나 우리는 이 견해에 반대한다: (a) 이 견해는 언어학에 따른 고찰 결과에 어긋난다. 에발트(Georg Heinrich August Ewald, 1803-1875. 독일의 신학자요 오리엔트 연구자다—역주)가 지적했듯이, 헹스텐베르크의 견해를 따른다

---

9) Hengstenberg, *Christology of the Old Testament*, 1:93 이하.

면, 이 단어의 형태는 ***shiloi***여야 한다. 헹스텐베르크는 이런 반론에 이것이 ***shilon***의 축약형이라고 대답한다.[10] 또 델리취는 그렇다면 그 형태가 ***shilion***이어야 한다고 반박한다.[11] (b) 이 예언의 전체 취지를 보면 실로가 유다에게서 나온다고 번역해야 하는데, 이 견해를 따르면 실로가 유다에게서 나온다는 것을 표현하지 못할 것이다. 그런 취지에 맞추려고 "실로가 그에게서 나오기까지"나 "그가 그의 실로를 얻기까지"로 번역했다. (c) 유다가 택함을 받은 것은 장차 올 것과 관련하여 아주 중요한 의미를 갖고 있다. 그렇다면 당연히 이런 점을 언급할 법하다. 그러나 오로지 역대상 28:4만이 이런 내용을 언급한다. 이 본문에서는 세 단계를 제시한다. 그렇다면 우리도 이런 일이 있으리라고 예상한다. (d) 메시아를 평강을 가져다주는 이로 보는 개념은 아주 오래되고 자명한 개념이므로 여기서 인용한 본문들도 굳이 더 앞서 존재했던 특정 예언에 의존할 필요가 없다. (e) 이 해석이 주장하는 형태, 곧 접미어 없이 실로를 유다에게 종속시키는 형태는 여전히 설명되지 않은 채로 남아 있다. 고유명사에는 접미어가 붙지 않는다. 하지만 이 고유명사를 다른 어떤 방법으로(가령 "그에게 실로"—the Shiloh to him—같은 형태로) 표현했을 수도 있고, 또 그렇게 표현했어야 한다.

라가르드(Paul Anton de Lagarde, 1827-1891. 독일의 성경신학자요 오리엔트 연구자다—역주)는 ***shlh***가 ***shailh***(*she'iloh*)에서 나왔다고 설명한다.

---

10) Ibid., 69.

11) Delitzsch, *New Commentary on Genesis*, 2:380.

알렙(aleph)이 빠진 것은 중대한 반대 이유가 못 된다. 라가르드의 견해를 따르면, "사람들이 요청하는(바라는) 그의 사람"(his asked-for-one; "요청하다, 구하다"를 뜻하는 **sha'al**에서 나온 말)으로 번역하게 될 것이다. 그렇다면 **shlh**는 사람들이 갈구하거나 간구하는 대상을 뜻한다(참고. 삼상 1:27에 있 **sha'al**; "너희가 구하는 여호와," 말 3:1). 우리의 반론은 이렇다: (a) **shailh**(she'iloh)라는 말은 어디에서도 나오지 않는다. 이 말이 더더욱 중요한 이유는 이것이 모든 것을 아울러 부르는 보통명사이기 때문이다. 히브리어에서는 **shail**이 보통형용사(common adjective)로 등장하지 않는다. 이 말은, 접미어가 보여주듯이, 고유명사도 아니다. (b) 이 견해는 아주 많은 사본들이 어떻게 (긴 *i* 소리를 가진) **she'iloh**를 (*i* 소리가 없는) **shelloh**로 바꿔놓을 수 있었는지 아무런 설명도 하지 않는다. 히에로니무스(불가타)의 번역과 유세비오스의 번역은 **shaliah** 또는 **shaloah**, 곧 "보냄을 받은 자"다. 유세비오스는 이 제안과 실로암 연못을 "보냄을 받았다"로 해석하는 요한복음 9:7을 연계한다.[12] 히에로니무스는 이를 *qui mittendus est*, 곧 "그것이 보내진 이에게"라고 옮겼다. 유대인들은 이 본문에서 메시아와 관련된 의미를 제거하려는 욕심에 **shalual**을 **shelloh**나 **shiloh**로 바꿔 이 본문을 왜곡했다는 비판을 받았다. 우리는 이에 이런 반론을 제기한다: (a) 본문을 망쳐놓았다는 비판은 터무니없다. **shelloh**와 **shiloh**도 **shaluah**처럼 얼마든지 메시아와 관련지어 해석할 수 있기 때문이다. (b) -**oh**라는 독법은 기독

---

12) Eusebius, *The Proof of the Gospel*, trans. W. J. Ferrar(New York: Macmillan, 1920), 1:21, 2:70.

교 시대 오래 전에 나온 70인역에서도 볼 수 있다. (c) 이 견해는 히에로니무스와 유세비오스가 히브리 글자들을 잘못 읽은 바람에 나온 것 같다. (d) 하지만 주된 반대 이유는, 이 예언의 전체 취지로 보아 **Shaliah**가 유다에 속했음(곧 "보냄을 받은" 자와 유다의 관계)이 나타나야 하는데, 이 견해는 그런 점을 표현하지 않은 채 방치한다.

그런가하면, 메시아의 태어남 또는 메시아의 태어남으로 말미암아 생기는 관계라는 개념과 (*shaljah*, 곧 "태"라는 형태를 가진) **shlh**를 연계하는 견해가 있다. 이 견해에는 세 형태가 있다. 첫째, "태"(참고. 신 28:56-57—*Sheljah*)로 보는 견해가 있다. 이는 이 말이 오직 어머니에게서 났음을, 곧 인간인 아버지가 없음을 일러주기 때문이다. 막다른 골목에 내몰린 여자는 자신의 몸에서 나온 태나 자신이 방금 낳은 아이도 먹을 것이다. **Sheljah**(라틴어, *secundia*)는 태를 가리킨다. 옹켈로스(Onkelos)는 이것에 은유의 의미를 , 곧 가장 어린 자식이라는 의미를 부여했다. 결국 이것이 **shail**에서 나왔고 이 말에 접미어가 붙어 있다면, 이는 "내 아들"이 될 것이다. 이 견해들은 아주 멀리까지 거슬러 올라가지 않으며, 십중팔구는 11세기의 유대인 주해가들, 그리고 그리스도인 가운데 라몬 마르티(Ramón Martí, 영어식 표기는 Raymund Martin, 지금의 에스파냐 카탈루냐에서 13세기에 활동했던 도메니코회 수도사요 신학자다—역주)[13])와 갈라티노(Pietro Colonna Galatino, 1460-1540. 이탈리아 수도사요 신학자다—

---

13) Raymundi Martini, *Pugio Fidei adversus Mauros et Judaeos* (1687/1967), 316-17.

역주)14)가 그 근원일 것이다. 그리스도인 해석자들이 생각한 것은 분명 이렇다: (1) 동정녀 탄생, 곧 두 번째 출생(곧 어머니의 씨만으로 만들어짐) 과 관련된 **Shail**, (2) "태에서 끄집어내다"를 뜻하는 **shalal**에서 나온 **sheliloh**의 단축형인 "가장 어린 자식," (3) **shalj**의 단축형으로서 널리 "자식"을 가리키는 말에 접미어를 붙여 만든 "그의 자식."

이 견해에 반대하는 근거는 다음과 같다. 히브리어 성경에서는 자식을 가리키는 말로 이런 말을 쓴 예를 찾을 수 없다. 다만 탈무드와 아람어 문헌에서는 찾을 수 있다. 따라서 설령 이런 명사가 히브리어에 존재한다 해도, 희귀할 뿐 아니라 "자식"을 가리키는 보통명사였을 리가 없다. 접미어가 있는 것이 이 본문의 목적에 부합한다 해도, 위에서 살펴본 이 견해의 첫 번째 형태 및 두 번째 형태에서는 그 접미어가 여성형이어야 한다: "그 여자의 태," "그 여자의 가장 어린 자식." 갈리티노도 사실 이렇게 읽어야 한다고 주장했다. 그러나 이와 같은 맥락에서 이런 명사를 쓴 선례가 없다. **shalil**과 **shajl**은, 설령 이런 말이 있었다 해도, 히브리어에서는 틀림없이 희귀한 말이었다. 그렇다면 굳이 여기서 그런 단어들을 쓸 이유가 있을까? **shalil**은 물론이요 **shajl**도 명쾌한 의미를 제시하지 않는다. 아들을 가리키는 말로 **태**라는 말을 쓰는 것은 적절치 않다. 이 말이 메시아가 동정녀에게서 나심을 가리킬 수도 있으나, 이런 개념을 표현하기에는 적절한 방법 같지 않다. 델리취는 이 말이 아

---

14) Pietro Galatino, *De arcanis catholicae veritatis*, 4.4(1603), 197.

주 불쾌하다고 말한다.15) 태가 동정녀에게서 태어남이라는 개념을 갖고 있을 수도 있으나, 그 말이 그런 개념을 일러주지는 않는다. 그렇다면, 그를 유다의 "태"라 부를 수도 없었을 것이다. 이런 이유 때문에 갈라티노는 우리가 "그 여자의 태"로 읽어야 한다고 주장했다. 그러나 그렇게 읽더라도 "그 여자의"에 해당하는 선례가 없을 뿐 아니라, 이 말과 유다의 연관성이 사라져버린다. 아버지 없이 태어났다는 개념이 위에서 본 첫 번째 형태의 견해를 유일하게 설명해준다 할 것이다. 하지만 이 계시 단계에는 그런 개념을 기대할 수가 없다. 이 형태(곧 "태")가 아버지 없이 태어남이라는 개념을 표현하는 말일 수도 있으나, 그런 개념을 당연히 발견할 수는 없을 것이다.

기제브레히트(Friedrich Wilhelm von Giesebrecht, 1814-1889. 독일의 역사가다―역주)는 이 본문의 **shlh**를 "그의 통치자"를 뜻하는 **msheloh**("다스리다"를 뜻하는 **mashal**에서 나온 말―미 5:2, 렘 30:21, 슥 9:10을 참고하라)로 고치자고 제안한다. 메시아를 종종 이런 말로 묘사하기도 하기 때문에 이 제안은 매력이 있다. 이렇게 본문을 고치는 것이 큰 정당성을 갖는 이유는 그렇게 고치면 본문이 명쾌해지고 부드러워지기 때문이다. **sheloh** 앞의 **멤**(mem)은 고대 히브리어에서 **mem**과 **shin**이 비슷했다는 것으로 설명할 수 있겠다. 이 말을 여기에 적용할 수 있는 이유는 메시아를 종종 **moshel**이라 부르기 때문이다(참고. 슥 9:10). 이렇게 고치면 뜻이 잘 통한다는 점은 인정해야 한다. 분명 애초에 아주 명확했던

---

15) Delitzsch, *New Commentary on Genesis*, 379.

본문을 이렇게 어려운 본문으로 망가뜨리지는 않았을 것이다. 결국 이 견해에 따르면 본문의 명확성이 그 본문을 영원히 망가뜨리지 못하게 막는 방벽이 되었을 것이다.

아주 다양한 많은 해석 가운데 내가 고른 해석은 이것이다. 나는 실로라는 단어에서 모음을 떼어버린 뒤, **sh-l-oh**라는 세 글자로 분해한다. 그러면 관계사 **asher**의 축약형인 **sh-**를 얻는다. 이어 나는 그 다음 글자인 **-l-**를 전치사 **lamedh**(라메드)로 여긴다. 마지막으로 이 단어의 끝 글자인 **-oh**는 3인칭 단수 접미어로서 "그의"라는 소유격 의미를 갖고 있다. 이 모든 것을 통틀어 고려해보면, 이는 "he to whom"으로 번역할 수 있다. 이것이 내 멋대로 하는 설명도 아니요 선입견에서 나온 설명도 아님은 분명 야곱의 축복을 의식하고 이 축복을 되풀이한 것이라고 설명할 수밖에 없는 에스겔서 본문에서 드러난다. 에스겔 21:27은 이렇게 말한다. "내가 그것(유다의 통치)을 그가 오기까지 엎어버리고, 엎어버리고, 엎어버리니, 더 이상 아무 것도 없을 것이요, 그것을 가질 권리를 가진 자(곧 내 처분을 따라 다스릴 칭호를 가진 자)가 오면 내가 그것을 그에게 주리라." 이 수수께끼 같은 글자인 **sh-l-oh**가 여기서 다시 나타난다. 각 경우에 이 관계사가 속하는 주어는 사실 창세기와 에스겔 사이만큼이나 다르다. 그러나 단지 그 형태만 다를 뿐이지, 그 실질 의미는 다르지 않다. 창세기에서는 그것이 유다가 가진 규와 심판자의 지팡이이지만, 에스겔서에서는 "통치"라고 말한다. 여기서 창세기와 에스겔서에 나오는 **sh-l-oh**가 본질상 아무런 차이가 없다는 것이 명백하게 드러난다. 각 경우에 예언은 미래의 인물, 곧 하나님 아래에서 통치할 권리를 하나님께 수여받는 인물의 "옴"과 관련이 있다.

사실 둘의 차이는 이 점, 곧 "…까지"가 엎어버림이 마지막으로 일어나 다스리기에 합당한 자로 임명받은 자가 나타나면, 그 전의 모든 통치자들이 말끔히 청소당하고 역사의 무대에서 사라질 것이라는 의미를 담고 있는 것 같다는 점에서 찾을 수 있을지도 모르겠다. "내가 엎어버리리라"를 세 번이나 되풀이한 것은 그런 의미를 아주 강하게 전달한다. 하지만 창세기의 예언 같은 경우, 그 속에 들어 있는 낱말들이 보통 갖고 있는 연관관계를 고려하면, 그 예언 속의 "…까지"는 뭔가를 끝내는 의미로 이해할 수가 없다. 에스겔서에서는 "엎어버리는" 대상이 사라지지만, 창세기의 예언은 유다도 "…까지"가 작동하면 역시 하나님께 내침을 받으리라는 의미일 수가 없다. 이는 난관을 만들어낸다. 말하자면, 이것이 창세기와 에스겔을 동일시할 수 없게 만드는 한 사례일 수도 있다. 에스겔이 여기서(창세기의 야곱 예언에서—역주) 인용했다면, 방금 말한 양자의 차이는 적어도 에스겔이 창세기 예언에 들어 있는 낱말들을 갖다 쓰면서 그 낱말들의 본래 의도를 그리 충실하게 따르지 않았음을 일러주는 징표가 될 것이다.

그러나 이런 난관은 유다에 관하여 한 말의 "…까지"가 유다에겐 그런 불길한 의미가 아님을 알고 나면 해결된다. 유다에 관한 예언은 유다가 어느 시점에 높은 지위에 오르는 일이 이루어지더라도 그가 결국은 그런 우월한 지위를 잃고 유다를 몰아낼 권리를 받은 이가 유다의 지위를 받게 되리라는 뜻이 아니다. 그 예언은 그런 의미일 리가 없다. 이 예언 전체가 본질상 "축복"이기 때문이요, 높은 지위에서 쫓겨나리라고 예언으로 축복하는 관습은 존재하지 않기 때문이다. 이 예언이 강조하려는 점은 그와 정반대다. 이 예언을 이렇게 바꿔 써보면 여러분이 그 점을 알아차릴 수 있겠다: "유다는 규와 통치자의 막대기를 빼앗기지 않으리니, 그가 그의 역사 속에서 그의 자손 중 하나, 곧 유다에게서 나온 이가 '옴'으로 말미암아(곧 종말에 그가 옴으로 말미암아) 그것들을 잃어버려도 아무 흠이 되지 않는 중대한 시점이 이르기까지 그리할 것이다. 사안의 본질로 보나, 그의 인격으로 보나, 그런 일이 유다의 그 자손과 별개일 수 있다고 생각하는 것은 말이 되지 않는다. 그 자손은 미래에 나타날 종말의 왕으로서, 그의 통치 그리고 그가 소유한 모든 권리와 보수는 사실상 영원하다."

그렇게 이해하면 "…까지"가 끝낸다는 의미가 아니라 정점에 이른다는 의미임을 여러분도 알아차릴 것이다. 유다에 관한 예언은 "그가 다스리되, 다른 누군가가 그의 손에서 통치권을 가져가면서 그를 몰아낼 때까지 다스릴 것이라"는 뜻이 아니라, "그가 아주 오래도록 다스리리니, 마침내 신비한 인물, 곧 유다에게서 나온 자로서 유다의 통치에 영원성을 부여하는 이가 나타날 때까지 다스릴 것이라"는 뜻이다. 이것은 분명 미래에 나타날 다윗 왕조와 그 왕조의 통치를 가리키지만, 여기서 이 왕조를 "영원이라는 관점"에서(sub specie aeternitatis) 고찰하고 있다는 것도 함께 증명해준다. "…까지" 뒤에는 이 말을 할 당시에 존재한 것보다 더 강력하게 유다의 통치가 영속하리라고 보장하는 말이 달리 존재하지 않을 것이기 때문이다. 다윗 왕조 자체도 시간과 역사의 우연에 복종한다. 분명 이 예언이 완전히 효력을 발생하려면, 이 예언을 할 때 사무엘하 7장이 말하는 것과 같이 훗날 다윗과 그의 집이 그 통치권이 영원히 이어지리라는 약속을 받으리라고 기대하거나 예상했으리라는 추정을 할 수밖에 없다. 그러나 이것은 이 예언이 당장 말하려는 취지가 아니다. 이 예언은 유다 지파와 관련이 있기 때문이다.

여기서 선언한 원리는 유다가 가진 지존자의 지위가 그 백성의 역사 속에서 영원히 이어지리라는 것이다. 이를 확실히 해두고자, 메시아를 언급하는 말을, 아니 차라리 **Shelloh**를 언급했다고 해야 할 말을 이 예언 속에 집어넣었다. **Shelloh**를 언급한 것은 순전히 우연이다. 하지만 이 예언이 본질상 메시아를 직접 예언한 것이라면 이는 우리에게 더 큰 가치가 있다. 이것이 메시아를 직접 예언한 경우라면, 여기서 처음으로 종말에 위대한 왕이 나타나리라는 생각을 알고 있음을 계시로 제시했다고 생각해도 되겠다. 실제로 종말에 나타날 위대한 왕을 소개하는 방식 자체가 야곱과 그의 시대 사람들이 이 왕과 그의 영원한 통치를 익히 알고 있었음을 증명해준다. 사람들이 전혀 모르는 것을 다른 생각을 표현하는 데 도움을 주고자 이런 식으로 사용하기는 불가능하다. 분명 **Shelloh**와 영원한 통치는 종말에 나타날 위대한 왕 및 그 왕의 영원한 통치와 같은 말이다. 이에는 놀라운 무언가가 들어 있다. 즉 히니님이 인간의 관점에서 보기에 우연처럼 보이는 것을 사용하셔서 지극히 큰 힘을 가진 근본 원리들을 인간의 지식 속에 별안간 집어넣으실 수 있다는 것이 바로 그것이다. 이것은 종말의 왕이라는 인물을 생판 처음으로(de novo) 소개하는 말이 아니다. 그렇긴 해도 이 한 특징—곧 그가 유다 지파에서 나오리라는 것—만은 새로운 것으로 보인다. 요한계시록은 그를 "유다 지파의 사자"(계 5:5)라 부르는데, 이는 우리가 채택한 주해를 인정하고 확증해주는 증거다.

이 예언 속에 들어 있는 인물 요소는 이만큼만 이야기하도록 하자.

하지만 이 외에도, 여기서 예언하거나 암시하는 것이 결국 영원성을 갖게 될 미래의 마지막 상태가 어떤 내용을 갖고 있으며 어떤 색채(특징)를 띠는가와 관련하여 이 예언이 우리에게 무언가를 더 가르쳐주는가라는 문제가 생긴다. 우리는 이미 **Shelloh**에게 나라들(민족들)이 순종하리라는 것을 보았다. 여기에서는 "나라들"이라는 말을 이스라엘 지파들을 가리키는 말로 사용한다고 이해해도 나라들이 **Shelloh**에게 순종하리라는 점이 꼭 약해지지는 않는다. 그렇게 이해할 경우(즉 "나라들"을 이스라엘 지파들을 가리키는 말로 보면—역주), 이 예언에는 보편성을 띤(온 세계를 아우르는) 계시가 들어 있지 않을 것이다. 그러나 이 예언이 보편성을 띤 예언이 아닐 가능성은 거의 없다. 이 예언이 바로 이 점에서 유다와 그의 **Shelloh**가 다를 것이요(즉 유다와 달리 **Shelloh**는 온 세계가 순종할 것이다—역주), 유다와 **Shelloh**를 생각할 때 유다 자신보다 **Shelloh**를 더 많이 염두에 두고 있음을 암시하는 것 같기 때문이다. 모든 지파 중에서 우월한 지위를 가짐은 엄청난 일이다—그러나 **Shelloh**가 온 세계를 다스림은 그보다 더 어마어마한 일이다.

이 한 특징과 별개로, 여기 이 예언이 종말의 상태가 가질 구조에 관하여 얼마나 많이 일러주는가라는 문제는 11절과 12절이 그 앞에 있는 내용과 어떻게 연관되어 있느냐에 달려 있다. 이 족장(야곱—역주)은 유다의 자손을 유다의 이력을 내다보는 전망의 중요한 항목으로 이야기한 뒤, 이를 넘어 유다가 누릴 복을 더 자세히 일러주는 표현으로 되돌아가는가? 만일 그렇다면, 11절과 12절의 멋진 묘사는 오직 유다 지파에게만 중요한 문제일 것이다. 이 견해에 따르면, 이 묘사는 유다를 그 나귀새끼를 포도나무에 매리라는(곧 그 지파 영역 안에서는 포도나무가 아주 흔하여 결코 동물을 매서는 안 될 귀한 나무 취급을 못 받으리라는) 예언을 듣는 지파로 제시하는 셈이다. 이어지는 말도 같은 취지다: "그가 그 옷을 포도주에 빨며 그 이는 우유로 말미암아 희리로다." 아니면 이 그림 같은 묘사는 유다에게서 나올 자손으로서 종말의 시대를 다스릴 자를 말하는가? 이런 묘사는 너무 육과 관능에 치우쳐 있어서 위대한 왕의 인격이나 통치와 아무런 관련이 없다고 성급하게 단정하여 말하지 말자. 이런 점에서는 구약 성경이 우리보다 혹은 우리가 마땅히 그래야 한다고 여기는 것보다 훨씬 더 실감나는 표현을 보여준다. 심지어 훗날들의 상태를 메시아와 상관없는 개념을 사용하여 제시하는 아모스 선지자마저도, 종말의 왕을 언급한 것을 보면, 여기서 기록해놓은 것과 비슷한 것을 예언한다. 아모스는 이렇게 말한다. "씨 뿌리는 자가 추수하는 자의 뒤를 잇고 포도를 밟는 자가 씨 뿌리는 자의 뒤를 이으며 산들이 달콤한 포도주를 흘리고 모든 언덕이 녹을(곧 포도즙이 흘러내릴) 날들이 이르리라"(암 9:13).

나 자신은 창세기 49:11과 12을 종말 상태의 묘사로 보는 견해를 따른다. 우리는 이 경우에 이 족장이 **Shelloh**라는 인물을 소개함으로써 유다가 한 지파로서 누리는 복을 더 자세히 묘사하기를 피하는 대신, 궁극에 나타날 그 유다의 자손이 베풀 초월적 지복(至福)을 깊이 생각하는 데 몰두하고 있다고 추정해야 한다. 그는 마치 "위대한 유다의 더 위대한 자손"과 같은 이일 것이다. 다만 이것만은 덧붙여두어야겠다: 어떤 이가 확고하게 전천년설을 따르고, 모든 것을 영의 관점으로 해석하길 단호히 거부함과 동시에 금지된 원리를 신봉하는 자가 되는 쪽을 택한다면, 문자에 충실한 해석(문자 그대로 해석함—역주)과 금지의 엄격함이 충돌하게 될 것이다. 이런 사람의 경우에는 이 두 구절을 종말론과 연계하여 이해하지 않고 유다 지파가 가나안에서 살아갈 때의 상태를 실감나게 묘사한 것으로 이해하는 것이 더 나으며, 어쩌면 다른 이들의 경우에도 대개 그렇게 이해하는 것이 더 나을 것이다. 그렇다면 원리와 삶의 양식이 충돌할 리가 없다. 이 견해가 이 예언과 관련이 있다고 보는 시대에는 가나안 사람들이 여기서 거의 하얀 치아를 만들어내는 것이라 언급하는 우유 사용을 금지하지 않은 것과 마찬가지로 포도주 사용도 금지하지 않았다는 것이 확실하기 때문이다.

실로 예언을 다룬 내용을 요약해보자. 이 예언은 구약 성경에서 처음으로 메시아 구원을 말한 것이다. 이 예언이 메시아를 가리키는 의미를 갖고 있음은 상당히 확실하다. 이 예언은 메시아를 원시 역사와 족장들의 역사(가령 셈 족속의 역사, 노아 족속의 역사 따위)가 묘사하는 선택 과정과 연계함으로써, 메시아가 앞서는 영역을 좁힌다. 쿠르츠(Johann Heinrich Kurtz, 1809-1890, 독일의 루터파 신학자—역주)는 모세 시대 이전에 메시아가 등장할 수는 없으므로 여기서 메시아인 인물이 등장함은 적절치 않다고 말한다.[16] 이에 헹스텐베르크는 예언이란 역사에 매일 수 없다는 말로 대답한다.[17] 내려갈수록 점점 범위를 좁히는 과정은 충분한 접촉이 있었음을 보여준다. 유다에서 메시아로 비약하기는 불가

---

16) 참고. John Henry Kurtz, *Manual of Sacred History* (Philadelphia: Nelson S. Quiney, 1881), 72, 96.

17) Hengstenberg, *Christology of the Old Testament*, 1:79.

능했을 것이라고 말하는 것이 아주 이치에 맞다. 족장의 역사는 전기의 성격을 갖고 있기 때문이다. 그 역사는 이후 구약 성경에서 메시아 사상이 등장하는 데 필요한 기초를 제공한다. 특히 시편에 다윗이 계시 받은 말이 설명해주지 않는 요소들이 있음을 주목하라. 주관이 담긴 시에는 그보다 앞서 존재한 객관성 있는 예언이 필요하다. 그런 예언은 메시아 개념의 영원성을 표현하고 그 개념을 종말론 개념으로 만들어준다.

이 본문 속의 **ad ki**는 정점의 의미를 갖고 있어서, 이후에 있을 그 지점을 지향하는 의미를 갖고 있다. 메시아 개념은 보편주의 개념과 결합하여 등장한다. 이 개념과 관련하여 이 본문의 다른 번역들을 제시했었다. 즉 "그에게 그 백성(사람들)의 순종(*ikhaah*)이 있으리라"라는 번역이 있었는가 하면, 히에로니무스(불가타)와 70인역은 각각 이렇게 번역했다. "그에게 그 민족들의 기대(*prosdokia ethoon*는 *tikwaah*와 같다)가 있으리라"와 "그에게 그 백성(사람들)이 모여들리라"(*jikkaawu*, *paajaah*의 니팔형). 이 모든 번역이 이 문맥에 들어맞을 것이다. 이사야 11:12도 마지막 제안(하설)을 지지하는 것 같다. 그러나 제시된 본문을 떠나야 할 이유가 전혀 없다. "백성(사람들)"으로 번역한 말은 "지파들"을 의미할 수 있지만, 지파들은 이 예언 앞에서 충분히 이야기했기 때문에 "백성"이 더 낫다. 그러나 다른 나라들(민족들)도 친근한 동기에서 나온 마음으로 순종하게 될 것이다. 유다의 통치는 힘으로 이루어지겠으나, 지극히 높은 자의 통치는 마음에서 우러나온 순종이 따르는 통치가 될 것이다.

메시아의 역할에 관한 내용은 어떠한가? 동적(動的)인가 아니면 정적(靜的)인가? 나라들이 그에게 순종하리라는 것은 후자를 뒷받침하는 증거를 제공한다. 창세기 49:9이 우리에게 어떤 내용을 제시하는가라는 질문을 해볼 수 있다. 이 구절은 사자를 묘사하며, 그리스도를 유다의 사자라 부른다(계 5:5). 그러나 여기서 추론할 수 있는 것은 오로지 유다가 메시아를 묘사한다는 것이다. 특별히 11-12절을 메시아에게 적용한다면, 이 구절은 둘이 통치권을 얻는 방식을 대조한 것으로 보인다. 메시아가 이런 말들의 주어라면, 이 본문은 에워싸는 메시아의 방식과 전쟁 같은 유다의 통치를 대조한다. 이 본문이 메시아와 관련이 있다고 보는 이유는 유다를 젖과 꿀이 흐르는 땅으로 묘사할 수 없기 때문이다. 아울러 11절과 12절은 다른 메시아 관련 본문들(가령 슥 9:7-9)과 대조를 이루는 점들을 제시하며, 자연의 번영은 늘 메시아와 관련된 묘사다. 일부 사람들은 이것이 실제 자연에서 벌어질 일을 아주 생생하게 묘사한다고 생각한다(참고. 사 63장). 하지만 자연과 관련된 이런 개념은 현대의 산물이 아니라 아주 오래 되었으며, 학자 중에서는 루터 시대까지 올라갈 수 있다.

Chapter 9

시내산 신현

대홍수처럼, 하나님이 시내산에서 나타나신 사건에도 종말론 요소가 들어 있다. 하지만 대홍수에서는 세계가 맞을 위기인 파멸을 나타내는 어두운 개념이 분명히 드러난다. 반면, 여기 시내산 신현에서는 건설적이고 밝은 요소인 구속을 제시한다. 이 점은 시내산 신현을 그 역사 배경 속에서 살펴보면 더 분명하게 드러난다. 시내산 신현의 맥락을 살펴보면, 종말론과 관련된 의미가 분명하게 나타난다. 이 사건이 출애굽 사건의 정점이기 때문이다. 출애굽 사건은 이스라엘을 구속한 일이요, 신약 성경이 말하는, 메시아가 베푸시는 구원의 모형이다. 우리 구원의 조건들이 이곳에서 나온다. 신약 성경의 구속은 본디 종말 쪽으로 끌려가는 특성을 갖고 있다. 우리는 바로 이런 특징을 그 구속의 모형이라 할 이 예언에서 찾아야 한다. 즉 시내산이라는 정점은 세상 끝에 일어날 일의 모형이다.

이 사건 앞에는 애굽 심판에서 정점에 이른 심판이 있다. 재앙들은 마지막에 닥칠 대재난을 준비함과 동시에, 마지막으로 회개하라 좨쳐대는 권면 역할을 한다. 이와 비슷한 도식을 선지서에서도 발견할 수 있다: 아모스 4:6-12은 기근과 역병과 전쟁 따위를 열거한다(아울러 아모스 7:1 이하와 호세아 9:7 이하도 참고하라). 바벨론 종말론은 이같은 개념을 대홍수와 연계한다.

이런 정점을 가져오는 것이 신현(곧 하나님이 오심)이다. 이 정점은 어디에서나 변함없는 신현의 고유한 특성을 그대로 닮았다. 이 시내산 신현 자체가 세상의 종말을 상징하지는 않을 것이다. 그러나 이 신현은 범상치 않은 특성을 갖고 있다. 우리는 여기서 천둥, 빽빽한 구름, 나팔소리, 불이 붙은 산과 같은 것들을 본다. 이 중 몇 가지는 사람들에게 여호와의 엄위 또는 여호와가 주신 율법의 장엄함을 깊이 새겨주려는 것이다(참고. 출 20:20). 그런가하면, 이것은 하나님의 사법 행위인 율법 제정에 속한다. 하나님의 죄 심판이 무시무시하리라는 것을 표현하기 때문이다. 화산 폭발이라는 현상은 이 본문 기사에서 유일무이하게 나타난다. 이 폭발이 자연 현상이었다 해도, 하나님의 심판이 무시무시하리라는 것을 표현하려는 목적에 훌륭히 이바지한다. 화산 폭발은 가장 무시무시한 자연 현상이기 때문이다. 이 비범한 신현은 마지막에 있을 신현의 배경을 영원히 제공했다.

이 신현은 이스라엘 백성을 여호와께 인도하는 데 이바지한다(참고. 출 19:4). 여기에 종말론과 관련된 어떤 의미가 들어 있다면, 그것은 마지막에 하나님이 나타나실 일뿐 아니라 그에 따라 나타날 위기를 뜻한다.

이제 이 신현은 영원히 존재하는 사실이 된다. 이후 여호와는 당신 백성들과 함께 거하신다.

구약 성경은 이 사건과 종말론을 연계한다. 선지자들은 미래에 일어날 경이로운 일들을 이야기할 때, 이 신현과 그들 자신의 시대를 연계하지는 않지만, 늘 모세 시대에서 유사한 점을 찾는다(참고. 렘 23:7-8, 사 63:11-12, 학 2:6-7, 말 4:1).

신약 성경이 언급하는 말들을 보면, 우리가 요한계시록에서 읽는 부활의 나팔은 시내산의 나팔이다. 히브리서 12:18-29은 다음 세 가지 점에서 시내산 사건 및 마지막에 있을 사건과 비슷하다: (1) 두 산, 물질에 속한 것과 영에 속한 것(즉 시내산과 하늘의 예루살렘), (2) 학개의 예언을 인용하는데, 이 예언에서는 하나님이 땅을 떨게 하시리라고 우리에게 말씀하신다("내가 한 번 더 땅뿐 아니라 하늘도 떨게 하리라"), (3) 맺음말에서 하나님이 소멸하시는 불이라고 말한다.

Chapter 10

발람 예언

종말에 나타날 사람을 언급한 종말론 예언으로서 그 다음에 등장한 것이 민수기 24:17에서 발견할 수 있는 예언이다. 여기서 선견자 발람은 이렇게 외친다: "내가 그를 보니 이때가 아니요, 내가 그를 바라보니 가까운 일이 아니로다. 야곱에게서 한 별이 나오며, 한 규가 이스라엘에게서 일어나 모압을 이쪽에서 저쪽까지 모두 쳐서 무찌르고 셋의 자녀들을 다 멸하리로다." 이 표현으로 보아 발람이 먼 미래를 들여다보고 있음이 분명하게 드러난다―"이때가 아니요 가까운 일이 아니로다." 이런 점을 보면, 이 예언은 발람의 역사 속 위치와 들어맞는다. 그는 모세 시대에 몸담은 채 "별"과 "규"라 불리는 그 사람이 이를 때에서 충분히 멀리 떨어진 곳에 서 있기 때문이다. 여기서 언급한 그 사람이 종말에 나타날 왕이 아니라 다윗 자신이나 다윗 왕조라 할지라도, 역시 발람은 그에게서 충분히 멀리 떨어져 있다. 따라서 우리는 엄밀히 말해 종말론 예언을 듣는다고 확신하지는 못한다. 이 예언은 예언으로 다윗 왕국을 공표한 것에 불과하며 더 나아가 메시아를 암시하는 의미까지 갖고 있지는 않다.

현대 학파의 비평가들은 거의 모든 이들이 중요한 종말론 **예언**(vaticinium)이라 여겼던 것이 남긴 온건한 찌꺼기에도 만족하지 않는다. 그들은 분명 이것을 **예언**으로, 곧 새 시대를 연 다윗의 이스라엘 통치 제도에 관한 고대의 예언으로 여겨야 한다고 생각한다. 하지만 사실 이렇게 보면, 이 예언은 **사후(事後) 예언**(vaticinium ex eventu)이라 불리는 예언으로서, 다윗이 왕위에 오른 뒤에 나온 것이 된다. 이것은 물론 속임수가 담긴 요소를 이 예언에 들여오는 것이다. 이 예언이 나온 시기를 먼 과거로 끌어올리기 때문이다. 이런 추정을 따르면, 이 예언은 역사 속에서 다윗 집안이 영화(榮華)를 누리게 된 시대와 같은 시대에 나온 것을 과거 모세 시대로 투사한 경우가 된다. 환상을 통해 가장 견실하고 가장 진실한 영감을 받은 것처럼 꾸민 거짓 예언 형태에 해당하는 셈이다(여기에서는 전문가들이 환상을 보는 데 필요한 도구가 모두 등장하기 때문이다: 바깥을 바라보는 눈을 감음, 내면을 들여다보는 눈을 엶, 선견자가 황홀한 상태에 빠짐). 이런 예언은 말 그대로 완전 사기일 것이다: 사람들이 거짓임을 잘 아는 것에 진실이라는 옷을 입혀 꾸며낸 경우이기 때문이다.

실제로 여기서 다윗이라는 이에게 먼 과거의 예언이라는 후광을 덧씌워 그를 더 영광스러운 존재로 만들고자 이런 식으로 예언이나 예견을 꾸며내어 다윗에게 영광을 돌리고 있다면, 이 발람 예언의 기원은 상당히 좁은 범주로 국한시켜야 할 것이다. 실제로 다윗이라는 인물이 역사 무대에 등장하기까지 다윗 왕가나 다윗이라는 인물이 이렇게 영화를 누리리라고 생각한 이는 아무도 없었을 것이다—사실 엄밀히 말하면, 다윗의 치세가 새 시대를 여는 사건의 반열에 오르기 전까지만 해도 그런 생각을 한 이는 아무도 없었다. 그런 생각은 다윗이 왕위에 오른 후 일정 시간이 지나서야 나타났다. 반면, 역시 솔로몬의 치세가 끝난 뒤에도 다윗 집안의 통치를 이렇게 찬란한 색깔로 묘사하기는 불가능했을 것이다. 솔로몬의 치세가 끝나자마자, 열 지파가 떨어져나가면서 다윗 왕조의 영광은 아주 처참하게 몰락하여 지금 이 예언에서 묘사하는 것과 같은 휘황한 말로 다윗 집안의 탁월함을 깊이 생각하며 묘사하는 경우는 더 이상 나타날 수 없었겠기 때문이다. 따라서 이 발람 예언을 사후 예언으로 보는 견해를 지지하는 이들은 이 사이비 예언이 나온 연대를 다윗 치세기 후기나 솔로몬 치세기 전기로 볼 수밖에 없다. 솔로몬이 등극한 지 얼마 안 되었을 때부터 먹구름이 몰려들기 시작하고 멀리서 천둥소리가 들려왔기 때문이다. 솔로몬의 치세가 끝나고 그가 죽은 직후, 다윗 왕국이 몰락하면서 그 영광은 땅으로 곤두박질쳤다. 아무리 야심이 넘치는 예언자라도 장엄한 모세 시대 예언을 꾸며내어 다윗 왕국을 포장해주는 일을 가치 있다 여기지 않을 만큼, 이제 그 영광은 그야말로 무의미한 것이 되었다.

하지만 이렇게 좁은 한계 안에서도 이런 일이 실제로 이루어졌을 수 있다. 이런 일이 있었다면, 이는 우리가 실제로 거짓 예언이 만들어진 때를 그 예언이 말하는 일이 일어난 무렵으로 볼 수 있는 사례를 제공해준다 할 것이다. 그러나 이럴 필요가 전혀 없다. 여기서 다윗과 솔로몬을 모두 고려 대상에서 제외하고, 이 예언을 진정한 종말의 왕이 유성처럼 나타날 것을 확실한 예언으로 묘사한 것이라고 믿어도, 아무 문제가 없다. 그 왕은 발람이 환상으로 보는 영역 속으로 별처럼 떨어진다. 여기서 거명한 그의 공적 중 하나가 모압을 쳐부숨이라는 것은 다윗이 이 예언의 성취자가 아님을 증명한다. 훗날 주요 선지자들의 시대는 물론이요 그보다 오랜 시간이 흐른 뒤에도, 이런 모압 정복은 누가 봐도 메시아 예언임이 확실한 예언의 변함없는 특징으로 등장하기 때문이다. 후기 유대교가 이 예언과 관련 있는 이로 다윗이라는 인물이나 다윗 왕조를 생각하지 않고 어떤 인물이라 여겼던 메시아를 생각했다는 것은 유대인들이 하드리아누스 시대에 거짓으로 메시아라 행세한 자를 이 발람 예언을 근거로 삼아 바르 코흐바(Bar Kokhba)라 불렀던 사실에서 알 수 있다. 나중에 그가 거짓으로 메시아 행세를 한 자임이 분명히 밝혀지자, 유대인들은 이 칭호에서 한 글자를 다른 글자로 살짝 바꿔 "바르 코지바"(Bar-Kozibah), 곧 "거짓말하는 아들"로 바꾸었다. 마지막으로 여기서 메시아를 직접 가리키는 것이라 이야기하는 별과 베들레헴의 별의 상호연관성을 추적할 근거가 없음을 언급해둘 수 있겠다. 베들레헴의 별은 메시아인 인물을 상징한다기보다, 단지 그를 발견할 수 있는 곳을 일러주는 초자연 현상일 뿐이기 때문이다.

이 발람 예언이 이처럼 다윗이라는 인물 및 다윗 왕조와 별개이긴 하지만, 그렇다고 이 예언의 표현이 야곱이 유다에게 한 축복이 다다랐던 그 지점까지 나아간 것은 물론 아니다. 심지어 여기 발람 예언에서는 그 종착점을 향해 앞으로 나아가는 예언의 진행이 잠시 멈추었다고도 말할 수 있겠다. 야곱의 축복은 적어도 메시아인 인물과 유다 지파를 연계했기 때문이다. 그러나 발람 예언에는 그런 취지가 전혀 들어 있지 않다. 발람은 유다가 아니라 야곱과 이스라엘을 규와 별이 나타날 집단으로 이야기한다. 이것은 그의 예언이 다윗 시대의 영광을 염두에 두고 만들어진 것이 아님을 일러주는 또 다른 증거다. 다윗 시대의 영광을 염두에 두고 지은 예언이라면, 그가 어떻게 유다를 언급하지 않을 수 있었는지 알기가 힘들기 때문이다.

민수기 23-24장은 일곱 개의 말을 보존해놓았다. 다른 것보다 더 긴 네 개의 말은 이스라엘 왕조와 관련이 있지만, 다른 것보다 더 짧은 세 개의 말은 다른 나라의 운명을 다룬다. 이 예언들이 표명하는 근본 사상은 이스라엘의 독특함이다. 이는 긴 예언 중 첫 번째 예언이 제시한다: "보라, 이는 홀로 사는 백성이라"(민 23:9). 이는 지리상 고립이 아니라, 바람직한 독특함을 나타낸다. 그것은 여호와와 맺은 관계에서 생겨나는 신앙(종교)의 독특함이다(참고. 민 23:8, 21-23). 이 예언의 두 번째 부분(곧 "그를 여러 민족 중의 하나로 여기지 않으리로다")은 이스라엘의 독특함이 정치나 민족의 독특함이 아니라, 신앙의 독특함임을 보여준다. 그런 점에서 이 예언은 종말론 색깔을 갖고 있다. 이 개념은 하나님이 야곱에게 행하시는 모든 선한 행위의 주체라는 사실이 더 깊이 실증해준다. 이 개념 역시 **외부(이스라엘 밖 사람—역주)에게서**(ab extra) 인정받는데, 이런 점은 이 개념의 중요성을 높여주고, 이 개념이 세계 차원에서 중요한 의미를 갖고 있음을 일러준다. 발람은 이방인이다. 그도 이런 점을 인정하며 온다. 이 예언은 하나님의 영감에서 나왔다. 일부 사람들은 여기 이 영감도 기계적 영감으로 본다. 여기에는 환상의 객관성이 존재한다. 이 환상을 어떤 외인(外人)이 보았기 때문이다. 이 점은 아주 중요한 의미가 있다. 이 점이 더욱 중요한 이유는 발람이 사실은 이스라엘을 대적하는 자요 오히려 이스라엘을 저주하고 싶어 했던 자이기 때문이다.

이 독특함에는 두 가지 요소가 있다: (a) 정적 요소, 곧 최고 상태인 복된 상태, 그리고 (b) 동적 요소, 곧 이스라엘이 위대하고 유일무이한 일들을 행하리라는 역사의 운명. 정적 요소 혹은 상태라는 요소는 이스라엘의 번영을 이중 관점에서 예언한다: (1) 이스라엘(백성)이 아주 많아질 것이다(참고. 민 23:10—"야곱의 티끌을, 혹은 야곱의 사분의 일을 누가 셀 수 있겠느냐"). (2) 이스라엘이 기름진 땅을 소유할 것이다(참고. 민 24:5-6—"그들이 골짜기처럼 퍼지고 강가의 동산 등등과 같도다."). 이것들과 하나님이 아브라함에게 수많은 자손 및 미래의 가나안을 약속하셨던 일이 붙어 있음을 주목하라. 동적 요소 혹은 행위라는 요소는 이것이다: 이스라엘이 다른 백성들을 축복할 것이다(참고. 민 23:11—"네가 그들을 모두 축복했도다," 민 24:7—"그 씨가 많은 물가에 있으리로다," 민 24:17—야곱의 지배를 제시함, 민 24:9—"그를 축복하는 자마다 복을 받으리라."). 이것은 우리에게 아브라함이 받은 약속의 세 번째 요소를 되새겨준다. 하지만 아브라함이 받은 약속은 좋은 쪽으로 표현했다면, 이 예언은 좋지 않은 내용이 더 많다. 그럼에도 이 예언은 이스라엘이 세계를 좌지우지하는 요인이 되리라는 생각을 암시한다. 그런 점에서 이 가운데 몇 가지 말두 역시 확실히 좋은 성격을 갖고 있다.

여기서 고려할 점은 발람의 객관적 위치와 주관적 상태를 구분해놓은 점이다. 첫째, 이 예언은 하나님 백성의 미래를 다룬다. 둘째, 발람은 이스라엘 사람이 아니다. 그는 이상한 동기들을 드러낸다. 그는 하나님과 어떤 관계에 있었다. 여호와가 그를 사용하실 뿐 아니라, 그도 여호와께 쓰임 받을 준비를 한 채 서 있었기 때문이다("나는 내 하나님 여호와의 말씀을 넘어가지 못한다."—민 22:18). 이것은 결코 어떤 마법에 따른 관계가 아닌, 그와 여호와의 관계를 성실히 고백한 말이다. 그의 주관적 관계를 보면, 사정이 다르다. 하나님이 발람을 다루시는 방식 그리고 발람의 뻔뻔하고 오만한 자기소개는 그의 영혼이 아주 높은 차원에 있지 않음을 보여준다. 다윗도 사무엘하 23:1에서 그 자신을 같은 방식으로 소개하지만, 그래도 그의 영혼은 완전히 다르다. 그렇지만 발람은 하나님의 초자연적 계시의 범주 안에 있었다. 어쩌면 그는 원래 메소포타미아에서 유래한 요소의 잔재일지도 모른다. 주관적 관점에서 보면 서로 다른 사람들이지만, 그래도 발람은 멜기세덱과 닮았다(특히 ***El Eljon***—지극히 높으신 하나님—과 ***El Shaddai***—전능하신 하나님—라는 이름들을 주목하라—민 24:16).

발람의 예언과 보편주의(온 세계를 아우르는 성격—역주) 및 종말론적 운명의 관련성은 이 점에 있다. 멜기세덱처럼 발람도 인류의 미래가 이스라엘과 연관이 있다는 사실을 지적한다. 이제 우리는 이와 관련하여 모압의 적대성을(즉 모압이 이스라엘의 적임을—역주) 지나치게 강조하지 말아야 한다. 발람이 외부인으로서 가진 관점은 이 예언의 외형을 결정하는, 곧 예언을 정치 과정의 관점에서 하게 만드는 원인이 된다. 더군다나 발람 자신이 처해 있는 정치 상황도 이런 예언이 나오게 한 또 다른 원인이 되었다. 따라서 여기에는 이중의 관심사가 존재한다. 즉 하나는 정적 관심사요, 다른 하나는 이스라엘이 세계 속에서 가지는 중재자 위치를 일러주는 일이다. 이런 외형을 가진 표현은 선지서(선지자들의 글) 가운데에서도 발견할 수 있다.

일부 사람들은 이 본문의 종말론과 "야곱의 별"이라는 말을 함께 묶었는데, 이 "야곱의 별"을 건드리자 종말론이 사라져버렸다. 그 별은 다 윗이었다. 그는 에돔 족속과 모압 족속을 이김으로써 이 예언을 이루었 다. 랍비론자들은 이것이 예언 형태를 지닌 역사라고, 곧 다윗이 승리한 뒤에 본문에 끼워 넣은 말이라고 말한다. 그러나 우리가 보기에 이런 견 해가 나온 것은 이 글귀를 이 예언의 성격을 결정하는 요인으로 보기 때문이다. 하지만 종말론은 이 본문 전체의 취지에서 끌어낼 수 있다. 이 본문이 종말론과 관련이 있다고 믿으면서도 이 별은 다윗을 가리킨 다고 해석하는 주석가들이 있다. 종말론 관점에 따른 생각과 메시아 관 점에 따른 생각은 동일하지 않다. 종말론의 시각에서 보면, 한 인간(다 윗)이 이 예언의 일부 성취로서 나타날 수도 있다. 만일 이 별이 다윗을 가리킨다면, 우리는 이 인물을 종말론 배경에 비춰 바라보는 셈이다.

이런 독특함이 종말론의 절정으로 이어진다. 이런 독특함은 민수기 24:14에서만 찾아서는 안 된다. 종말론과 관련된 의미를 지닌 증거는 다 음과 같다. 첫째, 민수기 24:14—"이 백성이 훗날 당신 백성에게 무엇 을 행할지 내가 당신에게 알려드리리다." 훗날의 **후(後)**라는 단어는 민 수기 23:10과 24:20에서 나타난다. 이는 단지 한 이스라엘 사람을 가리 킬 수도 있지만, 그렇게 보면 이 용어는 종말론에서 빌려온 말처럼 보인 다. 발람은 그 의로운 이스라엘 사람의 죽음을 부러운 일로 묘사한다. *acherith*에 관한 여러 견해를 살펴보자. (a) 이것은 어느 한 이스라엘 사람의 끝을 가리킨다. 그는 하나님이 그에게 베푸신 복들을 되돌아봄 으로써 평화롭고 만족스러운 끝을 맞이할 것이다. 그러나 이 견해는 어 색하다. 이 문맥이 죽어가는 사람을 시사하지 않기 때문이다. 설령 이 문맥이 그런 문맥일지라도, 그가 기뻐하는 원인은 그의 수많은 자식일 것이다(문맥을 참고하라). 하지만 이것은 참된 주해가 아니다. 죽음의 주체가 의로운 자인데, 바로 그것이 그가 행복한 죽음을 맞이하는 이유이기 때문이다. 이스라엘의 의로움은 독특하며, 이 의로움은 미래 속으로 투사된다. (b) "훗날"은 미래를 향한 기대가 담긴(proleptic) 소망을 제시한다. 이와 유사한 개개 사례들이 있다. "죽음 뒤에"는 "죽음 직후"를 뜻하지 않고, 다만 이스라엘이 죽음 뒤에 있는 무언가를 소망한다는 뜻일 뿐이다. (c) 첫 부분을 이스라엘 전체를 가리키는 말로 받아들이면서 이 말은 개인을 가리키는 말로 보는 것은 이상하다. 그렇다면 "나로 이스라엘의 죽음을 죽게 하라"는 나라(민족)를 가리키는 말로 받아들여야 한다(민 23:10을 보라—역주). (*의인*은 때로 이스라엘을 가리키는 고유명사다; 시편을 참고하라). 결국 우리는 "나로 의인의 죽음을 죽게 하라"라는 본문을 얻는다. 그러나 이렇게 이해하면 여러분이 한 민족이 죽는다는 개념을 얻게 되는 것이 난점이다.

다음에 나오는 것이 절대성을 지닌 약속들을 통해 이스라엘의 미래를 꿈같은 미래로 표현한 것이다(참고. 민 23:21, 23). 21절에 따르면, 하나님은 "야곱의 ***aven***(불법, iniquity)을 보지 아니하시며, 이스라엘의 ***amal***(반역)을 보지 아니하신다." 영역 성경인 RV(Revised Version) 방주(傍註)에서는 "반역"(perverseness) 대신 "고통"(trouble)을 제시한다. 그러나 그렇게 보면, 하나는 도덕과 관련을 갖게 되고, 다른 하나는 법과 관련을 갖게 된다. 따라서 RV 방주에 있는 "고통"을 취하고 "불법"을 "재앙"(calamity)으로 바꾸어 ("불법과 반역" 대신) "아무런 재앙과 아무런 고통도 보지 아니하신다"로 번역해야 한다. ***aven***이라는 말이 "재앙"을 뜻할 수도 있기 때문이다. 이것이 종말 상태의 독특한 특징이라 할 모든 악과 고통의 사라짐을 일러주는 이 글귀가 구사한 평행법에도 들어맞는다[참고. 70인역은 *mochthos*와 *ponos*(곧 "재앙"과 "고통")으로 번역했는데, 둘 다 정치 영역에 속하는 말이다]. *aven*은 본디 도덕의 혼란을 뜻하고 *amal*은 물리적 혼란을 뜻하는 말이었던 것 같으나, 둘 다 어떤 변화를 겪었다. 그렇지만 이 두 단어는 도덕과 관련이 있거나 아니면 둘 다 정치와 관련이 있기 때문에, 이스라엘의 이상 상태를 묘사하는 말임이 틀림없다.

"분명 야곱을 홀리는 것(점술)이 없고 이스라엘에는 어떤 복술도 없도다. 적절한 때가 되면 하나님이 행하신 일이 이스라엘에 들리리라"—민 23:23. 방주는 이렇게 제시한다. "… 야곱을 해칠 … 이스라엘을 해칠 … 적절한 때가 되면 하나님이 행하신 일이 이스라엘에 들리리라." 이런 식으로 번역하면, 이 본문의 평행법이 무너져버린다. 만일 이 본문이 말하려는 의미가 이스라엘에는 홀리는 것이 하나도 없다는 것이라면, RV 번역의 전반부와 그 방주가 제시하는 번역의 후반부를 결합하면 뜻이 잘 통할 것이다. 이런 것들은 이스라엘을 해치는 무익한 것이라는 생각이 이 본문에서 말하려는 것이라면, RV 번역의 후반부와 그 방주가 제시하는 번역의 전반부를 결합하면 될 것이다. 그렇다면 결국 이 본문은 "야곱을 홀리는 것이 없고 … 하나님이 행하신 일이 이스라엘에 들리리라"나 "야곱을 해칠 홀리는 것 없고 … 이제 하나님이 행하신 일이 이스라엘에 들리리라"가 된다. 전자를 더 선호할 수밖에 없다. 전자에서는 종말론과 직접 관련이 있는 것을 표현하기 때문이다. 사람들을 홀리는 모든 관습이 쫓겨나고, 하나님이 언제나 확고하게 정보를 제공해주실 것이다. 결국 이 본문은 종말의 상태에 나타나는 특징인, 하나님을 완전히 아는 지식을 묘사한다.

작은 네 예언으로 이루어진 마지막 그룹은 세계의 세력 판도가 전개될 양상을 제시한다. 첫째, 아말렉의 파멸을 예언하지만, 아말렉을 파멸케 할 방편은 밝히지 않는다. 둘째, 이어 겐 족속의 운명을 이야기한다. 그들은 앗수르에게 멸망할 것이다. 셋째, 앗수르와 에벨이 깃딤(구브로, 곧 키프로스) 쪽에서 배를 타고 오는 서방 세력에게 멸망할 것이다. 마지막으로, 서방에서 온 이 세력도 멸망할 것이다. 이 예언의 범위는 "앗수르와 에벨"을 어떻게 이해하느냐에 달려 있다. 이 둘이 알렉산드로스 대왕 시대 이전에 존재했던 앗수르-바벨론(또는 페르시아)을 구성하는 두 부분을 가리킨다면, 서방에서 오는 침공은 알렉산드로스가 이끄는 그리스의 침공이며, 이 환상은 그리스 침공보다 더 뒷일에는 미치지 않는다. 이 두 부분이 알렉산드로스가 죽고 난 뒤에 셀레우코스 제국이 나뉜 것과 관련이 있다면, 서방에서 온 세력은 로마요, 이 환상은 로마까지 미친다. (에벨은 유프라테스강 너머에 자리한 로마제국의 일부를 뜻한다.) 겐 족속을 파멸시키는 자가 앗수르(앗시리아 또는 시리아)다. 그렇다면 앗수르와 에벨(앗시리아와 페르시아)을 파멸시키는 자는 어쩌면 알렉산드로스나 로마일지도 모른다. 각 경우가 모두 이렇게 먼 일을 내다보고 있으니만큼, 이런 시각은 종말론과 관련이 있는 것으로 분류할 만하다. 이 시각은 멀리 미래에 이르러 그때 일어날 역사 사실들을 다룬다. 때문에 비평학자들은 이것을 오래된 발람 예언에서 제거해버린다. 하지만 그런 그들도 발람 예언이 오래되었음은 인정한다. 구약 예언에는 이와 비슷한 것이 없으며, 오직 다니엘서에만 이와 비슷한 것이 있다. 그러나 다니엘서의 예언은 이 예언보다 더 완벽한데, 다니엘서에서는 마지막 자리에 하나님 나라를 놓아두었기 때문이다(참고. 단 11:36). 다니엘서는 한 나라가 일어섰다 쇠락하면 또 한 나라가 그리하는 모습을 제시하지만, 하나님 나라는 언제나 존속할 것이다. 이것도 발람의 생각 뒤편에 자리해 있지만, 발람은 이를 표현하지는 않는다.

다음으로 민수기 24:17에 들어 있는 메시아인 인물이라는 요소를 해석해보자. 첫째, 이 인물이 다윗을 가리킨다고 보는 견해가 있다. 즉 합리론을 내세우는 비평가들은 이 요소가 다윗과 다윗 왕조를 가리킨다고 본다. 다시 말해, 이것은 사후 예언으로서, 다윗의 치세를 더 영화롭게 만들려고 말한 예언이다. 특별히 모압과 에돔을 언급한 것도 그 때문이다. 실제로 이 비평가들은 이 예언을 다윗의 치세가 끝나고 오랜 세월이 흐른 후대에 나온 것으로 본다. 그러나 이렇게 보면, 이 예언을 다윗을 지나 그 뒤의 어느 시점에 나온 예언으로 볼 수밖에 없다. 그 시점이라면(이 비평가들의 견해 자체에 따를 경우), 다윗이라는 인물보다 더 위대한 인물(곧 메시아)이 이미 나타나 존재할 때이며, 그렇다면 이 말은 그 더 위대한 인물을 가리킬 가능성이 더 높다 할 것이다. 다윗을 높이는 선지자들도 다윗의 치세라는 개념을 메시아의 통치라는 개념과 같게 여기지는 않을 것이다. 우리는 이 예언에 나오는 별과 규가 다윗 왕조에 속한다고 말할 수 없다. 이것들은 어떤 왕가 전체를 가리키지 않고 어떤 개인을—다윗이나 메시아를—가리키기 때문이다. 바르 코흐바(그리스도 뒤에 나타난 인물)는 자신을 별의 아들이라 불렀으며 자신이 메시아라고 행세했다. 결국 이 말은 메시아를 가리키는 말이다. 선지자들은 늘 메시아 시대에 온 나라가 정복당할 것이라고 기대했기 때문이다(참고. 사 16:13, 25:9-10, 34:5, 렘 48:24, 겔 25:12, 35:1-2, 습 2:8, 옵 1, 시 137:7). 예레미야 48:45도 이 예언에 비추어 모압을 파멸시킬 일을 이야기한다. 이는 발람이 모압을 이 끝에서 저 끝까지 모조리 쳐버릴 야곱의 별을 말한 것을 유추한 것이다.

이 인물이 메시아를 가리킨다고 보는 견해를 지지하는 고찰 결과는 다음과 같다: (a) 여호와가 왕이심을 강조한 것과 이스라엘이 애굽에서 탈출한 일을 연관 지어 놓았다. (b) 왕이신 메시아야말로 여호와가 왕이심을 강조한 것과 유일하게 들어맞는다. (c) 대명사를 사용한 종말론적 표현 형태는 메시아를 가리킨다(참고. "내가 그를 보니 이때가 아니요."). (d) "별"은 제국의 위대함과 영광을 상징한다. 아랍어에서는 이런 표현을 사용한다(신약 성경과 구약 성경에서는 이런 표현을 사용하지 않았다). 바르 코흐바는 이를 근거로 삼았다. 이사야 14:12은 아이러니하다. 이 때문에 교황 그레고리오 1세(540-604. 590년부터 604년까지 교황으로 있었다—역주)는 사탄에게 **루시퍼**, 곧 샛별이라는 이름을 붙였다.[1] "나오다"라는 말도 특이하다. 이는 어떤 지정된 시점에 나옴을 뜻한다. 베들레헴의 별과 연관이 있다고 추정하는 견해가 있으나, 그것이 이 별이 왕을 상징한다는 것을 증명해주지는 않는다. (e) 후대 저자라면 다윗의 옴(나타남)을 이런 식으로 서술하지는 않을 것이다. 만일 이 예언이 나온 시기가 모세 때라면, 이를 다윗에게 적용할 수 있다. 이 인물이 메시아를 가리킨다면, 모세 때 나왔을 가능성이 더 높다(참고. 선지자가 얼마나 애써 그를 보려고 했는지 생각해보라).

---

1) 참고. Gregory the Great, "Praefatio," 6.13, Moralium libri, sive expositio in librum Job(PL 75:524).

절충설은 이 인물이 그리스도의 모형인 다윗을 가리킨다고 본다. 계시 과정에 이런 모형들을 예언으로 일러준 경우가 없으므로 우리는 이 절충설에 반대한다. 야곱, 유다, 다윗으로 범위가 좁혀짐은 그들이 역사 무대에 등장할 때까지 알려지지 않았다. 결국 이 예언은 오로지 메시아를 가리키는 예언이라는 것이 우리 결론이다.

이 예언과 실로 예언의 차이점은 다음과 같다: (a) 이 예언은 메시아와 야곱 및 이스라엘을 연계하며, 메시아와 유다를 연계하지 않는다. (b) 나라들이 굴복할 일을 더 자세히 서술함과 동시에 더 제한된 방식으로 서술한다["나라들"(모든 백성, 창 49:10)과 여기의 모압 및 에돔을 비교해 보라]. (c) 창세기 49장은 "자기 의사로 복종함"(*yikehat*, 히브리어 본문)을 말하나, 여기에서는 무력 정복을 통해 강제로 "순종"하게 함을 이야기한다. (d) 실로 예언은 정점이다. 그러나 이 예언은 프로그램이다. 즉 역사를 순서대로 차근차근 펼쳐놓는다. 이런 차이가 생긴 이유는 이 예언이 이스라엘 바깥(이스라엘 사람이 아닌 사람)에서 나왔기 때문이다. 발람은 이스라엘 백성을 한 단위로 보며, 이'ᄂ 지파를 우대하고 어'ᄂ 지파를 더 낮춰 대하는 태도를 보이지 않는다. 복종을 표현하는 형태는 명확하다. 모압은 쇠락하게 될 것이다. 여기에서는 그 문제를 전쟁 용어로 묘사한다. 발람은 외부인이기 때문에 세계의 세력 판도가 단계별로 진전해가는 양상을 더 잘 관찰할 수 있다.

Chapter 11

모세의 신정(神政)

여기에서는 현실로 더 깊이 파고들어온 종말론 계시를 다룬다. 이제까지 종말론은 사건 및 예언과 결합했으나, 이제는 가나안에서 이루어진 신정 속에 자리하게 된다. 종말론 계시의 발전을 결정하는 요인은 기존 상태다. 종말론 계시는 이전 계시에서 직접 생겨나지 않고, 이전 계시가 종교(신앙) 안에서 열매를 맺었다는 사실에서 생겨난다.

신정 구조에 영향을 미치는 종말론 사상은 모형과 그 원형(antitype)의 상호작용에 의존하게 된다. 미래 상태는 이스라엘의 실제 체제인 신정에 그 고유한 인(印)을 찍는다. 신정 구조는 그 고유한 성격을 미래 모습 속에 투사한다. 하늘이 이스라엘에 반영되었고, 이스라엘은 미래의 일부가 되었다. 모형은 원형의 개념에 영향을 미칠 수밖에 없다. 미래는 현재와 이 땅과 물질인 실재에서 가져온 말로 묘사한다. 예표(豫表, prefiguration)에는 종말 상태가 도래했을 때 그 상태가 갖게 될 모습을 묘사하는 데 적용하기에는 뭔가 다소 어둑하고(희미하고) 부적절한 성격이 있다. 원형은 신정 구조에 그 인을 찍으며, 이 신정 구조에 원형이 갖고 있는 초월성과 절대성을 나누어준다. 이를 통해 신정은 이상적이거나 인간의 힘으로 얻을 수 없는 무언가를 갖는다. 신정의 계획은, 율법이 전해주듯이, 이스라엘의 실제 삶 위에 떠 있다. 개념 속의 신정은 경험 가운데 이루어진 신정의 구현체(具現體, embodiment)를 초월한다.

이 둘은 구약의 특성과 한계를 공유한다. 이스라엘은 모든 점에서 그 이상에 미치지 못했다. 이스라엘의 이런 신정 체제는 처음부터 뭔가 이상이라 할 것을 갖고 있었다. 이스라엘은 그것을 이룰 수 없었다. 그것은 이스라엘 백성의 삶 위에 떠 있었다. 벨하우젠은 이런 이유를 내세워 이스라엘의 신정 체제가 사색의 산물이라고 말한다(참고. 여호와가 왕이심, 국가와 교회의 융합, 이스라엘의 거룩함, 언약의 영원함, 초자연성을 지닌 존재를 일러주는 모든 모형). 신정 체제 아래에서 살아가는 삶의 위대한 원리와 실재는 외형(겉으로 나타난 형태)을 갖춰 구현되었다. 이것이 신정의 본질에 옷을 입혀 그 본질을 이스라엘 백성이 파악할 수 있게 해주는 유일한 방법이었다. 미래에 임할 종말의 모습이 늘 이스라엘 종교와 닿아 있으려면, 이런 형태들을 유지해야 했다. 선지자들은 특별한 형태들 속에 들어 있는 본질을 제시해야 했다. 모세가 마련한 제도의 언어는 종말론 계시를 제시한다. 신약 성경은 우선 그 계시를 새로운 조(調, key)로 바꿔놓는다. 여기 신약에서는 그것이 영의 차원으로 바뀐다. 구약에서는 그것을 이스라엘의 신정 형태들을 완전히 갖춘다는 말로 표현한다. 거룩한 성읍이 중심이 된다. 직무와 조직과 평화와, 풍성함 등등이 존재한다. 그러나 메시아 시대에는 이 모든 것이 영원성을 갖게 될 것이요, 현세에 겪는 흥망에서 자유로워져 그런 것을 겪지 않게 될 것이다. 이 모든 것이 계시의 내용이다.

그렇다면 이것(신정 제도의 외형—역주)이 어떻게 계시일 수 있는가? 이것이 계시라면 어떻게 그 성취와 그토록 판이한가? 계시의 실체와 외형은 구분해야 한다. 실체는 우리가 아는 외형들을 통해 구현된 영원한 원리들이다. 이런 특별한 외형들을 사용하는 이유는 이것들이 그 예언이 주어진 시대에 가장 적합한 형태들이기 때문이다. 하나님의 의도를 고려하면, 이런 도구는 모두 상징이었다. 오직 구현된 사상(본질)만이 완전히 이루어질 수 있다.

이제 하나님의 관점에서 보면, 예언과 그 성취는 서로 가려준다. 그러나 이것은 예언을 받는 자들의 관점에서 보면 절대 진리가 아니다. 그들은 외형과 본질을 한 덩어리로 받아들여 그것들을 미래로 투사하려는 경향을 보일 수밖에 없다. 어떤 의미에서 보면, 이스라엘 백성은 물론이요 그 선지자들도 그런 경향을 보인다. 그들의 주관적 이해는 하나님의 의도를 알기에 적합하지 않다. 그러나 하나님의 계시는, 그 내용에 관한 한, 하나님의 의도에 비춰 판단해야 한다. 즉 하나님 말씀의 의미는 당연히 그가 그 말씀에서 전하려 하시는 뜻일 수밖에 없다. 선지자들은 외형 속에서 그리고 외형을 통해 관념인 실체를 파악했으나, 외형과 실체를 분명하게 구분하지는 않았다. 이스라엘 백성의 주관적 이해와 예언의 성취 사이에 어떤 차이가 존재할 여지가 있는 것은 바로 그런 이유 때문이다. 그럼 우리는 어떤 해석학 원리를 사용하여 하나님의 의도를 파악할 수 있는가? 하나님의 의도가 성취되었는지 판단할 수 있는 기준은 신약 성경의 가르침이다. 신약 성경은 우리에게 외형이 내던져지고 실체가 훤히 드러났다고 가르친다. 신약 성경은 성취된 구약 예언들과 성취되지 않은 구약 예언들을 해석하는 데 필요하다. 신약 성경은 이 문제를 기계처럼 다루지 않고, 잘 정의된 주해 원리들을 따라 체계 있게 다룬다. 성취된 예언들은 유기적이고 점진적인 전개 양상을 보여주었는데, 이는 성취되지 않은 예언들에도 적용할 수 있겠다.

하지만 문자 그대로 성취된 사례들이 있다. 그리스도가 베들레헴에서 태어나신 것이 그 예다. 그러나 이것 자체는 구체적 사실이 아니라, 어떤 관념이 현실에서 밝히 드러난 것이다. 즉 이것은 그리스도가 지극히 비천한 상태에서 태어나시리라는 관념을 표현한다. 따라서 우리가 예언의 모든 세부 사항이 다 이루어지길 요구해야 한다는 말은 아무 근거가 없다. 이런 일은 논리상 불가능하기 때문이다(가령 이스라엘, 모압, 에돔, 암몬 등등이 회복되고 그들의 관계가 회복되는 일은 불가능하다). 이스라엘은 외형으로 봐야 하는가 아니면 실체로 봐야 하는가? 이것은 영해(靈解, spiritualization, 모든 것을 영의 관점으로 해석함)가 들어설 큰 마당을 열어놓는다. 이 영해는 신약 성경이 예언의 성취라 기록해놓은 내용에서 볼 수 있다. 이런 영해의 시작은 심지어 예언의 역사 속에서도 볼 수 있다. 구약 예언 중 어떤 것도 구약의 독특한 외형에서 벗어나지 못하지만, 가끔은 관념인 실체가 그 외형을 뚫고 나온 경우가 있다. 예언이 진전되어 갈수록 이런 일이 점점 더 늘어난다. 그러나 이는 다만 일반론일 뿐이다. (예레미야보다 뒤에 등장한) 에스겔이 오히려 예레미야보다도 더 옛 외형을 고수하려는 모습을 보이기 때문이다. 선지자들은 외형을 채용하여 그 예언들의 성취가 불가능함을 암시하기 시작한다. 즉 그들은 외형들을 상징으로 사용하기 시작한다. 그리하여 이사야는 모든 나라가 안식일에 예루살렘에서 쉬고 예배하리라고 가르친다. 물리적 관점과 논리의 관점에서 볼 때, 이런 일은 불가능하다. 처음에는 온 세상을 아우르는 시각을 무력을 앞세운 강요를 내세워 표현하다가 나중에는 종교(신앙)의 동기에서 나온 자유의지를 내세워 표현했다. 에스겔은 여전히 제사장들과 레위를 구분하면서 제의 형태가 계속 이어질 것을 예언했지만, 에스겔 이전의 선지자들은 영적 제사장 개념을 갖고 있었다. (이사야는 종말의 모습을 묘사하면서 제사장이 드리는 희생 제사를 언급하지 않는다. 예레미야 3:16은 언약궤가 영의 차원에서 성취될 것이므로 이 언약궤를 더 이상 언급하지 않게 되리라고 말한다.) 아울러 우리는 이사야서와 예레미야서에서 만민이 하나님께 나아가리라는 개념을 발견한다.

이를 다른 말로 요약해본다: 당시 사람들은 외형과 본질을 구분할 수 없었다. 외형으로 파악한 본질은 본질을 포기하고 파악한 외형과 다르다. 우리는 종말의 상태를 묘사한 모습을 거룩한 땅, 예루살렘, 나라들을 통치함, 우리가 익히 아는 직무와 조직과 제의, 그리고 잠시 있다 시간이 지나면 사라질 복이라는 말 속에서 발견한다. 그렇지만, 이 모든 것이 현재와 비슷한 말로 표현되긴 했어도, 사람들은 이것이 현재와 다르다고 느꼈다. 이 모든 것을 영원한 것으로 제시했기 때문이다. 하나님의 생각에 비춰보면, 종말의 상태를 표현하려고 채용한 이 땅의 모든 도구는 순전히 상징이다. 사람들이 보기에, 그리고 일부 선지자들이 보기에, 상징의 본질이 언제나 뚜렷하지는 않았다. 선지자들은 종말론 계시의 취지를 하나님의 생각만큼 이해하지 못했다. 그러니 하물며 일반 백성들은 더 말할 나위도 없겠다. 문제는 이것이다: 그럼 선지자의 의도와 상관없이 하나님의 생각을 확인할 수 있는 방법은 무엇인가? 이 문제는 오로지 신약 성경의 예언 해석을 참고해야 비로소 풀 수 있다. 이는 성취된 예언뿐 아니라 성취되지 않은 예언에도 적용된다. 신약 성경은 이런 문제를 다룰 때 기계처럼 해석을 제시하거나 단일 사례별로 제시하지 않고, 도리어 우리가 모든 경우에 따라야 할 어떤 일반 원리를 확정할 수 있게 해준다. 이것은 비단 이스라엘의 삶의 외형뿐 아니라, 구속의 세계에서 이스라엘에 영원한 혹은 잠시 의미를 가지는 문제에도 적용된다.

모형의 영해는 구약 성경 자체가 시작했다. 대체로 보면 이것은 전진하는 모습을 보여주었지만, 꼭 직선 모양으로 발전해가지는 않았다(에스겔은 예레미야에 미치지 못한다). 선지자들도 이런 상징 자체를 점차 더 많이 깨달아갔다(참고. 사 66:23). 모형인 신정은 통일성과 직무를 갖추지 못한 채 여전히 원형 뒤에 자리해 있다. 종말의 장면에 영향을 준 또 다른 점은 하나님을 묘사하는 데 사용된 다양한 요소가 다양한 제도와 직무에 배분되어 있다는 점이다. 왕위와 제사장직이 한 질서 안에 통합되어 있지 않다. 언약과 나라(왕국)라는 개념도 꼼꼼하게 결정해놓지 않았다. 말과 관련하여 참인 것은 신정에 관한 예언의 경우에도 참이다. 때로는 한 선지자 안에 왕위와 제사장직을 서로 연계하려는 시도가 전무(全無)할 때가 있으며, 때로는 왕위만 언급하고 제사장직은 언급하지 않거나, 제사장직만 언급하고 왕위는 언급하지 않은 경우도 있다. 결국 구약 성경을 탐구할 때는 이런 접근 경로를 따라 따로따로 탐구해가야 한다.

Chapter 12

다윗 언약

여기에 이르러 다윗 집안과 메시아의 대망의 혼인이 이루어진다. 하지만 여기에서도 "메시아"라는 말 그리고 이와 기원이 같은 개념들이 직접 나타나지는 않는다. 이런 점은 나중에 시편에서도 이어진다. 이런 말이나 개념 대신, 우리는 여기서 메시아주의(messianism) 계시에 아주 중요한 역할을 하게 될 한 개념을 처음으로 만난다. 이것이 메시아에게 적용된 하나님의 아들이라는 개념이다. 이 개념이 어떻게 들어왔는지 분명하게 짚어보자. 이 개념은 다윗의 아들(솔로몬)을 이야기하는 방법을 통해 들어왔는데, 다윗의 아들은 비단 솔로몬뿐 아니라, 장차 다윗 뒤를 이어 차례로 다윗의 왕위에 앉을 다윗 반열의 왕들로서 유대 왕국을 다스리는 통치자를 가리킨다.

하나님은 당신이 미래에 다윗의 아들을 당신 자신의 아들로 인정하시고 그에 따라 그를 대우하리라고 약속하신다(삼하 7장, 23장, 대상 17장).

이때 이 약속이 중대한 변화를 만들어낸다. 이 변화가 어찌나 중대하고 광범위한지, 꼼꼼히 성찰하지 않으면 그 결과를 측량하기가 어렵다. 우선, 바로 이 안에 다윗의 후계자요 다윗의 왕위를 영속케 하는 자로서 그 왕위에 차례로 앉게 될 그의 후손들에게 특별한 은총을 베풀겠다는 약속이 들어 있는 것처럼 보이는 것은 사실이다. 우리는 이 안에서 특별히 종말론 및 메시아와 관련이 있는 것이 무엇인지 묻고 싶은 마음이 들지도 모르겠다. **아들**이라는 단수 명사는 여기서 한 특별한 승계자를 지칭한다는 것을 일러주지 않기 때문이다. 보통 다윗 왕조를 이야기할 때 쓴 어법에 따르면, 왕위에 오른 다윗의 자손 하나하나가 "다윗의 아들"이다. 따라서 단순히 이 문구만으로 우리가 메시아를 나타내는 개념범주에 한 걸음 더 다가가지는 못할 것이다.

그러나 이 문구를 꼼꼼히 읽어보면, 이 문구 뒤에 훨씬 더 깊은 배경이 있으며, 바로 이 심오한 배경이 메시아와 관련된 가치(의미)를 제공한다는 것을 금세 알아차린다. 첫째, 이 다윗의 아들이 받은 약속과 관련하여 영원이라는 색채가 들어와 있다는 점, 그리고 이 영원이라는 색채가 이 약속을 일시성과 상대성을 지닌 사건 영역에서 영원성과 절대성을 지닌 영역으로 높여준다는 점에 주목하자: "내가 네 배에서 나올 네 씨를 네 뒤에 세우고, 그의 나라의 왕위를 영원히 세워주며, 나는 그의 아버지가 되고 그는 내 아들이 되리라"(삼하 7:12-14). 이는 웅장한 궁정의식 언어다. 당시 동방(오리엔트) 왕가에서는 많든 적든 이런 말이 통용되고 있었던 것 같다. 이는 새로 등극한 왕에게 하는 말이다. 이 말을 할 때면, 모든 사람이 말하는 이나 이 말을 듣는 이가 진담으로 하고 진담으로 알아듣는 말이 아니라 의식상 예의로 하는 말이라는 것을 아주 잘 알고 있었다. 왕에게 쓰는 말로 우리가 이스라엘 안에서 발견하는 "오, 왕이여, 만세수를 누리소서!" 속에도 어쩌면 그런 자취가 보존되어 있는지도 모르겠다. 왕에게 아첨하려는 이는 누구라도 이런 말을 했겠지만, 이를 진담으로 알아들으리라고 생각한 이는 아무도 없었다. 이 말이 새로 등극하는 왕에게 적용한 환영 의례 언어였다는 사실은 어느 누구도 그 왕이 정말 불멸이나 영원한 왕위를 누리라는 의미로 그 말을 하는 게 아님을 그렇게 환영받는 왕에게 틀림없이 증명해주었을 것이다. 게다가 하나님은 다윗의 후계자를 하나님의 아들로 삼겠다는 약속을 하실 때 아무 단서도 달지 않고 확고하게 약속하신다.

14절 하반절은, 사실 얼핏 보면, 메시아와 관련지어 해석하기가 적절치 않아 보인다. 이 본문은 다윗의 후계자가 악한 일을 저지를 가능성을 고려할 뿐 아니라, 우리가 아는 한, 이 본문이 종말의 왕을 다루었을 수 있다고 생각했던 적은 한 번도 없었다. 종말에 나타날 왕은 모든 죄가 극복된 새로운 상태를 상징하기 때문이다. 그러나 이 본문을 자세히 들여다보면, 문제가 된 말은 악을 행함이 불가피함을 강조하려고 한 말이 아니다. 오히려 이 말의 목적은 하나님이 미래의 왕에게 베푸시는 은총을 강조하는 데 있다. 설령 그 왕이 악한 일을 저지를지라도, 하나님은 당신이 사울에게 행하셨던 것처럼 그에게서 당신의 자비를 거두시지 않을 것이요, 다만 그 일을 계기로 삼아 그 왕을 연단하실 것이다: "내가 그를 사람들의 매와 사람들 자녀들의 채찍으로 징벌하리라"(삼하 7:14). 즉 하나님은 절도 있게 징벌하시며, "내 자비가 그에게서 떠나지 않으리라"(삼하 7:15)고 말씀하신다. 이 약속은 이렇게 "다윗의 집"이라는 왕가 형태로 주어진 약속이었다. 그러나 다윗 왕가의 계통을 살펴보면, "하나님의 아들"에 부합하는 이상(기준)에 이르지 못한 왕도 틀림없이 몇 사람 있었다. 그러나 하나님은 그 때문에 다윗 왕통을 끊어버리시지 않고, 오히려 당신이 개입해도 파멸을 가져올 징벌을 내리는 일은 하지 않겠다고 약속하신다. 그것은 징벌의 범주 안에 늘 머무를 것이다. 그 징벌은 마치 아버지가 자식을 징계하더라도 부자의 인연을 끊지 않음과 같으며, 이 경우에는 다윗의 자손이 하나님의 아들다움을 아주 완벽하게 구현하고 죄 없는 하나님의 아들이 역사의 무대에 등장함으로 말미암아 더 이상 징벌이나 연단이 있을 수 없는 지점에 다다를 길을 열어놓는다. 그렇게 생각하면, 이 하나님의 아들은 당연히 종말론과 관계 있는 인물이다. 이 인물은 다윗의 집에서 나온 유다 왕들이 보통 저지르는 불완전한 행위를 넘어서 행하는 이다.

마지막으로, "하나님의 아들"이라는 칭호로 높임을 받는 다윗의 아들이 하나님의 집을 건축한다. 이 계시에서는 다윗을 "하나님의 아들"이라 부르지 않고 그의 후계자인 솔로몬만 그렇게 부름을 주목해야 한다. 이렇게 된 직접 원인은 다윗이 전쟁과 피의 사람이었던 반면, 여호와의 집은 평화의 사람이 지어야 했기 때문이다―이런 이유 때문에 종말에 들어설 나라를 규정하는 특징도 전쟁이 아니라 평화일 수밖에 없다. 그러나 이런 조정이 있게 된 데는 또 다른 이유가, 곧 하나님의 집을 지을 자는 그 스스로(그 마음대로) 진행하지 못한다는 이유가 있기 때문이다. 하나님은 당신의 집을 지을 자가 그 집을 짓기 전에 하나님의 건축 행위에 따른 산물로서 나타나지 않으면(즉 건축자 자신이 하나님께 지음 받은 인격체의 모습을 보이지 않으면―역주) 하나님의 집을 짓는 역할을 맡는 것을 허락하시지 않는다. 두 집이, 곧 여호와의 집과 (다윗 왕가를 의미하는) 다윗의 집이 서로 역할을 주고받음이 이 예언의 전체 구조를 지배한다. 이는 다윗은 물론이요 다른 어떤 범상한 사람도 하나님의 집을 건축할 수 없다는 원리를 계시하려는 것이다. 먼저 하나님이 세우셔야 한다. 그런 뒤에야 비로소 그것을 기초로 삼아 다윗의 후계자인 솔로몬이 성전 건축을 진행할 수 있다. 이 내용은 이 예언의 틀 속에서 완전한 신정을 실현하려면 인간이 하는 모든 일보다 하나님이 하시는 일이 우선하고 우위에 있어야 한다는 원리를 밑받침하게끔 배치되어 있다.

이 객관적 약속들에 제시한 주관적 대답은 다윗의 "마지막 말"에서 찾아볼 수 있다(삼하 23장). 그중 핵심은 5절에 있다: "내 집이 하나님 앞에 이렇지 아니하냐? 이는 그가 나와 더불어 만사에 질서를 세우시고 내 모든 구원과 내 모든 기쁨을 위하여 마련해두신 영원한 **언약**(berith)을 세우셨기 때문이니, 그가 그것을 이루시지 않겠느냐?" 여기서 영역 성경은 적절치 않은 번역을 제시한다. 본문은 이렇다(저자가 제시한 본문은 ASV의 본문이다—역주): "하나님이 그것을 이루시지 않아도 … 정녕 내 집은 하나님과 더불어 이렇지 아니하냐?"(Verily my house is not so with God … although he maketh it not to grow) 이 번역은 본문이 하는 말에 불협화음을 일으킨다. 이 의아한 말은 다윗이 표현하고자 하는 장엄한 확신과 정반대 쪽에 있는 말 같다.

하나님이 이 약속을 다윗에게 하실 때만 해도(삼하 7장) 메시아주의와 신정은, 그 형체가 현실로 구현됨이라는 관점에서 보면, 둘 다 똑같이 계시 속에서 오랜 역사를 갖고 있지 않았다. 이제 종말론은 나라와 결합한다. 그 나라가 다윗에게 주어진 때는 다윗이 통치할 때 혹은 그가 왕으로 부름을 받을 때가 아니라, 여호와가 그에게 그의 모든 대적에게서 벗어나 쉼을 누리게 하셨을 때였다. 이렇게 좋은 관점에서 보면, 종말과 관련된 것이 걸려든다. 이때부터 메시아라는 요소가 중심이 되었지만, 이 요소가 종말론에 들어온 것은 상당히 늦어, 신정 체제가 수립되고 수세기가 흐른 뒤에야 이루어졌다.

종말론에 메시아 개념이 이렇게 늦게 들어온 이유는 메시아 개념이 제도의 형태를 띠고 나타나면 자칫 큰 오해를 낳을 가능성이 있었기 때문이다. 자칫하면 사람들이 그 개념을 여호와의 왕권을 대체하는 것으로 받아들일 수도 있었다. 때문에 우선은 여호와가 왕이심을 사람들 속에 깊이 새겨야 했다. 요컨대, 여호와가 왕이시다. 이런 사전예방책은 다른 식으로도 이루어졌다. 즉 처음에는 나쁜 모습의 왕을 주고 그 다음에 좋은 모습의 왕을 주어 거짓 왕과 좋은 왕을 구분할 수 있게 한다. 하나님은 이런 왕의 모습과 관련하여 이중 태도를 보여주신다. 즉 그런 왕의 모습을 비판하시면서도 그런 왕을 승인해주신다. 비평가들은 여기에 서로 일치하지 않는 두 기사(記事)가 있다고 말한다. 그러나 우리는 그런 왕이 하나님의 왕위를 대신하는 것에 하나님도 동의하시지 않는다고 말한다. 사울의 왕국은 사울과 그 왕위의 기원(起源) 때문에도 하나님의 마음을 따르지 못했다. 다윗의 통치는 하나님의 인정을 받았다. 즉 관용에서 승인으로 변화가 있었다.

다윗의 왕위가 가진 종교(신앙) 측면은 바로 이 점이다: 즉 인간의 왕위가 신정과 긴밀하게 결합되었다. 다시 말해, 다윗의 왕위는 처음부터 정치적 의미를 넘어 더 많은 의미를 갖고 있었다. 이 왕위는 종교 제도다. 다윗이 하나님의 집을 짓고 싶어 한 뒤에야 비로소 이 약속이 다윗에게 주어졌다는 것은 중요한 의미가 있다. 즉 다윗이 먼저 구해야 할 것은 그의 나라를 여호와의 통치 혹은 여호와의 나라에 복종시키는 것이었다. 다윗이 그의 통치와 종교의 관심사를 결합했을 때, 왕위에 해당하는 다윗의 칭호가 영원히 확립되었다. 다윗의 집과 여호와의 집은 서로 유사성이 있다. 이런 사상이 여호와를 위한 집을 건축하고 싶은 욕구를 낳았다. 다윗의 집은 관념적, 포괄적 의미로 받아들여지기 때문에, 여호와의 집도 그런 의미로 받아들여야 한다. 두 경우에 집은 왕조 전체를 가리킨다.

다윗의 왕위 또는 신정 체제의 왕위가 특히 갖고 있는 종말론 측면은 바로 이 점이다: 예언과 분리된 실재인(일종의 모형인) 신정은 종말론의 모습을 새롭게 만들어주었다. 다윗의 왕위를 현실의 실체보다 더 높게 들어올린다(묘사한다). 그 왕위가 갖고 있는 절대 요소 때문이다. 그 왕위에는 이런 특징이 들어 있다: (1) 그 왕위의 영원성. 다윗의 집은 영원할 것이다(참고. 삼하 7:16). 13절에는 비슷한 시각으로 솔로몬을 언급한 말이 있다. 다윗은 이 말을 여호와의 약속에 대답하는 그의 기도에서 인정한다(19절). 다윗은 그의 집이 영원하리라는 약속과 이스라엘이 영원하리라는 전망을 연계한다(24절). 하나님과 이스라엘의 이런 관계는 깨질 수 없다. 다윗은 이를 표명한 그의 마지막 말에서 이런 점을 똑같은 형태로 제시한다. **언약** 개념이 이스라엘 백성에서 다윗의 집으로 넘어간다(삼하 23:5, 사 55:3). (2) 본문은 다윗의 집과 여호와의 관계를 아버지와 아들이라는 말로 표현한다. 일부 사람들은 이것이 여호와가 다윗 왕가의 왕에게 베푸시는 특별한 사랑을 표현한다고 말한다. 다른 이들은 이 원리의 근거가 입양이라고 말한다. 하지만 또 다른 이들은 여기서 하나님의 아들이란 메시아라고 주장한다. 물론 뒤의 견해가 많은 진리를 담고 있지만, 이 견해가 모든 것을 충분히 설명해주지는 않는다. 여호와를 위하여 집을 짓고 싶어 하는 다윗의 욕구와 다윗의 후계자가 가지는 아들의 지위는 서로 긴밀한 연관이 있다. 아버지가 건축자요 그 아들이 그 건축자의 산물임을 주목하라. 이것은 입양 개념을 넘어서는 개념이다. 더군다나, 이 아들은 왕위에 오르면 건축자가 된다. 그가 여호와의 집을 짓겠기 때문이다. 12-14절(삼하 7장)의 연관성이 이 점을 분명하게 밝혀준다. 이 입양이라는 요소에 그 아들을 생산하시는 하나님의 행위와 하나님의 집을 만들어내는 그 아들의 행위를 덧붙여야 한다. 이것이 우선 어떤 형이상학적 의미를 갖지는 않지만, 그래도 이것은 이 아들의 존재론적 본질과 처음으로 만나는 지점을 제공해준다. 직무상 아들이라는 것(즉 왕의 지위에 있음으로서 하나님의 아들이 된 것—역주)과 존재론상 아들이라는 것은 서로 성질이 다른 두 가지 사실이 아니며, 하나가 다른 하나로, 곧 직무상 아들이라는 것이 존재론상 아들이라는 것으로 이어진다. 이것이 시사하는 초자연적 요소는 종말론 개념들을 가득 담고 있다. 이 인물은 상당히 유한한 물질로 이루어졌을 리 없고, 도리어 하나님 계획의 완성이라는 최종 이슈의 전개 과정에 속한다.

신정 체제의 왕은 하나님의 산물이다. 이는 아버지(여호와 하나님)의 작품인 다윗의 집을 세움이 여호와의 집을 세움보다 먼저 이루어져야 한다는 사실이 강조해준다. 따라서 여호와의 집을 세우는 자는 다윗일 수가 없고 솔로몬이어야 한다. 다윗은 피의 사람이므로 여호와의 집을 세우지 못한다. 그 집 건축자이자 종말의 왕은 틀림없이 평화의 사람이며, 그 평화는 메시아의 평화라는 특징을 갖고 있다. 이런 이유 때문에 솔로몬이 그 건축자의 전형이 되기에 더 적합하다. 둘째, 다윗이 여호와의 집을 지을 수 없는 이유는 그 건축자가 하나님의 아들임이 분명하게 드러나야 하기 때문이다. (이 하나님의 아들은 다윗을 두고 하는 말이 아니다.) 솔로몬이 하나님의 성전을 세운다면, 이는 곧 하나님의 아들이, 나아가 결국에는 하나님 자신이, 그 신정을 만들고 유지한다는 것을 선포하는 것이다. 이로써 왕과 하나님의 관계는 새로운 기초 위에(곧 아들과 아버지의 관계 위에) 선다.

아울러 이스라엘과 메시아의 관계도 새로운 기초 위에 선다. 그는 더 이상 이스라엘의 산물이 아니라 하나님의 산물이다. 사람들은 이스라엘을 여호와의 아들이라 생각했다. 이제는 이것이 참이 아님이 계시된다. 메시아는 이스라엘의 아들이라는 의식에서 생겨나지 않을 것이다. 이제 하나님께 이스라엘보다 더 가까이 있는 이가 있으며 그로 말미암아 만물이 이스라엘과 화해를 이루리라는 것이 급작스럽게 드러난다. 새롭게 선포된 이 아들의 지위는 실제로 이스라엘에 더 확고한 기초를 제공했다. 메시아의 우선성은 배교의 경우에도 회복이 있을 여지를 제공한다. 그 관계들이 동등한 관계라면, 같은 일이 메시아에게도 일어날 수 있다. 그러나 메시아의 관계는 깨질 수가 없다. 그 관계는 더 깊이 뿌리를 내리고 있기 때문이다. 이를 가장 잘 보여주는 예가 예수에게 위기가 닥쳤을 때였다. 이때 이스라엘 사람들은 예수를 버렸지만, 그래도 예수는 거부당하지 않았다. 즉 그의 지위는 이스라엘 사람들에게 의존하지 않는다. 따라서 이스라엘이 메시아를 세우지 않고, 메시아가 이스라엘을 세운다. 예수는 이를 악한 농부 이야기(마 21:33-41), 건축자들에게 버림받은 모퉁잇돌 이야기(마 21:42), 당신 몸이 곧 성전이라는 이야기(요 2:19-22) 같은 이야기들을 하면서 일러주신다. 예수는 실제로 당신 몸을 신정의 체현(體現)이라 이야기하신다.

대체로 보면, 이런 개념들은 우선 솔로몬에게 적용된다. 사실 이런 개념들은 너무 위대하여 메시아 외에 다른 이가 성취할 수 없는데도, 메시아를 직접 지칭하는 말이 전혀 나오지 않는다. 그래도 우리는 다윗이 이 약속을 오로지 그의 왕위에 적용했다거나, 그가 이 약속의 의미를 온전히 파악했다고 추론할 수 없다. 사실 그는, 이 약속의 영원성을 이야기한 내용이 증언해주듯이, 이 약속을 뭔가 특별한 것으로 이해했다. 그래도 다윗이 이런 생각을, 곧 다윗 왕가의 마지막 계승자가 이 약속을 실현하리라는 생각을 못했던 것 같지는 않다. 비록 다윗이 모든 것을 망라하여 파악하지는 못했을지라도, 그는 분명 메시아 개념은 갖고 있었다. 이 개념은 다윗 왕국 이전에 이미 이스라엘 사람들의 의식 속에 자리해 있었기 때문이다(참고. 야곱의 유다 예언). 유다에게서 나올 왕이 영원히 통치한다면, 그리고 메시이기 영원히 통치한다면, 다윗도 유다에게서 나올 왕이 영원히 통치한다는 것과 메시아가 영원히 통치한다는 말이 같은 말임을 틀림없이 간파했을 것이다. 그가 이런 결론에 즉시 이르렀는지 아니면 어떤 깊은 사유 과정을 거쳐 이르렀는지는 결정할 수가 없다. 어떤 이들은 그가 솔로몬을 메시아로 여겼다고 생각한다. 물론 이 약속은 어떤 사람이 메시아가 될 가능성을 열어놓았다. 그렇다 해도, 이 약속을 솔로몬에게 적용했을 개연성은 전무하다. 우선 연단 과정이 있어야 했으므로, 이 과정이 틀림없이 미래 속에 주입되었을 것이기 때문이다. ("내가 네 왕위를 세워주리라"는 집단을 가리키는 말로 받아들여야 한다. 앞서 다윗을 두고도 이와 같은 말이 있었기 때문이다.) 사무엘하 23:3-7의 전체 분위기는 이 말이 메시아를 염두에 둔 말이라는 결론을 내리게 했다.

현대의 해석은 사무엘하 23:3 이하("사람들을 공의로 다스리는 자, 하나님을 경외함으로 다스리는 자")가 오로지 메시아와 관련이 있다고 추측한다. 이 견해에 따르면, 이 본문은 이렇게 바꿔쓸 수 있다: "어떤 이가 사람들을 공의로 다스린다면, 그는 하나님을 경외함으로 다스리는 것이다." 이것이 엄밀히 메시아를 가리키는 말은 아닐 것이다. 이 본문은 메시아를 일러주는 비유라고 보는 것이 바른 설명이다. 이는 다윗이 메시아를 묘사한 말을 서술해놓은 것이다. 이 견해를 지지하는 고찰 결과는 다음과 같다: (a) 이 본문의 전체 배경과 엄숙한 서언(1-3절 상반절)이 이 견해를 지지한다. (b) 이 본문의 언어 전체는 여호와의 영에게서 받았다(2-3절 상반절). 따라서 예상컨대 이 본문에는 어떤 단순한 (가정에서 나온) 개념을 넘어 더 많은 개념이 들어 있을 것이다. (c) 5절(영역 성경 AV, 개역개정판도 같다)은 다윗의 집이 남달리 특별하게 구별 받았음을 암시한다—여기서 쓴 의문문은 강한 긍정이므로 이렇게 옮겨야 한다. "내 집이 하나님 앞에서 이와 같지 않느냐? … 그가 내 모든 구원을 이루시지 않겠느냐?" 즉 다윗은 어떤 의로운 왕이 번영을 누리리라는 추정 원리를 내세워 그 자신과 그의 집을 축하할 수는 없었을 것이다. 그에겐 그의 후계자들이 늘 의로우리라는 확신이 없었기 때문이다. (d) "영원한 언약"(5절)은 이 말의 궁극적이고 영원한(곧 종말론과 관련이 있는) 측면을 확실하게 보여준다—다시 말해, 잠정(확실하지 않은) "언약"은 존재하지 않는다.

Chapter 13

시편의 종말론

한때는 시편에 종말론이 없다는 주장도 있었지만, 시편에는 분명 종말론이 존재한다. 이제 많은 이들이 두루 인정하듯이, 적어도 몇몇 경우에, 아니 어쩌면 많은 경우에, 말하거나 노래하는 주체가 어느 한 이스라엘 사람이 아니라 성도들로 이루어진 회중이라면, 시편에 종말론 요소가 존재함은 딱히 증명을 거치지 않아도 수긍할 수 있게 된다. 교회 전체가 어떤 위대한 시대가 다가오고 있다는 느낌을, 아니 교회가 느꼈던 것처럼, 그런 시대가 눈앞에 닥쳤다는 느낌을 표현했다면, 우리는 종말론과 관련된 어떤 중대한 관심사가 존재한다고 확신할 수 있다. 교회가 만끽할 어떤 만찬 혹은 이와 비슷한 형태의 즐거운 일이 아무리 큰 즐거움을 약속할지라도, 우리는 이스라엘 회중이 부르는 찬송으로 그런 만찬 혹은 그와 비슷한 형태의 즐거움이 다가온다는 느낌을 표현하지 않을 것이다. 예배하는 이스라엘 회중은 "새 노래"를 부른다. 그들의 마음은 "새 일들"로 가득하기 때문이다. 이 "새 일들"이 약동함으로 말미암아, 그 회중의 분위기는 늘 활력이 넘친다.

여기 시편에서 **메시아**라는 말이 종말론 언어로 등장한다. 이 메시아주의라는 전문 용어는 그 자리가 선지서에 있지 않다. **메시아**, 곧 "기름부음 받은 자"라는 말은 특히 시편에서 독특하게 나타나는 말이다. 다만 우리는 시편이 이 말을 소개하는 각각의 경우에 이 칭호가 메시아를 가리키는 전문 의미를 갖고 있다고 성급하게 추론해서는 안 된다. 이런 추론은, 오늘날 많은 이들이 그렇게 생각하듯이, 시편의 시들이 모두 포로기 이후에 지어졌다고 생각할 경우에만 타당할 것이다. 그 시대에는 더 이상 왕이 없었으므로, 어떤 왕이나 기름부음 받은 자를 언급하는 말이 있다면, 우리는 당연히 종말론 영역 안으로 들어갈 수밖에 없을 것이다. 실제로 우리는 이 왕이나 기름부음 받은 자가 각 시대에 왕위를 차지했던 다윗 왕가의 왕을 가리킬 수도 있음을 고려해야 한다. 아울러 우리가 확신을 갖고 담대히 말하기는 이르지만, 여기서 말하는 것이 메시아요 종말의 왕이신 그리스도에 관한 예언일 가능성도 역시 고려해야 한다.

시편의 시들이 모두 지어지기 전 어느 땐가, 완전히 확실하진 않지만, 사람들이 메시아 대망을 포기한 때가 있었으나, 이는 단지 사람들이 대망하는 메시아를 다윗 반열에 속하는 한 왕이 아니라 이스라엘 회중으로 바꿈이었으며, 이로 말미암아 결국 그때부터 "메시아"나 "기름부음 받은 자"가 기름부음 받은 회중을 상징하게 되고, 이 존재(회중)를 다스리는 우두머리인 왕은 완전히 사라져버렸다고 생각하는 견해가 존재했었다. 심지어 우리가 이런 중대한 변화를 처음으로 소개하는 본문을 지적할 수도 있다고 추정하기도 한다. 듣자하니, 이사야 55:3이 이런 본문이라고 한다: "내가 너희와 영원한 언약을 맺으리니, 바로 다윗에게 베푼 확실한 은혜니라." 이 선지자는 십중팔구 자신이 하는 말을 사람들이 이런 식으로 이해해주길 원했을 리가 없다. 선지자는 여호와가 다윗의 집에 베푸신 은혜를 도로 거두어가는 분으로 표현할 수는 없었을 것이다. 이 때문에 선지자는 바로 그와 같은 흐름 속에서 여호와가 베푸신 은혜를 "확실하다"고 규정한다. 이 약속을 새로 받은 이들은 그것이 다윗에게 의미했던 확실함이라면 결국 그들에겐 그 확실함이 착각으로 드러날 수도 있음을 당연히 성찰했을 것이다. 그러나 이 본문을 이렇게 주해하면 이 본문 자체를 망치는 일이지만, 어떤 경우에는 **기름부음 받은 자**, 곧 **메시아**라는 이름이 이스라엘 백성을 모두 아우르는 말이 되었을 가능성도 여전히 존재한다. 이것은 본디 다윗의 집에 주었던 약속을 취소함이 아니라, 단지 그 약속을 확장했을 뿐이다. 따라서 우리는 이런 내용을 살펴볼 때마다 **메시아**라는 말이 때로는 이스라엘을 가리키는 이름일 수도 있음을 기억해야 한다. 이는 순전히 정황증거의 문세다.

이제는 어서 종말의 왕이라는 개념이 (여호와의) **메시아**라는 특수한 명칭을 갖고 등장하거나 갖지 않고 등장했던 본문들로 건너가 그 본문들을 살펴보도록 하자. 첫째, 시편 2편을 살펴보자. 이 시는 한동안 논란의 중심에 서 있었다. 적지 않은 비평가들이 여호와가 당신 왕을 기름을 부어 시온 위에 세우시고, 그 왕을 당신 아들이라 선언하시고, 이방 나라를 그에게 유업으로 주시고, 땅 끝까지 이 왕의 소유로 주셨다고 말하는 이 시를 해석하면서, 이 왕이 이스라엘 나라를 가리킨다고 해석했기 때문이다. 이 시 자체만 놓고 보면, 이 시가 다윗 반열에서 나온 사람을 의미하는 본래의 메시아 개념을 배제하지 않는다고 이해하는 한, 방금 말한 해석도 불가능하지만은 않을 것이다. 그러나 현재 이 경우를 보면, 시 자체만 놓고 볼 때는 불가능하지 않지만, 신약 성경이 이 시를 예수께 적용하기 때문에 이 시를 그렇게 해석하기는 불가능하다(행 13:33과 히 5:5을 참고하라). 게다가 이 경우에는 "기름부음 받은 자"를 그냥 기름부음 받은 자로 소개하지 않고 "왕"이라 지칭하는 난점이 있다. 내가 생각하기에, 구약 성경에는 왕위를 이스라엘 민족 전체를 가리키는 술어로 사용한 경우가 전혀 없다. 이 왕위를 가리키는 표현을 다윗 반열의 통치자가 아니라 이스라엘 민족 전체를 가리키는 말로 바꿔버리면, 이 표현은 순전히 은유가 되어버릴 것이다. 이스라엘을 왕에 앉히는 즉위식을 공식 거행했다고 일러주는 사례를 지적할 수 없기 때문이다. 따라서 우리는 여기서 나타나는 메시아의 직무와 칭호가 철두철미하게 종말론의 의미를 갖고 있다고 자신 있게 단언할 수 있다.

다음으로 살펴볼 본문은 시편 20:6, 9이다. 우리는 여기 6절에서 다시 "기름부음 받은 자"를 만나지만, 9절의 왕은 여호와를 가리킬 수도 있다(개역개정판은 9절 본문에서는 "여호와여 왕을 구원하소서"라는 번역을 제시하고, 각주에서 "왕이신 여호와여 구원하소서"로 번역할 수도 있음을 밝혀놓았다—역주). 6절 본문은 이렇다: "이제 내가 여호와가 당신께 기름부음 받은 자를 구원하시는 줄 아니, 그가 거룩한 하늘에서 그에게 응답하시리로다." 그리고 9절 본문은 이렇다: "여호와여 구원하소서. 우리가 부를 때에 왕이 우리에게 응답하소서"(Save Jehovah: let the king answer us when we call; ASV가 제시한 본문이다—역주). 이 영역 성경(곧 ASV—역주)이 제시하는 번역을 보면, "왕"은 이 9절 상반절에서 이 간구를 듣는 분으로 표현한 여호와를 묘사하는 말이다. 하지만 일부 사람들은 이 본문의 단어들을 재배열하여 이런 말이 되게 한다: "오 여호와여, 왕을 도우시고, 우리가 부를 때에 우리 말을 들어주소서." 이는 당대의 왕을 소개하는 말이거나, 미래의 종말에 나타날 최고 왕을 소개하는 말이다. 전자일 개연성이 아주 높다. 그럴 경우, "기름부음 받은 자"는 어느 쪽에 적용하든 다 똑같이 타당성을 가질 수 있다. 다윗의 모든 후계자가 기름부음 받은 자였기 때문이다. 그러나 이 시의 전체 분위기는 서술성이 강하기 때문에, 이 시를 지금 당장은 오로지 미래의 일을 표현한 시라고 생각하기가 어렵다.

시편 18:50은 이렇게 말한다: "그(여호와)가 그의 왕에게 큰 구원을 주시고, 그에게 기름부음 받은 자, 곧 다윗과 그의 씨에게 영원토록 인자를 베푸시도다." 여기에서는 "기름부음 받은 자"가 다윗 왕조의 왕통에 속한 왕임이 분명한 것 같다. 그렇지만 신약 성경이 이 시를 예수에게 적용하고 예수도 이 시를 낭신을 가리키는 시로 말씀하셨음을 생각하면, 이 시는 모형론 원리에 근거하여 이해해야 할 것이다.

시편 18편과 긴밀한 연관이 있는 시편 21편은 "기름부음 받은 자"를 이야기하지 않고, 다만 1절과 7절에서 "왕"을 언급한다. 이 왕은 분명 이 시를 지었을 때 왕위에 있던 왕을 가리키며, 특별히 메시아를 가리키는 의미가 이 표현 속에 들어와 있지는 않다.

반면, 시편 28:8은 "기름부음 받은 자"와 이스라엘 백성을 같게 보는 분명한 예를 제공한다. 8절과 9절은 평행법을 구사하는데, 이 평행법 때문에 이 두 절은 이렇게 봐야 한다: "여호와는 그들의 힘이요, 또 그에게 기름부음 받은 자의 구원의 요새이시로다"("그들의 힘"과 "그에게 기름부음 받은 자의 요새"가 상응한다). 이는 9절이 같은 사상을 다른 형태로 되풀이 한다는 사실이 증명해준다: "당신 백성을 구원하시고 당신의 유업에 복을 주소서. 또 그들의 목자가 되시고 영원히 그들을 지탱해주소서(인도하소서)." 여호와는 목자이시며, 이스라엘 백성은 기름부음 받은 자, 곧 메시아다. 지금까지 우리가 본 사례 가운데 이것이 메시아와 이스라엘을 동일시한 유일한 사례다.

시편 45편은 메시아를 직접 이야기하는 메시아 시는 아니지만, 알레고리로 메시아를 언급한 시라고 보는 견해가 종종 있었다. 이 시는 시간이 가면 사라질 유한한 통치자로서 방금 혼인했거나 곧 혼인할 통치자를 위해 쓴 혼인 노래(축혼가)다. 이 노래를 알레고리로 바꿔보면, 아가와 동일선상에 놓고 볼 수도 있겠다. 다만 이 경우에는 신약 성경이 알레고리에 정당성을 부여해주고 있다는 차이가 있다. 히브리서 저자가 이 시를 인용하여 그리스도가 천사들보다 위에 계심을 다음과 같이 이야기하기 때문이다: "오 하나님, 당신의 보좌는 영원하며 당신 나라의 규는 공평한 규입니다. 당신은 의를 사랑하시고 악을 미워하셨습니다. 그러므로 하나님, 곧 당신의 하나님이 당신에게 즐거움의 기름을 부어 당신과 같은 이들보다 위에 세우셨습니다"(히 1:8-9과 시 45:6-7을 비교해보라). 여기서 "기름을 부었다"는 말은 물론 신정 체제의 통치자를 가리킨다. 여기서 말하는 기름부음은 "메시아"라는 특별한 용어에서 말하는 것처럼 기름을 부어 임명한다는 개념이 아니라, 화장의 의미를 지닌 기름부음이다. 이는 왕의 잔치에 속하는 기름부음인데, 그 잔치에서는 기름부음을 "즐거움의 기름"이라고도 불렀다. 메시아 자신도 기름부음을 받지만, 이는 즐거움이 목적이 아니라, 그가 하나님의 영을 받는다는 것을 나타내는 데 그 목적이 있다.

시편 61편을 보면, 이 시의 시인이 오직 당대의 왕만 이야기하는지, 아니면 오직 메시아만 이야기하는지 의문이 들 수 있다. 어쩌면 이 시인은 모형론에 근거하여 당대의 왕을 메시아인 왕으로 보고 있을지도 모르겠다. 그렇지만 이 시의 지은이는 왕을 이야기하면서 가장 강한 언어를 사용한다: "당신이 왕의 생명을 연장하시니, 왕의 나이가 여러 대에 미치리이다. 그가 하나님 앞에서 영원히 거하리이다"(6-7절). 이 말은 글자 그대로 이해해야 할 말이 아닐 수 있다. 이를 글자 그대로 이해해야 한다면, 우리는 시인이 이야기하고 위하여 기도하는 이 왕을 평범한 통치자들보다 높은 반열에 있는 왕으로 봐야 하기 때문이다. 십중팔구 이 말은 궁정 의식 언어다.

시편 63:11도 말이 나온 김에 언급해 둘 필요가 있다. 이 구절은 이렇게 선언한다: "그러나 왕은 하나님을 즐거워하리니, 그로 맹세한 자는 모두 영광을 돌리리라." 마지막 말은 여호와로 맹세한(이스라엘 사람은 그럴 필요가 있다고 느끼면 그 왕으로 맹세할 수도 있었지만, 여기에서는 "그 왕으로" 맹세한다고 말하지 않는다) 모든 이가 기뻐하리라는 뜻이다. 11절에서 "맹세"는 왕이 하나님을 즐거워함과 평행을 이룬다. "기뻐함"과 "영광을 돌림"은 같은 개념이다. 왕은 하나님을 즐거워할 것이다. 그리고 하나님으로 맹세한 모든 이가 영광을 돌릴 것이다. 따라서 이 시에는 특별히 메시아와 관련된 요소가 들어 있지는 않다. 이 시에서는 **기름부음 받은 자**라는 말이 나오지 않는다.

다음으로 살펴볼 시편 72편에는 **기름부음 받은 자**나 **메시아**라는 말이 들어 있지 않다. 이 시가 이야기하는 왕도 "왕의 아들"이다(1절 하반절). 이 둘은 모두 이 시를 지을 당시 살아 있었던 게 틀림없다. 이 시 내용에서 가장 놀라운 것은 결국 왕의 지배가 드러내는 미덕과 그 지배가 미치는 범위를 이야기하면서, 아무 제약도 없고 절대성을 지닌 것으로 이야기한다는 점이다. 시인은 그 통치의 영원함을 강조한다: "그들이 해가 있을 동안에도 당신을 두려워하며, 달이 있을 동안에도 대대로 그리하리이다. … 땅 끝에 사는 자들이 그에게 복종하고, 모든 민족이 그를 섬기리이다"(시 72:5, 11). 사람들은 이 왕이 틀림없이 종말에 나타날 왕이며 그가 속한 왕조와 관련이 있다고 말하는 경향이 있다. 그렇다면 이 시를 아예 메시아 시라고 단정 짓지 않는 이유는 무엇일까? 문제는 15절이 사람들이 그를 위하여 계속 기도한다고 표현해놓은 것이다. 이것도 확실하지 않다. 문제는 이것이다: 사람들이 그를 위하여 올리는 기도의 목적이 무엇인가? 이런 말로 표현하는 것이 정확한지 모르겠으나, 우리는 오늘날 우리가 그리스도의 대의(大義)라 부르는 것이 성공하기를 기도하지 않는가? 이 시는 하나님께 의지함을 확실히 암시하며, 지극히 고상한 신약의 메시아 개념에서도 그렇게 하나님께 의지함을 배제하지 않는다. 여기에서는 이렇게 강한 표현들을 종말에 나타날 왕에게 직접 적용하든지 아니면 여기에서도 역시 오리엔트의 궁정의식 언어가 미친 영향을 발견하는 것 외에 다른 대안은 없어 보인다. 전자를 택해도, "왕의 아들"이 모호하다는 문제는 여전히 남을 것이다. 이 시 전체를 살펴보면, 이 시가 다루는 그 인물이 지금 저자의 마음속에 자리해 있는 것 같은 인상을 받는다. 이는 오로지 선지자처럼 메시아가 나타날 미래를 꿰뚫어보기 때문일까? 나는 이 의문을 풀지 않은 채 그대로 놔둔다. 어쨌든 이 시에는 이스라엘이 메시아의 엄위를 부여받음을 일러주는 자취가 없다.

시편 72편에 이어 살펴볼 곳은 시편 84:9이다: "오 우리 방패이신 하나님이여 보시고, 당신이 기름 부으신 자의 얼굴을 살펴보소서." "방패"를 "보시고"의 직접 목적어로 여기는 것은(곧 이 본문을 "오 하나님이여 우리 방패를 보시고"로 번역하는 것은—역주) 다만 자연스러운 본능에 순종하는 일이 될 것이다. 이렇게 보면, 이 문장을 구성하는 두 부분이 완벽히 대칭을 이루기 때문이다. 그렇게 되면, 이 문장을 반분(半分)하는 각 부분이 동사 하나와 목적어 하나를 갖게 된다. "기름부음 받은 자"(메시아)는 "방패"와 같은 말이 되고, 이것이 당대의 왕이나 종말에 나타날 왕을 가리키기에 가장 적합한 명칭이 될 것이다. 하지만 우리 자신은 이런 대칭을 향한 사랑에 지레 휘둘려서는 안 된다. 11절이 여호와 자신을 이스라엘의 "방패"라 표현하기 때문이다: "이는 여호와 하나님이 해요 방패이시기 때문이라." "방패"가 나오는 다른 몇몇 관련 본문을 보면, "방패"는 여호와를 가리키는 말이다. 따라서 우리는 여기에서도 이 말을 똑같이, 곧 호격(呼格)인 **하나님**과 동격(同格)인 말로 해석할 수밖에 없을 것이다: "오 우리의 방패이신 하나님이여, 보소서, 그리고 당신께 기름부음 받은 자의 얼굴을 살펴보소서." 그렇다면 첫 번째 동사는 두 번째 동사와 같은 목적어를 가지며, 이 본문도 어떤 절정을 제시하는 말이 될 것이다: "당신께 기름부음 받은 자의 얼굴을 보시고 또 살펴보소서." 그런가하면, "당신께 기름부음 받은 자"는 나라나 민족 외에 대제사장도 의미한다는 주장이 있었다. 이렇게 보면, 이 시는 포로기 이후에 쓴 시가 될 것이다. 그때에 이르러 왕이 더 이상 존재하지 않게 되면서 비로소 대제사장이 여기서 일러주는 의미대로 이스라엘 백성을 널리 대표하는 역할을 하기 시작했기 때문이다. 시편이 포로기 이후에, 혹은 심지어 마카비(마카비 가문은 셀레우코스 왕조 시대에 유대 지방에서 일어난 봉기를 이끈 뒤 하스모니아 왕조를 세워 기원전 164년부터 63년까지 유대 지방을 다스렸다—역주) 시대에 기록되었다고 믿는 것은 이단의 문제가 아니다. 여기에서는 그렇게 볼 필요가 없다. 우리는 지금 논의하는 시가 메시아와 직접 관련이 있는 시는 아니라고 본다. 메시아 시가 이야기하는 하나님의 메시아는 다윗의 후계자 중 한 사람이다. 이 후계자들은 모두 유다 왕국의 왕위에 오를 때 하나님께 기름부음을 받았다. 하지만 나는 이런 점을 철저히 확신하지는 않는다. 이 시를 지은 시인의 관점이 현재의 관점으로 보인다는 점을 제외하면, 이 시를 종말론을 언급한 시로 보지 말아야 할 이유가 전혀 없다. 그런 논리를 일관되게 견지한다면, 우리는 마카비 시대에는 마카비 가문에서 나온 구원자를 실제로 예부터 이스라엘이 약속 받았던 메시아로 믿는 사람들도 일부 있었다는, 다소 불확실한 가설을 제기할 수밖에 없을 것이다.

시편 89편에서는 "기름부음 받은 자"가 두 번 등장한다. 첫 번째는 38절에서 등장하고("그러나 당신은 당신께 기름부음 받은 자에게 노하사, 내치고 버리셨나이다"), 두 번째는 50절과 51절("여호와여, 당신 종들이 받은 비방을 기억하소서. 내가 모든 힘 있는 민족들의 비방을 내 품에 담고 있으니, 여호와여, 당신의 원수들이 그 비방으로 비방했으며, 그들이 그 비방으로 당신께 기름부음 받은 자의 발걸음을 비방했나이다")에서 등장한다. 이 시 앞부분을 보면, 이

시가 언급하는 것이 다윗에게 주어진 약속들임이 분명하게 드러난다. 하나님은 이 약속들을 이루어지지 않은 채로 내버려두시고, 이스라엘의 대적들 가운데서 놀림거리가 되게 하신 것처럼 보였다. 시인이 하나님께 깨뜨린 책임을 묻는 이 언약은 사무엘하 7장이 기록해놓은 약속임이 분명하다. 하나님은 당시 이 언약이 "영원한" **언약**이 되리라고 선언하셨다. 그런데 지금 이 시인은 그 언약이 전혀 남아 있지 않다고 불평한다. 시인이 이 다윗 언약이 상징했던 모든 것을 슬프고 우울한 심경으로 묘사할 때 심지어 모든 것을 압도하듯 장엄했던 사무엘하 7장의 언어마저 능가하는 것처럼 보이는 말을 사용한다는 점을 꼼꼼히 주목해야 한다(25절 이하, 곧 "내가 그의 손을 바다 위에 놓으며, 그의 오른손을 강 위에 놓으리니, 그가 하나님을 그의 아버지라 부르고, 하나님의 장자가 되며, 이 땅의 왕 가운데 지극히 높은 자가 되리라"와 36절, 곧 "그의 씨가 영원히 이어지며, 그의 왕위가 내 앞에 태양처럼 있으리라"를 참고하라). 이 모든 내용은 그 어느 것도 비교가 안 될 만큼 왕과 관련된 분위기를 가득 담고 있으며, 분명 시편 2편의 흐름 위에 자리해 있기 때문에, 이 시가 궁극의 다윗 후계자—메시아—를 언급한다는 것을 전혀 의심할 수 없다.

아울러 기름부음 받은 자인 이 종말의 인물은 다윗 반열에서 나오는 것으로 보이며, 이 때문에 어쨌든 마지막으로 다윗의 위를 차지할 자(곧 메시아—역주) 바로 앞에 그 위에 앉을 자와 융합하는 것으로(메시아 직전에 다윗의 위에 오를 자와 같은 자로—역주) 보인다. 이 시의 중간 부분은 이 인물의 불행과 격하를 놓고 온갖 불만을 토로하는데, 이는 이 인물 역시 "기름부음 받은 자"라 불리기 때문이다(38, 51절). 그렇다면 어떻게 이 모든 불행과 이 모든 모욕을 다윗의 자손인 한 인물, 곧 마지막으로 다윗의 위에 오를 자의 삶 속에 밀어넣을 수 있었을까? 우리는 시인이 개인인 메시아를 분명하게 내다보면서도, 결국은 이스라엘 역시 하나님께 기름부음 받은 자라는 생각에서 어떤 우울한 위로를 찾으려 했다는 인상을 완전히 피할 수 없다. 메시아가 소망과 확신의 연장선에서 상징하는 모든 것을 이 종말의 인물에게 부여한 이유는 무엇보다 그 자신 때문이 아니라, 여호와가 최고의 성례전 선물로 보내신 그를 그 선물로 받은 이스라엘 백성 때문이었다. 이스라엘 백성이 표현하는 슬픔이 이렇게 찌르듯이 아프고 처절한 이유는 바로 이 백성이 그 기름부음 받은 자를 믿는다는 이유로 비방을 듣게 되었기 때문이다. 이것이 이 시를 맺는 구절들에서 아주 심금을 울리는 내용이다. 이 시를 지은 시인이 메시아와 (이스라엘을) 동일시한 점은 (그리고 그가 이스라엘 백성 전체의 이름으로 말한다는 점은) 말로 형용할 수 없을 정도로 달콤하고 부드러운 무언가를 갖고 있다. 그것은 마치 그리스도인이 자신과 그리스도를 동일시하면서 이를 곱씹는 경건으로 나아가는 것처럼 들린다.

시편 110편에서는 그 중심에 서 있는 이가 왕 자신도 아니요, 따라서 "기름부음 받은 자"도 아니라, 제사장과 왕의 직무를 겸하여 맡은 제사장-왕이다. 이 시가 메시아를 언급한다는 점은 의심할 여지가 없다. 이 점은, 시편 2편처럼 신약 성경의 몇몇 곳도, 특히 우리 주 자신이 메시아가 다윗의 자손인가를 놓고 서기관들과 논쟁하실 때(마 22:41-46), 확실히 보증하셨다. 또 그는 메시아의 칭호와 완전히 일치하는 칭호를 받는다. 첫 구절에서 다윗이 그를 자신의 주라 부르면서, 그 약속에 그가 하나님 오른쪽에 앉음을, 곧 온 세상을 다스리는 통치권을 행사함을 포함시키기 때문이다.

마지막으로, 이제 시편 132편을 살펴보자. 여기서 처음으로 다윗이 하나님을 위하여 성막을 짓겠다고 서원했음을 언급하는 역사 기록이 등장한다. 기도 형태를 지닌 10절은 "기름부음 받은" 메시아를 이야기한다: "당신 종 다윗을 위하여 당신께 기름부음 받은 자의 얼굴을 외면하지 마소서." 또 17절(과 18절)은 하나님이 당신이 택하신 시온(13절)에서 다윗의 뿔이 자라게 하시고, 당신께 기름부음 받은 자를 위하여 거기에 등을 준비해놓으셨으며, 그 머리 위에 있는 왕관이 빛나게 하시리라고 말한다.

나는 시편이 제시한 이런 증거들을 살펴본 결과에 시편 밖의 한 본문을 결론으로 덧붙일 수밖에 없다. 그렇지만 이 본문도 시, 곧 하박국의 예언에 뿌리를 내리고 있는 시다. 우리는 여기 하박국 3:12-13이 (여호와가 심판을 행하려고 나타나심을 장엄하게 묘사한 뒤) 이렇게 써놓은 것을 본다. "당신이 진노하사 그 땅을 두루 밟으셨나이다. 당신이 분노하사 나라들을 두들겨 패셨나이다. 당신이 당신 백성을 구원하시고자, 당신께 기름부음 받은 자를 구원하시고자 나오셨나이다." 여기서 "당신 백성을 구원함"과 "당신께 기름부음 받은 자(메시아)를 구원함"은 완전히 같은 말임이 분명하다.

이제 우리가 살펴본 본문에서 "메시아"가 무엇을 의미하는지 요약해 보자. 기름부음 받은 자는 이런 의미일 수 있다.

1. "메시아," 곧 종말에 나타날 왕은 우리가 "메시아"를 이야기할 때 보통 이야기하는 다윗 반열의 최종(궁극의) 후계자다. 시편 2편, 45

편(?), 72편(?), 84편(?), 89편, 110편, 132편이 이런 범주에 속한다.

2. 역사의 어떤 분기점에 다윗의 왕위를 차지할 다윗 왕조의 후예다. 이런 왕은 "기름부음 받은 자"일 것이다. 이때 "기름부음 받은 자"는 우리가 어떤 "전형적" 의미로 부르곤 하는 그 "기름부음 받은 자"다. 여기에는 시편 18:50, 20:6, 9, 21:1, 7, 61편(곳곳), 63:11, 72편(?), 84편(?)이 속한다.

3. 이스라엘 나라(민족)를 메시아("기름부음 받은 자")라 부르는 경우가 두 번 있다—시편 28:8과 하박국 3:13.

이 요약을 읽어보면, 나중에 역사 속의 어느 시점에 이르러 다윗의 집이 메시아 칭호와 메시아의 엄위를 빼앗기고 이 칭호와 엄위가 이스라엘 나라(민족)에 주어졌다고 보는 통설을 뒷받침하는 근거가 얼마나 많은지 혹은 얼마나 적은지 여러분 스스로 판단할 수 있을 것이다.

예언과 달리, 시편의 본질은 주관적이다. 시편은 영감을 받아 객관적 계시에 보인 주관적 반응이다. 시편의 시인이 미래 속에 서 있을 때에만 이런 구분이 가끔씩 없어진다. 시편이 객관성을 띤(즉 예언과 같은 형태로 나타난) 종말론 사상에 보인 반응이다 보니, 시편에는 종말론이 가득하다. 심지어 시편 자체가 그런 식으로 우리에게 새로운 종말론 자료를 제공하는 것이요, 기록되지 않은 종말론 사상에 보인 반응일지도 모른다. 아울러 시편은 객관적 종말론 자료를 어떤 식으로 받아들여 실제에 활용해야 하는지 가르쳐준다. 시편에 틀림없이 종말론이 존재한다는 것은 시편을 종말론과 관련지어 활용한다는 사실에서 나온 결론이다. 몇 가지 예외가 있으나, 시편의 사례들은 모두 이스라엘 회중이 집단으로서 갖고 있던 주관적 바람과 감정을 표현한다. 처음부터 어떤 집단 찬송이 하나님께 인정을 받았고, 그렇게 인정을 받음으로써 하나님의 말씀이 되었다. 시편의 이런 집단 시들은 대부분 종말론의 범위와 관련이 있다. 이런 시들은 이스라엘에 변화가 일어나길 소망한다. 이스라엘의 위기는 늘 종말론과 관련지어 생각되었다.

시편이 종말론 성격을 갖고 있음은 다음과 같은 명확한 표현들이 증언해준다.

a. 새 노래(시 33:3, 96:1, 98:1, 144:9, 149:1), 새 일, 새 창조, 혹은 새 이름(아울러 사 42:9-10, 62:2, 65:17, 66:22, 계 2:17, 21:5도 참고하라)을 언급하는 부분이 있다. 이런 개념은 모두 하나님 계획의 성취와 관련이 있다.
b. "정한 시간"(정한 기약, 정한 기한, 정한 때)을 언급하는 말이 있다(참고. 시 75:2, 102:13, 합 2:3).
c. 명확히 확정된 계획이 있으며, 애초부터 하나님이 앞서 행하신 일과 현재 그리고 미래에 닥칠 종말의 사건들을 연계하는 계획이 있음을 암시하는 부분이 있다(시 77:10 이하, 138:8—"나에 관한 일을 완전히 이루소서," "당신의 손으로 지으신 것을 버리지 마옵소서").
d. "기록된" 심판을 언급한 부분이 있다(참고. 시 149:9).
e. 시편 46:5, 49:14, 130:6(참고. 시 59:16, 112:4, 118:27, 143:8, 호 6:3, 사 17:14, 21:11-12)의 "아침"은 여호와의 위대한 날이 동틈을 나타낸다. 영역 성경(ASV—역주)은 이를 "right early"(아주 일찍)로 그르게 번역해놓았다.

시편의 종말론 측면은 일반 표현에서도 분명하게 드러난다. 이런 표현에서는 그 문맥이 그 표현이 갖고 있는 종말론 측면을 뒷받침해준다: 여호와여, 일어나소서(곧 일어나 심판하소서); 여호와여, 높임을 받으소서, 여호와여, 깨어나소서; 말씀하시고 잠잠하지 마소서; 멀리 계시지 마옵소서; 당신의 힘을 일으키소서; 회복하소서; 끝내소서; 고치소서 혹은 되살리소서; 구속하소서(종말론 성격을 적극 표현한 말); 구원하소서; 은혜를 베푸소서; 낚아채소서; 정당하게 평가하소서. 이 모든 말은 여호와에게 위기를 일으키라고 호소하는 말 같다.

시편의 내용은 종말론과 관련이 있고 메시아와 관련이 있다. 우리는 여기서 시편에 들어 있는 종말론 자료를 그 역동적 측면에 초점을 맞춰 살펴본다. 우선 여호와의 왕권을 강조함에 주목하라. 그는 왕으로서 심판하시고 다스리신다. 시편에서 이를 아주 분명하게 천명한 본문을 몇 개 들어보면 다음과 같다: 22:29(28), 47편, 93편, 96편, 97편, 99편, 146편. 출애굽기 15:1-18에 있는 승리의 송가도 같은 사상을 전달한다. 이런 본문은 이것들이 본디 행진하며 부르는 송가였다는 생각으로 설명할 수도 있고, 혹은 어쩌면 법궤를 운반하던 고대 관습에서 나온 것일 수 있다는 생각으로도 설명할 수 있겠다. 어쨌든 이 본문들은 군사 관련 사건을 축하하는 송가 같다. 종말에 나타날 왕이 앉을 보좌는 이 땅에 있지 않고 하늘에 있다. 이런 사상은 세상 나라들을 심판하고 복종케 한다는 말이 실제로 뜻하는 것을, 곧 종말에 나타날 왕이 행사할 왕권이 온 우주를 아우르는 절대성을 지닌다는 것을 나타낸다(참고. 시 47:2, 48편, 96-99편, 146편, 아울러 왕하 11:12도 참고하라).

시편 93편은 특이하다. 하나님을 왕이라 소개하면서도, 자연을 다스리는 그의 전능함을 다루기 때문이다. 이는 하나님이 창조 때 자연을 주관하셨음을, 곧 혼돈에서 창조(질서를 갖춘 피조 세계)로 바꿔놓으셨음을 보여주는데, 이제 또 하나님의 이런 전능한 행위가 되풀이될 것이다. 3절에서 시제가 과거에서 미래로 바뀜을 주목하라. 일반 종말론에서 나타나는 원리는 큰 사건들의 반복이다. 시편 29:10은 여호와를 홍수의 왕으로 앉아 계신 이로 제시함으로써, 시편 93편이 말하는 생각을 비유로 표현한다.

심판을 실행할 때 취하는 형태는 신현이다. 신현은 단순히 심판의 선행조건에 그치는 게 아니라, 하나님의 나타나심(신현) 안에서 그리고 이 나타나심으로 심판이 이루어진다. 오랜 법정적 의미에서는 파멸이라는 심판이 심판 절차의 집약, 곧 심판 선고와 집행을 하나로 결합해놓은 것이다. 시편은 이를 종종 우렛소리라는 말로 묘사한다(참고. 시 78:48, 77:18, 81:7, 29:3).

심판을 또 다른 형태로 제시하는 말이 여호와가 심판받는 이에게 마실 잔을 주신다는 말이다(시 60편, 75편). 시편 60:3은 이스라엘 자신이 잔을 마셔야 한다고 우리에게 말한다. 선지자들과 시인은 포도주 잔과 독배를 이야기하는데, 이 둘은 모두 같은 상태에 이르게 한다. 이렇게 말하는 이유는 아마도 히브리어에서는 **진노**라는 단어와 **독**이라는 단어가 같다는 사실 때문일 것이다(둘 다 히브리어로 **khēmāh**다—역주). 영역 성경에서는 두 독, 즉 쓴 쑥과 담즙(고뇌와 비통, wormwood and gall)을 언급하는데, 이것들이 일으키는 효과(비틀거림, 졸도, 병 같은 것들)는 포도주가 일으키는 효과와 같다. 원래 본문의 의미는 십중팔구 독배였을 것이며, 포도주 잔은 돌려 쓴 용법일 것이다. 어쩌면 여기에서는 본디 독배였던 것이 아이러니하게도 포도주 잔으로 바뀌었다고 설명하는 것이 더 나을지도 모르겠다. 포도주 잔에는 종말의 만찬이라는 특별한 종교적 의미가 들어 있다. 이 잔은 기운을 소생케 하는 잔이나 죽음의 잔으로 바뀌었다. 종말의 만찬은 선지자들에게도 알려져 있었으며(참고. 사 25장), 선지자들은 이 만찬을 아이러니하게 바꿔버렸다(참고. 습 1:7-8, 겔 39:17 이하). 신약 성경에서는 잔을 생명의 잔이자 죽음의 잔으로도 묘사한 비유가 마태복음 20:22 이하에서 나타난다.

법정(法廷) 심판(법원이 절차대로 심리하여 내리는 심판, forensic judgment)이라는 요소는 시편 1:5, 7:7 이하, 9:4 이하에 들어 있다. 일부 주해가들은 초인 같은 존재들이 받는 심판도 법정 심판으로 본다(시 58편, 82편). 이들은 시편 58:1-7 본문을 이렇게 고쳐 읽자고 제안한다. "오 신들아("잠잠히"를 뜻하는 *elem*을 "신들"을 뜻하는 *elim*으로 바꿔 읽자고 제안한다), 너희가 과연 의를 말하느냐?" 그들은 이 "신들"이 이방 나라들을 다스리는 천사들이라고 주장한다(신 4:19, 32:16-17, 단 10-12장을 참고하라). 나아가 그들은 다른 곳에서도 천사들을 "신들"이나 "신들의 아들들"로 부른다고 말한다(참고. 시 8:6[5], 29:1, 89:6, 욥 1-2장). 그러나 시편 58편 문맥은 이 견해와 다르게 말한다. 심판받는 이들은 "악인"이며, 이들은 "의인"과 반대편에 있는 자들이다(3절 이하). 나아가 천사를 내세우는 가설과 달리, 이 시는 심판을 "악인의 피로 의인의 발을 씻어줌"으로 묘사한다(10절). 따라서 이 악한 이방 통치자들을 "신들"이자 "신들의 아들들"이라 언급한 말은 그 통치자들이 스스로 자신들을 신이라 칭하는 것을 비꼰 말이라고 설명할 수 있겠다. 시편 82편에서는 심판 방식이, 곧 심판받을 자에게 찾아온 죽음이라는 결과가(7절) 이 문제를 더 확실하게 결정해 준다. 구약 성경에서는 죽음이라는 결과를 초인인 존재와 연계한 경우가 한 번도 없다. 여기에 나오는 "내가 너희를 신들이라 말했다"(6절)도 아이러니를 일러준다. 심판임을 실감나게 인식할 수 있는 심판에서는 전쟁이라는 이미지를 그리 사용하지 않는다(하지만 시편 35편을 참고하라). 공포는 전쟁이 안겨준다기보다 자연이 안겨준다(참고. 시 18편).

시편 2편과 110편(둘 다 메시아 시다), 48편, 그리고 149편(대체로 종말론과 관련이 있다)에서는 심판에 앞서 나라들이 시온을 마지막으로 공격한다는 말이 나온다. 시온에 가하는 이 공격 장면은 그 시대 역사의 배경과 분리되어 있는 별개 사항이다. 이는 종말론 프로그램 안에 고정되어 있는 사항이다. 이 때문에 이는 선지서 안에서도 역사의 발전에서 생겨난 것으로 제시하지 않고, 도리어 이전부터 알려져 있던 것으로서 선지자들의 역사 예측에 형식과 언어를 빌려주는 것으로 등장한다.

시편의 종말론은 신정 회복과 포로 귀환에서 분명하게 나타난다(시 60편, 111:6). 이스라엘은 그 땅을 되찾으며, 다른 땅은 여호와가 차지하신다. 시편 16:5 이하가 이런 유업을 영과 관련지어 어떻게 해석하는지 주목하라. 포로 귀환에 관한 것을 알려면, 시편 126:4, 68:22, 85:5-6과 시편 106:47이 시편의 네 번째 책에 붙인 제의 부록(참고. 147:2)을 비교해보라.

이스라엘이 의로움을 확인받는 것도 종말론과 관련이 있다. 시편이 자기 의를 주장한다며 퍼붓는 비판은 보통 이 개념을 이해하지 못하여 퍼붓는 비판이다. 이스라엘은 그 원수와 대비하여 의롭다—여호와와 대비하여 의로운 게 아니다(참고. 시 4:1-2, 5:8 이하, 7:9 이하, 9:4 이하). 시편의 시인은 여호와의 인자와 의에 모두 호소한다(시 119:40-41, 143:1-2).

시편의 보편주의는 나라들이 회개하고 여호와를 섬기리라는 말에서 나타난다. 이런 개념에 접근하는 통로는 (1) 여호와가 왕이시라는 말(시 97:1, 6), (2) 온 세상에 평화가 임할 것을 내다보는 말(시 46:9), (3) 유일신론 원리(시 78편, 82편)다. 이 모든 내용에는 보편주의 원리에서 만들어진 기원(起源)이 들어 있다. 이스라엘 밖의 세계에 직접 보내는 소환장도 있다. 하지만 이것은 시어(詩語)이지, 실제 선교 선전문이 아니다. 보편주의 사상에서 나온 내용에는 여러 단계의 영성이 담겨 있다.

Appendix

보스가 살펴본 또 다른 본문

1. 예언은 단일 본문들을 설명하면서 이를 선입견에 따른 어떤 설명으로 바꿔놓는 알맹이 없고 미숙한 기술, 혹은 배워 얻은 능력으로서 학자처럼 세세하게 주해할 수 있는 능력을 넘어 그보다 더 많은 의미를 지닌 것이다. 예언을 설명하고 주해할 때에는 그보다 훨씬 더 희귀한 능력, 즉 자신을 신약 속에서 태동하고 있던 초창기 교회 속으로 옮겨놓은 뒤, 정녕 이루어지게 할 의도로 말한 예언이라면 그 예언이 틀림없이 **하나님의 생각을 따라**(e mente Dei) 실제로 담고 있었을 의미를 알아내 이를 예언의 성취와 미성취 사이에서 불완전하게 살아간다고 느꼈던 그 초창기 교회의 의식(意識)에서 충분히 거둬 모을 수 있는 능력이 필요하다. 이것이 심연과 같은 예언을 울려 퍼지게 하고 이 심연에서 하나님이 본디 생각하셨던 가장 중요한 보배를 끌어올리는 방법이다. … 예레미야 30:24.

2. "당신께 기름부음 받은 자"가 무슨 의미인지 결정하려 할 때, 이 구

절(시 84:9)의 구조가 모든 것을 좌우한다. 우리는 다음 두 가지 가능성 가운데 하나를 골라야 한다: 우선, "방패"를 호격인 하나님과 동격으로 보면, 이런 번역이 나온다. "오, 우리의 방패이신 하나님이여, 보소서." 그렇게 보면, 이 "보다"라는 동사에는 드러난(표현된) 목적어가 없기 때문에, 이 문장의 두 번째 절에서 이 드러나지 않은 목적어를 공급받아야 할 것이다. 이 두 번째 절을 보면, 드러나지 않은 목적어가 **당신께 기름부음 받은 자**라는 말 속에서 나타난다. 주목해야 할 점은 이 번역이 "기름부음 받은 자"가 이스라엘 나라(민족)를 가리킬 가능성을 열어놓지만, 반드시 그렇게 봐야 한다고 강요하지는 않는다는 점이다. 그런가하면, "방패"를 "보다"의 목적어로 볼 경우, 이런 번역이 나온다. "오 하나님, 우리의 방패를 보소서." 이는 하나님에게서 동격 명칭인 **우리의 방패**를 제거한다. 이렇게 하면 결국 "방패"가 동사의 목적어가 되기 때문에, 이 방패는 두 번째 절의 목적어인 "당신께 기름부음 받은 자"와 정확히 평행을 이룬다는 결론에 이르게 된다. **우리의**라는 접미어가 이 간구를 말하는 사람들과 방패를 갈라놓기 때문에, 역시 평행법으로 말미암아 "기름부음 받은 자"의 경우에도 같은 결과가 벌어진다. 그렇다면 방패와 그것이 보호해주는 사람들이 관계를 가지듯이, 기름부음 받은 자와 이 간구를 말하는 사람들도 관계를 갖게 된다. 이런 사실들은 우리에게 후자의 해석을 지지한다고 말하는 것 같다. 하지만 전자를 옹호하는 견해도 말할 수 있음을 인정해야 한다. 첫째, 평행을 이루는 것끼리 대칭 관계가 있는데, 이는 전자의 견해를 따른 번역에서 완벽하게 나타난다―한편에서는 "보다"와 "살펴보다"가 상응하고, 다른 한편에서는 "방패"와 "기름부음 받은 자"가 상응한다. 둘째, 원문에서 이 9절 상반절에 있는 단어들의 위치를 봐도, 이런 해석이 더 자연스러울 뿐 아니라, 거의 이런 해석을 할 수밖에 없다. 히브리 본문의 단어 순서는 "우리의 방패, 오 하나님, 보소서"다. "방패"를 하나님과 동격인 말로 쓰려 했다면, 이 말의 자연스러운 위치는 **하나님** 앞이 아니라 **하나님** 뒤쪽일 것이다. 현대 주해가 가운데 "방패"를 목적격으로 보는 견해를 지지하는 이로 다음과 같은 이를 들 수 있겠다: 레이던 역본(Leiden Translation)과 둠(Bernhard Lauardus Duhm, 1847-1928. 독일의 구약신학자다. 이사야서를 셋으로 나눠 1-39장, 40-55장, 56-66장을 각각 다른 저자가 쓴 책으로 보았다—역주),[1] 그러나 발레톤(Josué Jean Philippe Valeton, 1848-1912. 네덜란드 신학자다—역주),[2] 베트겐(Friedrich Baethgen, 1849-1905. 독일 신학자다—역주),[3] 쉬테르크(Willy Staerk, 1866-1946. 독일의 구약신학자다—역주),[4] 벨하우젠,[5] 그리고 이들보다 더 이전 시대의 헹스텐베르크[6]를 포함한 대다수 주석가는 다른 식으로 해석한다. 그렇지만 이들이 이렇게 해석해도, 히치히(Ferdinand Hitzig, 1807-1875. 독일의 성경신학자다—역주)[7]와 벨하우젠이 하는 것처럼, 여기에 나온 기름부음 받은 자가 이스라엘 나라(민족)를 의미한다고 암시하지는

---

1) Bernhard Duhm, *Die Psalmen* (Freiburg: J. C. B. Mohr, 1899), 214.

2) J. J. P. Valeton, *De Psalmen* (Nijmegen: H. Ten Hoet, 1913), 2:71, 74-75.

3) Friedrich Baethgen, *Die Psalmen: übersetzt und erklärt* (Göttingen: Vandenhoeck & Ruprecht, 1895), 259.

4) W. Staerk, *Lyrik(Psalmen, Hoheslied und Verwandtes)* (Göttingen: Vandenhoeck & Ruprecht, 1920), 145, 147-50.

5) Julius Wellhausen, *The Book of Psalms* (New York: Dodd, Mead, & Co., 1898), 199.

6) E. W. Hengstenberg, *Commentary on the Psalms* (Edinburgh: T. & T. Clark, 1857), 3:60-61.

7) Ferdinand Hitzig, *Die Psalmen* (Leipzig: C. F. Winter'sche, 1865), 2:204.

않는다. 이 주석가들과 반대편에 있는 이로 들 수 있는 예가 70인역에 있는 익명 증언, 히에로니무스, 심마쿠스(Symmachus),[8] 아퀼라(Aquila),[9] 시리아어 역본, 타르굼,[10] 히브리어 액센트다: 이 모든 이는 "방패"를 목적격으로 받아들인다. 그 주된 논지는 이렇다. …

3. … 예배하며 성소로 나아가는 분위기가 두드러지는 점은 전자 쪽으로 기우는 것처럼 보일지도 모르겠다. 특히 [베트젠이 인용한 올스하우젠(Justus Olshausen, 1800-1882. 독일의 오리엔트 연구자요 고언어학자다—역주)의 경우처럼] 이 시가 포로기 이후에 나왔다는 입장을 확고히 견지할 때에는 더 그렇다.[11] 이 사안의 주요 쟁점을 고려하면, 이는 아무런 차이를 만들어내지 않는다. 여기서 언급하는 기름부음 받은 자가 왕이든 대제사장이든, 두 견해가 모두 기름부음 받은 자와 이스라엘을 구분하는 것만은 확실하다.

4. 우리 주(主)가 당신을 죽은 자의 하나님이 아니라 산 자의 하나님이라고 선언하셨을 때(마 22:32) 같은 느낌이 … 이 점을 볼 때, 하나의 통일체인 구속이라는 커다란 움직임과 구속의 원리들이 이스라엘 역사

---

8) Symmachus(참고. PG 16:1045).

9) Aquilla(참고. PG 16:1044).

10) 타르굼과 시리아어 역본을 살펴보려면, Walton, *Biblia sacra polyglotta* (1657), 3:220-21을 참고하라.

11) Justus Olshausen, *Die Pslamen* (Leipzig: S. Hirzel, 1853), 시편 84편을 다룬 347쪽을 참고하라.

속에서 더 작은 규모로 실현된 일 사이에는 진정한 일치(상응 관계)가 존재한다. 둘째 아담이 첫째 아담보다 더 위대하고 미래의 낙원이 과거의 낙원보다 더 영광스럽듯이, 선지자들이 내다본 종말의 미래에 나타날 거듭난 이스라엘은 그 백성에게 과거 이스라엘이 경험하며 소유했던 것보다 훨씬 더 고결한 특성과 더 풍성한 복을 제공한다. 소망이 한량없이 커도 그 내용이 초월성을 갖고 있지 않다면, 그 소망의 내용에 영원히 이어짐을 부여하고 그 소망의 내용이 미래에 줄어들거나 퇴락할까 봐 두려워하는 마음을 모두 제거해버리는 것 자체가 소망을 어떤 범주 안에 가두는 일이 될 것이다. 결국 소망이 가진 두 특징, 곧 초월성을 띤 풍성함과 무한한 소유라는 특징은 생생히 실현된 하나님의 절대성에서 나온다. 선지자들이 말하는 종말론은 보통 사람들이 받아들이는 것처럼 단지 하나님 중심에 그치는 종말론이 아니다. 이 종말론은 바로 하나님의 성품을 그대로 드러낸 이미지이며, 이 이미지는 지극히 높고 지극히 고결한 형태를 가진 피조물(창조된 존재) 안에서 다시 만들어진다.

나음과 같은 점 역시 선지자들의 번영 종말론(weal-eschatology)을 현세에 처절히 경험하는 고통과 더 균형이 잘 맞는 대응물로 삼으려는 도식이 적절치 않음을 증명해준다: 즉 그런 도식은 그 도식을 옹호하는 자들이 선지자들의 기록에 담긴 이런 절대 유형의 종말론 자료가 진정한 자료임을 인정하지 못하게 몰아댔다. 이것이 진정한 자료임을 의심한 이유는 비단 그 구조 때문만은 아니었다. 이런 자료가 천명하는 낙관론이 비평학자들의 이론이 선지자들의 의식에 덧씌운 비관론과 모순인 것처럼 보이기 때문이다. 더구나 이런 종말론 자료들이 많은 경우에 번영 종말론을 천명한 내용과 정말 아무 근거도 없이 고통을 선언하는 내용을 결합하면서 그 중간에 회개를 촉구하는 엄숙한 권면을 연결고리로 제시하지 않은 점도 이 종말론 자료의 진정성에 훨씬 더 강한 의심을 제기하게 만들었다. 비평학자들의 이런 판단을 밑받침하려고 사용하는 모든 외부 증거는 그런 판단을 지지하는 데 아주 불충분하다. 비평학자들의 판단은 하나님의 의를 은혜라는 요소는 전혀 인정하지 않는 의로 구성할 경우에만 지지를 얻을 수 있다. 하지만 이런 구성은 그 겉모습만 봐도 그저 논리를 위한 논리에 치우친 성격을 갖고 있다. 인간이 먼저 회개하지 않으면 하나님이 은혜를 베푸실 수 없다는 말은 철학의 희망사항이지, 선지자들이 말한 종말론 자료 자체에서 끌어낸 결과물은 아니다.

5. ⋯ 아하스에게 말씀하여 이르시되: 지금부터 아홉 달이 지나면 한 여자가 막 태어난 그의 아이를 "하나님이 우리와 함께 계시다"라고 부를 일이 있으리니(사 7:14), 이는 그 여자와 다른 이들이 그 중대한 때에 그 작명(作名)이 암시하는 일이 다가옴을, 아니 실제로 이르렀음을 반가이 맞이하기 때문이다. 여기서 이 징조의 정확성과 유효성을 보장하려면, 혹은 적어도 그 징조가 아주 분명히 나타나리라는 것을 보증하려면, 여기서 말하는 **alma**(알마)가 근래에 혼인했기 때문에 아직 아이를 낳지 않았고 아이를 길러본 적이 없는 여자라는 것이 알려져 있었거나 널리 인식될 수 있었어야 한다는 것을 더 관찰할 수 있을 것이다(연대에 중점을 둔 해석을 지지하는 이들은 이를 자주 간과한다). 이는 그것이 증명할 수 있는 확정된 시간에 근거한 전체 구조를 다시금 집어던져 망가뜨렸을 것이기 때문이다. 하지만 선지자는 탄생과 관련한 내용에 시간을 결정할 수 있는 두 요소를 더 추가한다. 하나는 그 아이가 악을 버리고 선을 택할 줄 아는 때(사 7:15), 곧 보통 말하는 사춘기가 시작할 때와 관

련이 있다. 다른 하나는 그 아이가 그 나이에 이르러 선악을 구분할 능력을 얻기 전의 나이와 관련이 있다. 후자의 때에, 시리아 땅과 에브라임 땅이 버림을 받을 것이다(사 7:16). 즉 그들이 더 이상 유다를 괴롭힐 수 없을 정도로 그 땅이 황폐해질 것이다. 전자의 시기, 곧 선악을 구분할 수 있는 상태에 이르면, 그 아이는 버터와 꿀을 먹을 것이다. 이는 그 아이가 자라날 땅이 더 이상 경작하지 않는 땅이 되는 바람에 거기서 보통 먹는 음식을 전혀 발견하지 못하리라는 것을 의미한다. 오로지 유제품만 조금 남아 있을 것이며, 이 유제품과 꿀벌이 광야에 저장해놓은 꿀이 그 나이에 이른 그 아이를 양육해야 할 것이다. 그렇다면 잇달아 이어지는 이 두 시점은 에브라임 북쪽 지역의 땅이 황폐해짐과 관련이 있다. 이 바람에 에브라임이 유다를 괴롭히지 못하는 동안, "하나님이 우리와 함께 계시다"라는 이름을 아이에게 지어줄 여자는 기쁨으로 임마누엘을 외치기에 딱 맞는 기회를 얻을 수 있을 것이며, 그 뒤 곧바로 유다도 그 재앙에 말려들 것이다. 이 선지자가 유다가 겪을 재앙을 임마누엘의 삶이 겪을 경험이 나타내는 상징에 포함시키려 한다는 것은 17절에서 추론할 수 있다: "여호와가 너와 네 백성과 네 아비의 집에 에브라임이 유다를 떠난 날부터 임한 적이 없던 날들을 가져오시리니, 바로 앗수르 왕을 데려오시리라."

하지만 이 문맥은 **임마누엘**이라는 이름이 본디 갖고 있는 의미를 훨씬 더 깊이 활용한다. 그는 8:8에서 그 이름을 여호와 자신의 입에 올린다.

6. 이런 종류에 해당하는 첫 번째 본문이 미가 2:12-13이다. 본문은 이렇다.

야곱아 내가 꼭 너희를 모두 모으리라. 내가 꼭 이스라엘의 남은 자들을 모으리라. 내가 그들을 보스라의 양처럼, 그들의 양떼 가운데 있는 무리처럼 함께 두리라. 그들이 (많은) 사람들로 말미암아 크게 떠들리라. 길을 여는 자가 그들 앞에 올라가리라. 그들이 길을 열고 성문을 지나 그리로 나가리라. 또 그들의 왕이 그들 앞에 서서 지나며, 여호와가 그들의 머리가 되시리라.

대다수 비평학자들이 이 본문이 미가의 글이 아니라고 부인하는 주된 이유는 바벨론에 포로로 끌려간 일만이 이 본문의 의미를 풀 수 있는 유일한 배경을 제공하는 것처럼 보이기 때문이다. 미가서에서는 이 본문처럼 사람들이 아주 많이 포로로 잡혀가고 흩어지리라는 생각을 그 본문의 모티프로 삼은 곳이 몇 개 더 나타난다(참고. 4:6, 10, 5:3, 7:12). 우리가 이 부분들을 해석할 때 부닥치는 문제는 이 부분들이 말하는 내용이 일러주는 사실(환상과 구별된 사실)과 관련이 있다. 이 부분들은 바벨론에 포로로 끌려감을 전제하는가, 아니면 이 부분들은 그 전의 어떤 상황에 비춰 설명할 수 있는가? 보통 독자가 보기에는 이렇게 보는 견해가 이 본문이 미가 이후의 저자 혹은 미가 선지자 자신의 손에서 직접 나왔다고 보는 견해와 같은 것처럼 보일 수도 있다. 하지만 이는 세 번째 가능성, 곧 미가가 그 자신을 그가 살던 시대나 그가 선지자로 섬기던 시대보다 더 뒤의 시대로 투사했거나, 아니면 환상을 통해 그의 몸이 그런 더 뒤의 시대로 옮겨지는 체험을 했을 가능성을 간과한다. 비평학자들이 포로기가 낳은 산물을 진단하는 이런 문제에서 취한 입장이 이처럼 언제나 진정성을 인정하지 않는(곧 선지자들의 글을 포로기 이후의 산물로 보고 선지자 자신이 쓴 글로 여기지 않는—역주) 판단으로 이어졌다는 것은 불행한 일이다. 사정이 이렇다보니, 보수 성향의 일부 성경 주해가들은 선지자가 시간 속으로 자신을 투사하게 만든 실제 원동력이 무엇이었는가라는 문제를 늘 열린 마음으로 대하지 못하게 되었다. 이런 예언들의 기원이 바벨론에서 포로 생활을 하던 때임을 발견하거나 인정했다간 그 주해 때문에 자신이 꼼짝없이 비평학자들의 진영에 가깝거나 그 진영에 속하는 이가 되어버리겠다는 두려움 때문이었다. 이런 두려움을 가질 필요가 없다. 현대 비평은 아직까지도 예언은 이렇게 작은 의미에서도 예언이 나온 바로 그 시대의 생활 체험이라는 한계에 매여 있었다는 생각을 벗어버리지 못했다. 이런 일이 벌어진 데는 예언이 사람들에게 읽히려고 만든 일종의 문학 작품이었다는 선입견도 한몫했다. 능숙한 주해가는 분명한 일관성을 가진 그의 모든 잣대를 이런 작품에 틀림없이 들이대기 마련이다.

7. 각주: 신약 성경이 베들레헴을 언급하는 구절은 다음과 같다: 마태복음 2:1, 누가복음 2:4, 15. 이런 말을 하는 게 이상하지만, 이 세 본문 중 어느 것도 미가의 예인(5:2)을, 적어도 분녕하게, 곱씹어보지 않는다. 심지어 늘 이루어진 예언들을 지목하길 그렇게 좋아하는 마태조차도 여기서 이 명백한 사례를 곱씹어보지 않는다. 그는 사람들이 이 예언의 의미를 널리 인식하고 있기 때문에 이 예언을 여기서 굳이 또 되새겨줄 필요는 없다고 생각했을까? 그럼 더 심오한 본질을 지닌 다른 사례들의 경우에는 그와 반대로 되새겨줄 필요가 있다고 느꼈을까? 그가 장소에 관한 예언(그리스도가 태어날 장소를 일러주는 예언—역주)을 알고 있었으며, 그는 물론이요 헤롯을 비롯한 다른 이들도 그 예언을 알고 있었음은 … 을 일러주는 말이 암시한다.

8. 하지만 이전에 이처럼 요단 강 건너편 초원에서 양떼를 먹이던 때를 가리키는 "옛날에"[오래 전(*olam*) 날들에](미 7:14)라는 말이 등장함으로 말미암아 어떤 갈라짐이 생겼다. "'*olam*' 날들"은 요담-히스기야 시대에 살았고 일했던 사람이 연대와 관련하여 허풍을 떤 말이라고 쉬이 간주할 수 있겠다. 이 본문을 에워싼 문맥을 보면, 이 본문을 미래를 내다보는 환상으로 보는 가설에 그리 유리하지 않다. 이는 이 문맥이 기도를 이루기 때문이다. 이 기도는 여기서 기도하는 주체의 과거나 현재와 연계하고 이 주체가 현재 느끼는 비탄 및 안도감과 관련짓는 것이 가장 자연스러울 것이다. 비평학자들은 이 기도를 포로기나 포로기 뒤에 나온 것으로 볼 수밖에 없다고 생각한다. 이 기도가 두 번째 이사야(Deutero-Isaiah)의 분위기를 갖고 있기 때문이다. 어쩌면 이 기도와 두 번째 이사야서가 공통으로 갖고 있는 것은 어떤 특정한 문학 스타일의 특징들이 아니라, 진실하고 온유한 모든 기도가 활용하는 바로 그 언어에서 볼 수 있는 확실한 징후들이다. 이 기도를 올리는 이가 이사야인가 혹은 미가인가와 상관없이, 미가서 전체의 나머지 부분은 이 기도를 올리는 이가 기도와 친숙함을 증언해준다. 이처럼 특별하게 영혼을 토로한 것은 소위 두 번째 이사야에서 나타나는 시(詩)의 정점이라기보다 예레미야가 제시하는 기도 에피소드들의 전조(前兆)다.

9. ***스가랴***. 이 이름으로 우리에게 전해 내려온 예언은 두 부분으로 이루어져 있다. 이 두 부분은 각각 독특한 문체와 의미를 갖고 있어서 서로 분명하게 구별된다. 스가랴서를 이루는 14장 가운데 첫 8장은 묵시의 특징을 갖고 있다. 여기서 우리는 다니엘서와 같은 "밤의 환상들"을 만나며, 말들이 황홀한 환상을 통해 이 선지자 내면의 눈에 떠오른 들

판을 가로질러 달린다. 9-14장으로 이루어진 또 다른 부분에서는 이보다 더 오래된 포로기 이전의 예언의 특징으로서 우리에게 더 친숙한 형태인 권면 연설 형태를 채용했다. 이 부분의 내용은 죄, 심판, 회개, 구원, 회복이라는 주제를 중심으로 삼아 펼쳐진다. 스가랴서를 구성하는 두 부분의 차이점은 이 두 구성 부분의 저작 시기도 다르리라는 가설을 만들어냈고, 그 가설에 어느 정도 힘을 실어주었다. 이상한 말 같지만, 여기서 추구하는 이런 유명한 분할 방법(스가랴서 구조를 위와 같이 둘로 나누어 연구하는 방법—역주)은 전통으로 내려온 책에서 잘라낸 내용의 저작 시기를 더 뒤로 늦추지 않고 오히려 앞으로 더 당기는 형태를 취한다. 사람들은 1-8장이 스가랴가 실제 처한 역사 상황을 반영한다고 믿으면서, 나머지 부분(9-14장)은 포로기 이전 시대로 밀어 올린다. 이런 테두리 안에서, 호세아 시대와 같은 시대에 나온 초기 예언(곧 9-14장)과 예레미야 시대에 나온 후기 예언(12-14장)을 더 구분한다.

이런 구분을 오직 성경신학의 원리나 종말론 원리만을 내세워 거부하거나 인정할 수는 없다. 이 문제는 분명 여기에 적용한 판단기준을 선입견에 매이지 않고 검토해야 할 문제로 여전히 남아 있다. 이 사안에서는 오렐리[Hans Konrad(Conrad) von Orelli, 1846-1912. 스위스의 구약신학자다—역주]처럼 적잖은 보수 주해가들이 위에서 제시한 이분설(스가랴서를 두 구조로 나누어보는 설—역주)을 받아들여야 한다고 느꼈다.[12] 후자를

---

12) C. v. Orelli, *The Twelve Minor Prophets* (Minneapolis: Klock & Klock, 1977), 304-11.

쉬타데[13]와 다른 이들의 훨씬 더 진지한 방법과 혼동해서는 안 된다. 이들은 스가랴서의 두 번째 부분 전체가 스가랴 시대보다 상당히 뒤인 포로기 이후의 다양한 시기에 기록되었다고 본다. 우리는 이 비평 문제의 몇몇 측면 및 유익을 다루면서 독자들에게 여러 주석가를 언급할 수밖에 없다. 스가랴서를 둘로 나누어 다루는 입장은 마태복음 27:9(유다가 예수를 배신하고 받았던 돈이 결국 어디에 쓰였는지 서술해놓았다)이 유다가 예수를 팔고 받은 돈이 "토기장이의 밭"을 사는 데 사용된 것을 예레미야가 한 예언의 완성으로 본 사실을 그 출발점으로 삼았다. 그러나 우리가 보는 예레미야서 본문에는 이런 말 자체는 물론이요, 이런 말이 있었다고 제시하는 경우도 나타나지 않는다. 오히려 두 경우 모두 스가랴서에서 등장할 뿐 아니라, 스가랴서가 서술해놓은 상황을 보면, 마태복음 저자가 이 스가랴서에서 위와 같은 내용을 발견한 게 틀림없다고 추론하는 것이 타당한 것 같다.

따라서 우리는 먼저 "밤 환상들"을 다루면서 이 환상들이 종말론과 관련하여 시사하는 의미를 검토해보려고 노력하겠다. 우리는 우선 이 환상들이 서로 구분되는 일곱 부분으로 이루어져 있으며, 이 일곱 부분은 다음과 같은 주제들을 각각 다룬다는 점에 주목한다.

1) 묵시에 나온 말 탄 사람(1:8-11)

---

13) Stade, "Deuterozacharja: Eine Kritische Studie" *ZAW* 1(1881): 1-96; 2(1882): 151-72, 275-309.

2) 네 뿔과 이 뿔들을 파괴하도록 보냄을 받은 네 대장장이(혹은 목수)(1:18-21)

3) 예루살렘의 영광스러운 재건과 회복(2장)

4) 여호수아라는 인물을 구별하여 제사장으로 세움(3장)

5) 순금 등잔대 이야기(4장)

6) 저주와 여자가 앉은 에바를 통해 이 저주를 제거한 내용을 설명한 날아가는 두루마리 묘사(5장)

7) 스룹바벨이 자리한 가운데 여호수아를 대제사장으로 엄숙히 세움

묵시로 나타난 말 탄 사람 장면 같은 경우, 사람들은 이를 보통 묵시가 두드러지게 좋아하는 상징 중 하나로 여긴다. 하지만 이 상징의 범주 안에서 일어난 독특한 변화를 간과해서는 안 된다. 첫째, 붉은 말을 타고 골짜기 속 화석류나무(도금양) 사이에 서 있는 "한 사람"이라 불리는 자가 나타난다(1:8). 이 "사람" 외에 이 선지자와 이야기를 나누는 "천사"(1:9)가 더 있다. 이 천사는 그들(두 천사, 곧 8절의 "사람"과 9절의 "천사"—역주)이 환상 속에서 선지자 내면이 눈앞에 잇달아 펼쳐놓는 그 환상의 요소들을 선지자의 마음에 해석해준다(11, 14절). 두 "천사"는 모두 초인(superhuman)인 존재들이다. 그러나 화석류나무 가운데 선 "여호와의 천사," 곧 여러 색깔의 말을 탄 이들을 그 아래 부리면서 그들에게 명령하고 보고하라 독려하는 이만을 유독 "그 사람"이라 구별하여 부른다(10절). 설령 이 두 천사, 곧 해석해주는 천사와 말 탄 이들을 지휘하는 천사가 모두 초인일지라도, 이 둘은 서로 구분된다. 한 천사가 다른 천사에게 말을 건네며, 그에게 대답하라고 쫴쳐대기 때문이다. "내 주여, 이들이 누구입니까?"(1:9)라는 선지자의 물음에 대한 대답은 해석해주

는 천사에게서 직접 얻지 않고, 말 탄 자들을 통솔하는 우두머리 천사에게서 에둘러 얻는다. 선지자가 이렇게 얻은 대답의 핵심은 우두머리 천사의 지휘 아래 말 탄 자들이 그들의 역할, 곧 온 땅을 통제하고 모든 것이 조용하다고 보고하는 역할을 수행했다는 것이다. 온 땅을 순찰한 일은 위기가 임박했음을 일러주는 종말의 표지들을 찾는 일이었던 것으로 보인다. 하지만 여호와는 말하자면 이들이 보고한 고요함에서 그릇된 추론을 하는 일이 없게 하시려고 이렇게 선언하신다: "난 무사태평한 이방 나라들이 불쾌하도다"(1:15). 성경은 하나님이 이런 마음 상태를 가지시게 된 특별한 이유를 다음과 같이 제시한다. "나는 다만 [곧 내 백성에게는] 조금 불쾌했으나, 그들[곧 이방 나라들]은 고초를[곧 이스라엘의 고초를] 더하였다." 이 내용의 결말은 이렇다: 말을 타고 순찰한 자들이 보고한 이 땅의 고요함은 이중의 의미를 갖고 있다. 한편으로 보면, 이는 "아직 아니"의 고요함이다. 다른 한편으로 보면, "현재"의 고요함이다. 하나님의 의도는 여전히 변하지 않고 확정되어 있지만, 그 의도의 완성(성취)에 따라 다가올 위기는 여태까지 늦춰져 왔다. 여기서 말 탄 이들이 보고한 "고요함"은, 말하자면, 심판의 우렛소리가 터져 나오기 직전에 대기를 짓누르고 있는 정적(靜寂)이다. 그리고 이 심판의 우렛소리에, 마치 곧바로 뒤따르듯이, 여호와가 인자함으로 예루살렘에 돌아오시리라는 약속, 성전, 아니 예루살렘이라는 거룩한 도성 전체를 재건하신다는 약속, 그 거민들이 이전과 비교할 수 없는 새로운 번영을 누리되, 이 번영이 온 세상으로 퍼지리라는 약속이, 요컨대 "시온을 위로하는" 약속이 결합한다 (1:16-17). 이 모든 것은 거룩한 땅이라는 경계 안에서 이루어진다.

두 번째 밤 환상, 곧 "뿔"과 이 뿔들을 파괴하라고 보냄 받은 "대장장이"(혹은 "목수") 환상은 1:18-21이 기록해놓았다. 이 "뿔"은 다니엘서에 나오는 밤 환상에서 뿔이 하는 역할을 떠올려준다. 하지만 이것이 꼭 이 상징이 바로 그 부분(곧 다니엘서의 환상—역주)에서 직접 유래했다거나 오로지 거기에서만 유래했음을 암시하지는 않는다. "뿔"은 다른 것들과 관련하여 등장하기도 하기 때문이다. 하박국 3:4에 따르면, 여호와 자신이 당신의 권능이 감춰져 있는 그 손안에 뿔을 갖고 계신다. 이와 밀접한 관련이 있는 것이 제단의 뿔이다(출 27:2). 사악한 자와 의로운 자가 모두 뿔을 갖고 있다(시 75:10). 그리스도의 강림은 "이스라엘을 위한 구원의 뿔"을 들어 올림을 뜻한다(눅 1:69). 이런 경우는 대부분 뿔을 어떤 지체나 객체에 붙어 있는 것으로 여긴다는 점을 관찰할 수 있을 것이다. 특히 다니엘서에서는 이 뿔들이 이들의 등장 순서와 이들이 자라는 과정에서 다다를 잔혹함의 정도를 결정하는 이 세상 나라들의 머리들에서 자라는 것으로 등장한다. 성경은 이렇게 폭력을 행사하는 과정에서 무자비하고 다른 이를 절대 용서하지 않겠다는 결의를 자기 자신에게 "뿔을 취한다"는 비유로 묘사한다(암 6:13, 왕상 22:11). 우리 앞에 있는 본문들에서는 이 뿔이 인격체로 등장한다. 이방 세력들이 뿔을 가졌다기보다, 이방 세력들 자체가 뿔이다. 그들은 유다, 아니 사실은 이스라엘과 그 중심지인 예루살렘을 흩어버린 세력들을 상징한다. **이스라엘**이라는 이름은 북쪽 왕국을 상징하지 않고, 예루살렘과 별개로 남쪽 왕국의 영토를 가리킨다.

네 ***charashim***("대장장이")도 비슷하게 이스라엘을 때리는 뿔들을 닳아 없어지게 하고 부숴버리는 다른 힘들을 상징한다. 이 역시 우리에게 다니엘서의 표현을 되새겨준다. 다니엘서를 보면, 이방 세계를 상징하는 각 구현체가 그 다음에 등장하는 구현체에게 제거당하여 사라진다. 이렇게 구원을 행하는 세력들이 그들이 해야 할 과업을 완수할 때, 여호와는 이스라엘 백성을 당신의 은총을 받을 백성으로 회복시키려 하신다. 이런 행동은 여호와가 회복 행위를 하시고 선례가 없는 새로운 번영을 허락하심을 상징하는 세 번째 밤의 환상이 제시한다. 여기서 제시하는 내용은 1:16-17의 약속이 이미 앞일을 일러주는 전망 속에 담아 제시한 것과 (상징하는 내용이) 같다. 이를 나타낼 때 택한 상징은 측량줄을 가진 사람이다(2:1). 이 사람이 이 측량줄을 구부리며 길이와 너비를 잰다는 것은 예전처럼 예루살렘에 사람들이 살게 되리라는 것을 일러준다. 여기서 본문은 그렇게 되면 예루살렘은 "성곽 없는 성읍"이 되리라는 의미심장한 말을 덧붙여놓았다(2:4). 이 독특한 특징은 한편으로는 미래의 성읍이 공격을 받아도 안전하리라는 것을 상징하는 동시에, 다른 한편으로는 그 거주자들이 끝도 없이 늘어나리라는 것을 상징한다. 본문은 이런 식으로 주어진 새로운 복된 상태의 핵심을 여호와 바로 그분이 돌아오심으로, 곧 여호와 자신이 "그 가운데에서 영광이 되심으로" 묘사한다. 이는 이것이 이스라엘과 여호와의 관계 중 가장 내밀하고 가장 고상한 보배이기 때문이다(2:5). 2장의 나머지 부분은 이스라엘이 약속받은 지극히 복된 구속 상태를 만들어내고자 이방인들에게 임할 심판을 묘사한다. 더 특별한 점은, 여호와가 당신 백성 가운데 정하신 새로운 거소와 "그날에 많은 나라가 여호와께 속하리라"는 약속(2:11)이, 곧 참된 종교가 세계 보편 신앙이 되리라는 약속이 결합한다는 점이다. 이런 일을 모든 나라가 아니라 단지 많은 나라와 관련된 상황으로 서술했지만, 이는 결코 범위를 한정할 목적으로 쓴 말이 아니다.

넷째 밤과 다섯째 밤 환상은 다가오는 회복의 시대에 대제사장직이,

그리고 신정 체제 하의 성직자들과 여호와의 집행부를 이루는 왕의 대신들 사이에 수립될 새롭고 친밀한 관계가 획득한 새롭고 선례가 없는 의미와 중요성을 상징한다(3장과 4장). 이것의 첫 번째 요소는 대제사장 여호수아의 "대적"이 욥기의 프롤로그를 떠올려주는 표현으로 여호수아가 공무상 부정행위를 저질렀다며 고발하자 여호와가 여호수아의 의로움을 절대 확인해주시는 내용으로 이루어져 있다. 하지만 고발자가 한 고발의 타당성을 놓고 보면, 두 상황은 한 가지 차이점을 갖고 있다. 욥기에서는 사탄이 욥이 실제로 잘못을 저질렀다고 주장하지 않고, 다만 욥이 하나님께 성실하지 않았을 수도 있다고 주장한다. 하나님이 욥에게서 그의 번영이 낳은 보배들을 앗아가신다면, 이는 욥의 여호와 섬김이 이기심에서 나왔음을 즉시 폭로할 것이다. 그런 일이 벌어지면, 욥은 여호와 섬기기를 즉시 그만두겠기 때문이다. 여기 여호수아 같은 경우, 사람들은 실제로 그에게 불리한 판결을 내려야 할 어떤 근거가 있으리라고 추정한다. 본문이 그를 실제로 더러운 옷을 입은 자로 제시하기 때문이다(3:3). 그렇지만 사탄의 고발은 제사장이 포로기 동안에 자신이 일하는 모든 환경과 집기가 더럽혀진 것을 보고도 제사장 일을 할 수밖에 없었던 불안정한 상황이 만들어낸 부득이한 결과였을 법한 것을 이유 삼아 제사장 개인에게 흠집을 내고 원상회복이 불가능한 비난을 퍼붓는 것이었기 때문에, 결국 사탄은 책망을 듣는다. 이 때문에 여호와는 그 비방자(사탄)를 꾸짖으시면서 여호수아가 불에서 끄집어낸 관솔(그슬린 나무)과 같다고 되새겨주신다. 이는 곧 여호와가 미래에 대제사장이 행할 섬김과 관련하여 확고한 목적을 갖고 계시고 위에서 열거한 이 대제사장의 모든 흠에도 불구하고 그를 구하려는 의지를 갖고 계시기 때문에, 사탄이 여호수아가 그 섬김에 적합하지 않다고 말하는 것은 하나님의 정의와 지혜를 비난하는 것과 같다는 말이다. 여호수아의 현재 상태나 직전 상태가 제시하는 부적합 사유가 무엇이든, 여호와가 곧장 그에게 깨끗한 옷을 입히신 일은 곧 여호와가 그런 부적합성을 야기한 상태들을 제거하심을 상징한다. 이 옷에서 특히 대제사장을 다른 이들과 구별해주는 관식(冠飾)인 관(冠)을 특별히 언급한다. 이 말이 여호수아가 미래에는 대제사장직을 수행할 수 있는 정결함과 적합성을 가지리라는 약속을 담고 있다면, 여호와가 여호수아에게 제사장직의 위대한 목적이 이루어질 것을 보장하고자 하나님의 일곱 눈이 단단히 박혀 있는 돌을 선물로 주심은 이 약속이 이루어지리라는 보장을 상징한다(3:9). 여호와가 이처럼 그의 눈앞에 거룩한 돌을 계속하여 제시하시는 것도 역시 마찬가지로 성전 구조물의 폐허 때문에 당분간은 하나님께 합당한 예배를 드리지 못하겠지만, 그래도 중단된 제사 의식을 회복하고 계속 이어갈 수 있게끔 중간에 어떤 준비가 이루어지리라는 것을 시사한다. 이를 스룹바벨이 "은혜, 은혜가 그것에 있을지어다"라는 무리의 외침과 함께 새 성소의 머릿돌을 내놓으리라는 것을 말한 4:7과 비교해보라. 새 제사장직과 여호와의 친밀함을 강조하고자, "곁에 서 있는 자들 가운데," 곧 천사들처럼 하나님의 보좌를 모시고 서 있는 자들 가운데 있는 자리들을 여호수아와 그 아래에서 일하는 이들에게 주리라는 확언을 덧붙여놓았다(4:7). 마지막으로, 이렇게 제공된 돌 위에서 올리는 희생 제사는 그 거룩한 땅의 죄악을 "하루에" 제거해버리는 유일무이한 효험을 가질 것이다[참고. 3:9; 히브리서 7:27의 **ephapax**(단번에)].

이 전체 표현을 보면, 다윗의 자손이요 왕의 직무를 맡아 섬기는 종인 스룹바벨이 하는 일의 중요성과 불가피성이 다소 모호해져버린 것처럼 보일 수도 있겠지만, 이렇게 보는 것은 이 선지자의 의도와 일치하지 않을 것이다. 실제로 이 전체 표현의 밑바닥에 깔려 있는 윤리 구조가 대단히 중요하다. 그러나 물리적 영역에는 여기서 조망하는 이상이 실현되지 못하게 가로막는 큰 걸림돌이 존재한다. 본문은 이를 "스룹바벨 앞에 있는 큰 산"이라 묘사하면서, 이 산이 장차 평지가 되리라고 말한다(4:7). 아울러 힘이나 능력이 아니라 전능한 영(여호와의 영)이 이런 일을 이루어내리라는 의미심장한 말을 덧붙인다(4:6). 이는 곧 그 결과가 여호와의 목적을 훼방하려 하는 이들의 물리력이나 힘에 의존하지 않고, 하나님의 영을 힘입어 승리를 거두고 모든 저항을 내던짐으로 말미암아 이루어지리라는 것을 뜻한다. 순금으로 만들어진 등잔대, 곧 그 위에 기름 그릇이 있고 거기서 일곱 관을 가진 일곱 등잔이 각각 나오며 등잔대 옆에는 기름을 공급해주는 역할을 하는 두 감람나무(올리브 나무)가 있는 등잔대라는 상징은 하나님의 약속을 이루는 데 필요한 모든 에너지의 근원이 여호와의 영임을 표현하는 역할을 한다. 기름은 다른 곳에서도 그런 역할을 하지만, 여기에서도 "금 기름"은 영(여호와의 영, 성령)을 상징한다. 이 때문에 4:14은 여호수아와 스룹바벨을 "온 세상의 주 옆에 서 있는, 기름의(기름부음 받은) 두 아들"이라 부른다. 여기에서도 다시금, 참된 제사가 여기서 생각하는 목적을 이루는 데 기여하는 역할이 중요하다는 것을 여호와 자신이 당신 자신의 손으로 앞서 묘사한 돌 위에 확실히 새겨주실 보장이 제시한다(3:9). 진실로 이 모든 내용의 중심이 메시아인 인격체라는 것은 이 본문 전체의 중앙에 "보라 이는 내가 내 종 싹을 나게 할 것이기 때문이라"(3:8)라는 말이 자리해 있다는 사실에서 추론해볼 수 있다. 이렇게 제사장직이 메시아 체제(메시아의 통치)를 섬기며 돕기 때문에, 여호와는 여호수아와 그 앞에 앉아 있는 이들을 "싹"을 소개하는 것과 관련지어 예표의 사람들이라 부르는데, 이는 거꾸로 올라가 이사야 8:18("보라 나 그리고 여호와가 내게 주신 자녀들이 이스라엘에서 징조와 예표가 되었다")을 지시하는 의미심장한 명칭이다. 여섯 째 밤의 환상은 하늘을 날아가는 저주 두루마리와 여자라는 인격체에 비유한 악으로 가득한 에바로 이루어져 있다(5장). 이 에바 위에는 납 한 달란트가 있어, 그 아래에 있는 여자를 내리눌러 빠져나가지 못하게 한다. 날개를 가진 다른 두 여자가 이 에바를 취하여 땅과 하늘 사이로 들어올린 뒤, 이를 시날 땅에 갖다 놓는다. 창세기 10:10과 11:2에 따르면, 시날 땅은 바벨론의 시작이요 중심지이며, 하나님 나라를 대적하는 세계 권력이 자리한 곳이다. 이 여자의 기원이나 이 여자 자신의 성격을 탐구할 필요가 없다는 점을 고려하면, 이곳은 이 상징에서 가장 현실성이 짙은 부분이다. 여기서 여자가 중요한 의미를 갖는 이유는 이 여자가 하는 일 때문이지, 이 여자가 누구인가 때문은 아니다.

선지자는 6장에서 자신이 마지막으로 본 밤 환상을 이야기한다. 형태만 놓고 보면, 이 환상은 첫 번째 환상, 곧 화석류나무 가운데 있는 남자와 서로 다른 색깔의 말을 타고 온 땅을 여기저기 다니도록 보냄을 받은 이들이 등장하는 환상과 닮았다. 둘의 차이를 든다면, 1장에서 말 탄 자들은 그들이 온 땅의 실상을 정탐할 때 발견한 것에 주목하여 이를 보고하라는 사명을 받고 순찰에 나서는 반면, 여기 6장에 나오는 이들은 하나님의 목적을 집행하는 초인으로 등장한다는 점이다. 네 "바람" 혹은 "영"은 여호와의 보응을 네 바람 방향으로, 곧 보통 말하는 사방으로 나른다. 북쪽으로 간 것은 바벨론, 앗수르, 페르시아로 향한다 (검은 말을 단 전차는 흰 말을 단 전차가 같은 방향으로 그 뒤를 따르는 죽음의 어둠을 상징한다. 승리가 여호와의 보응 행위에 관을 씌우기 때문이다). 남쪽으로 간 "어룽진" 말, 곧 "점이 있는" 말은 애굽과 에티오피아로 향한다. 이 본문은 2절의 "붉은 말"이 향하는 방향은 설명하지 않고 그대로 놔두었다. 이 흠결을 보완하려는 시도는 딱히 확실한 장점이 없다. 본문 자체가 확실치 않기 때문이다. 나아가 본문은 북쪽으로 보냄을 받은 전차들이 "여호와의 영을 쉬게 하는" 결과를 가져왔다고 선언한다(6:8). 보응하겠다는 하나님의 결심이 만족을 얻었다. 마지막으로, 여러 색깔의 말들이 끄는 이 몇몇 전차들이 "구리 산"이라 묘사한 두 산 사이에서 나오는 것을 관찰할 수 있을 것이다(6:1). 이 모든 행위를 이 땅에 있는 여호와의 거소인 예루살렘에서 나오는(시작하는) 것으로 분명하게 인식하는 한, 이 두 산을 한쪽은 감람산이요 다른 한쪽은 성전이 있는 산으로 해석하자는 제안은 그럴듯하게 들린다. 이 산들이 구리 산인 이유는 이 산들이 요지부동이기 때문이다. 이를 감람산이 가운데가 터져 절반은 동쪽으로 옮겨지고 다른 절반은 서쪽으로 옮겨짐으로써 그 사이에 큰 골짜기가 생기리라는 것을 묘사한 14:4과 비교해보라.

6:8이 끝나면, 환상으로 예언을 전달하는 방식이 끝난다. "그가 내게 보여주셨다"나 "보라 내가 보았더니" 대신, "여호와의 말씀이 내게 임하였으니"를 보통 쓰는 형식으로 채용하면서, 담화가 내러티브로 바뀐다. 동시에, 어쩌면 이런 변화 때문에 생긴 결과일 수도 있지만, 다음 단락에는 이 책 전체의 본질과 핵심이, 곧 왕인 인물에게 대제사장직을 수여하는 내용이 들어 있다(6:9 이하). 이는 다소 모호하다. 애초에 스룹바벨이 아니라 여호수아가 대제사장직을 수여받는 것처럼 보이는 상황 때문이다. 여호와는 선지자에게 여전히 바벨론에 포로로 잡혀 있는 이스

라엘 백성의 사자들이 예루살렘으로 가져온 은과 금을 받으라고 분명하게 명령하신다(6:11). 그들은 이 은과 금으로 관("관들")을 만들어, 바로 그날 어떤 사람의 집(스바냐의 아들 요시아의 집)으로 가져간 뒤, 거기서 은과 금을, 혹은 그와 같은 것을 가져온 세 사람이 분명히 보는 가운데, 그 관을 여호수아의 머리에 씌워야 한다. 하지만 이어지는 본문을 보면, 이 내용을 이렇게 딱 잘라 이해할 수가 없다. 이 내러티브가 "그(곧 여호수아)에게 이르기를, 보라, '싹'이라는 이름을 가진 그 사람이 …"(6:12)라고 제시하기 때문이다. 이 행위는 결국 여호수아가 아니라 스룹바벨에서 끝난다. 이 상황에서는 여호수아가 왕이 되지 않고 스룹바벨이 여호수아를 통해 대제사장직에 오를 수 있게 된다는 점이 두드러지게 나타난다. 그 결과, 스룹바벨은 제사상의 특권을 침훼하지 않고도 "그 보좌에 앉은 제사장"이 될 수 있다. 바로 이런 이유 때문에 어떤 시기(猜忌)나 어떤 중복도 생기지 않게 된다. 이 둘 사이에는 "평화의 의논"이 있게 된다. 그 "싹"이 "그의 자리에서" 자라나리라는 말은 잘린 그루터기가 아래에서 새로 솟아나는 모습을 묘사한 이사야의 말을 가리킨다. 마지막으로, 6:15에서는 보편주의 원리가 나타난다: "멀리 떨어져 있는"이라는 말을 흩어짐을 가리키는 말로 이해하지 않는다면, 6:15은 "멀리 떨어져 있는 이들이 와서 여호와의 전을 건축하리라"가 되겠다. 신약 성경은 위 해석 전체가 올바름을 시편 110편과 그리스도의 대제사장직에 관한 히브리서의 가르침을 원용하여 증명한다.

10. **말라기**. 이 선지자의 담화가 종말론과 관련하여 가지는 특이성은 무엇보다 죄를 고발하는 데 강조점을 두는 어두운 메시지가 장차 다가올 좋은 일들을 선포하는 메시지보다 더 우위에 있다는 점이다. 어두운

메시지와 비교하면, 밝은 메시지는 더 압축되어 있고 제한된 것처럼 보인다. 그러나 이 선지자의 죄 고발이 지닌 이런 어두운 측면은, 백성들에게 책임을 추궁하는 죄가 옛 선지자들의 말을 떠올려주는 사회-경제 관련 요소도 일부 담고 있긴 하지만, 그래도 대체로 제의와 관련된 성격을 띠고 있다는 점 때문에, 훨씬 더 큰 충격으로 다가온다. 인간의 관점에서 보면, 여호와가 이 책이 끝나기 직전에 하신 마지막 고별 권면이 "너희는 내 종 모세의 율법, 곧 내가 호렙에서 온 이스라엘을 위하여 그에게 명령한 법, 즉 율례와 법도를 기억하라"(4:4)라는 형태를 띠고 있음은 단순히 우연이 아니다. 이 특징의 의미는 여기서 특정하여 간략히 열거한 범죄들을 보면 분명히 드러난다. 이 범죄들은 다음과 같다.

1) 더러운 떡을 제단에 가져오기, 눈이 멀거나 다리를 절거나 아프거나 찢긴 짐승을 희생 제물로 바치려고 성소로 가져오기(1:7-8, 13).
2) 바치는 제물 밑바닥에 깔린 주관적 동기: "얻는 것이 없으면 바치지 않는다"는 정신으로 바침을 말하는데, 이는 곧 이기심이 없는 마음 자세로 희생 제물을 바쳐야 여호와가 받으실 수 있는데, 그런 마음 자세 없이 제물을 바침을 뜻한다. 이런 자세 때문에, 결국은 기대했던 대가가 물질로 돌아오지 않는다면, 제의가 무슨 필요가 있느냐는 정서, 의식에 기초한 종교를 유지하는 데 실제로 무관심해지는 결과가 생겨날 수밖에 없었다.
3) 제사장들이 제의와 관련된 이런 악행들을 못 본체 하는 것을 특히 비판한다. 이런 모습은 "레위의 언약"을 어김과 같다(2:8). 제의와 관련하여 참된 지식을 가르치는 여호와의 사자가 되어야 할 제사장직의 본분을 잊어버렸다(2:1-3, 3:14).

4) 규정된 십일조를 성소로 가져오지 않음(3:10).

5) 이상한 신의 딸과 혼인함으로써, 이스라엘 가운데서 효력을 갖고 있던 일부일처 혼인 규정을 어김. "그가 오직 하나를 만들지 아니하셨느냐?"라는 물음은, 여호와가 당신 뜻대로 생명을 주실 수 있는 영을 풍성히 갖고 계셨는데도, 한 아내만을 아담을 돕는 배필로 지으셨음을 가리킨다(2:15).

종말론과 관련된 요소로서 좋은 측면임이 분명한 요소들은 다음과 같다. 방금 보았던 좋지 않은 하부구조도 이 요소들을 결정하는 일부 요인이 되었다.

1) 보편주의를 약속함—여호와의 이름이 이방인들 가운데서 크게 될 것이다. 이것이 현실로 나타난 주된 모습이 곧 그 이방인들이 세계만방에서 여호와께 "깨끗한 제물"을 가져오리라는 것이다—해 뜨는 곳에서 해지는 곳까지 여호와의 이름이 이방 나라들 가운데서 커질 것이다(1:11).

2) 여호와가 그의 성전으로 오심—이것은 곧 성전 완공 때 있으리라 예상하는 일보다 더 큰 것을 의미한다. 물론 이것은 셰키나가 성소로 돌아옴을 세세히 전망하지는 않는다(3:1; 참고. 학 1:8, 2:3-9).

3) 여호와의 강림이 갖고 있는 심판 측면—이 오심을 특히 한 "날"로 압축해놓았으며, 이 한 날은 진정한 **진노의 날**(dies irae)이라는 성격을 띤다(3:2, 4:1).

4) 그 심판은 이런 보응이라는 측면과 더불어 정화 과정이라는 형태도 함께 갖고 있다. 이 과정은 불순물이 붙어 있는 은과 금에서 순은과

순금을 추출해내는 방법과 닮았다. 이는 이전에 이사야가 말한 개념이다(3:3).

5) "**공의(Zedaqah)**의 해"가 떠오름(4:2) ― 공의라는 말은 죄를 없앰으로써 죄책을 없앤다는 개념만 갖고 있는 게 아니다. 물론 그런 개념도 들어 있긴 하지만, 이 개념에서 가장 중요하고 확실한 요소들을 간과해서는 안 된다. 이 요소들은 "번영," "복," "구원"이다. 이런 풍성한 의미를 함축한 말을 한 단어로 번역하기는 힘들다. 대체로 볼 때, 모팟(James Moffatt, 1870-1944. 스코틀랜드의 성경신학자요 고언어학자다—역주)이 제시한 "구원하는 해"(the saving Sun)가 적어도 이런 풍성한 다중 개념에 가깝다[참고. 렘 23:6의 ***Jehovah Zidqenu***, 여기에서도 비슷하게 이 관계를 사법 측면에 제한하는 것은 (그리고 이를 나쁘게만 생각하는 것은) 역시 타당하지 않다].

6) "떠오르는 해"라는 개념 자체가 선지자들이 제시하는 빛-종말론의 공통 특징이다. 여기서 이 개념은 메시아를 가리키는 "싹"이 솟아남을 말한 이사야서의 내용을 되짚어 가리키는 것일 수 있다. 예레미야서와 스가랴서의 경우는 분명 그렇다. ***anatole***라는 말은 빛과 메시아 현현을 식물과 관련지어 표현한 말에 공통으로 사용하는 용어인데, 이는 이 "떠오르는 해"라는 개념도 이중 의미를 가지고 있을 가능성을 고려해야 함을 일러준다. 이 점과 관련하여 더 상세한 자료를 살펴보려면, 예레미야와 스가랴를 다룬 장에서 **싹**이라는 말을 논한 내용과 비교해보라.

7) 여호와의 "오심"에 앞서 두 번에 걸친 사자(使者) 파송이 있을 것을 이야기한다. 한편으로, 우리는 이런 본문을 만난다: "보라 내가 내 앞에 내 사자(***maleach***)를 보내리니"(3:1). 여호와의 오심을 알

리는 첫 번째 사자를 부르는 말 *mal'akhi*가 이 선지서 저자의 이름인 *malechi*와 같음은 확실히 주목할 만한 우연의 일치다. 어쩌면 성급할지도 모르지만, 바로 이 점에서 이 책 제목에 등장하는 이름이 저자의 실제 이름이 아니라, 저자를 상징하는 이름이라는 추론이 나왔다. 거꾸로, **내 사자**라는 말을 들여와 쓴 것은 이 선지자의 이름을 (실제 사례에서) 언급하고자 의도한 개념을 조정한 것이라고 추측할 수도 있다. 다른 한편으로, 우리는 "보라 여호와의 크고 두려운 날이 오기 전에 내가 너희에게 선지자 엘리야를 보내리라"(4:5)라는 본문을 만난다. 신약 성경이 이 예언을 세례 요한에게 적용한 경우를 보려면, 마태복음 11:11-15, 마가복음 9:11-13, 누가복음 7:19-30, 요한복음 1:21을 참고하라. 말라기서 본문에 있는 예언을 말했다하여 엘리야가 실제로 세례 요한으로 다시 나타났다고 추론할 필요는 없지만, 분명 몇몇 유대교 집단이 인정하는 본문 주해에서는 그렇게 구성하는 것을 허용한다.

8) 엘리야가 맡은 특별한 임무를 "아버지들의 마음을 자녀들에게, 자녀들의 마음을 그들의 아버지들에게 돌이키는 것"이라고 정의한다 (4:6). 얼핏 보면, 이것은 이스라엘을 구성하는 계층들 안에 어떤 영적 분리가 있음을 전제하는 것 같다. 하지만 신정 체제하의 바른 질서에서 떠난 것도, 노년과 청년이 나뉜 것처럼, 나뉘었다. 이 주해를 채택한다면, 노년과 청년의 분열은 다시 태어난 엘리야의 활동이 속한 …[?]… 시대와 같은 시대에 일어나는 일이다. 즉 신약 시대의 성취라는 관점에서 말하면, 이는 세례 요한이 사역하는 시대에 속한다. 하지만 "아버지들"은 고대 이스라엘 역사 속에서 나중에 배교한 유대인들의 경건한 조상들을 가리키는 말일 가능성도

여전히 존재한다. 그럴 경우, 이 아버지들을 세상을 떠난 뒤에도 여전히 그들의 자손들이 후대 역사 속에서 겪는 경험과 운명에 생생한 관심을 갖고 있는 이들로 표현하는 셈이다. 보통 베드로전서 1:10-12과 마지막에 언급한 주해를 비교해볼 수 있지만, 베드로는 구약의 의식이 후대(나중 시대) 전반을 사로잡고 있었다고 말하지 않고, 도리어 선지자들의 마음이 앞서 찾았던 것들을 자세히 이야기한다.

성경 색인

창세기
1-3 ·················· 124
3:8 ·················· 125
3:15 ·················· 68
3:22 ·················· 124
5 ·················· 39
5:24 ·················· 39
5:29 ·················· 129
6 ·················· 131
8:13 ·················· 131
8:22 ·················· 132
10:10 ·················· 236
11:2 ·················· 236
19:24 ·················· 134
49 ·············· 120, 179
49:1 ·················· 18
49:9 ·················· 145
49:10 ··· 19, 137, 141, 179
49:11 ········ 141, 158, 159
49:11-12 ·················· 162
49:12 ············ 158, 159

출애굽기
15:1-18 ·················· 212
19:4 ·················· 164
20:20 ·················· 164
27:2 ·················· 231

레위기
4:3 ·················· 83
4:5 ·················· 83
4:16 ·················· 83
6:22 ·················· 83

민수기
2:2 ·················· 144
10:14 ·················· 144
22:18 ·················· 171
23-24 ·················· 170
23:8 ·················· 170
23:9 ·················· 170
23:10 ··· 41, 171, 173, 174
23:11 ·················· 171
23:21 ·················· 174
23:21-23 ·················· 170
23:23 ·················· 175
24 ·················· 120
24:5-6 ·················· 171
24:7 ·················· 171
24:9 ·················· 171
24:14 ········ 18, 19, 173
24:16 ·················· 172
24:17 ··· 19, 166, 171, 177
24:20 ·················· 173

신명기
4:19 ·················· 214
4:30 ············ 18, 19
28:56-57 ·················· 151
31:29 ·················· 18
32:16-17 ·················· 214
32:22 ·················· 117
33:26 ············ 42, 43
34 ·················· 40
34:6 ·················· 40

여호수아
18:1 ·················· 143

사사기
1:2 ·················· 144
9:8 ·················· 87
17:5 ·················· 85
20:18 ·················· 144

사무엘상
1:27 ·················· 150
2:10 ·················· 83
11:6 ·················· 88
16:3 ·················· 88
24:6 ·················· 88
26:9 ·················· 88

사무엘하
5:15 ·················· 82
6:14 ·················· 86
7 ··· 156, 186, 190, 193, 207
7:12-14 ········ 187, 193
7:13 ·················· 192
7:14 ·················· 188
7:15 ·················· 188
7:16 ·················· 192
7:19 ·················· 192
7:24 ·················· 192
7:25 이하 ·················· 207
7:36 ·················· 207
7:38 ·················· 207
7:51 ·················· 207

22:51 ·············· 83
23 ··········· 186, 190
23:1 ·············· 172
23:1-3 ············ 196
23:2-3 ············ 196
23:3-7 ············ 196
23:3 이하 ··········· 196
23:5 ······ 190, 192, 196

열왕기상

21:10 이하 ·········· 88
22:11 ··············· 231

열왕기하

2:9-10 ············· 40
2:9-11 ············· 39
11:12 ·············· 212
11:17-13:19 ········ 86

역대상

16:22 ··············· 83
17 ················ 186
22:9 ··············· 148
28:4 ··············· 149

역대하

23:16-24:16 ········ 86

욥기

1-2 ················ 214
3:11 ················ 31
3:13 ················ 31
7:9 ················· 31
7:21 ················ 31
10:19 ··············· 31
10:21-22 ············ 31
14:10 ··············· 31
14:13 ··············· 31
19:22-24 ············ 47
19:25 ········ 45, 47, 49
19:25-27 ····· 44, 45, 46
19:26 ····· 45, 49, 50, 51
19:27 ··········· 45, 49
21:21 ··············· 31

시편

1:5 ················ 214
2 ······ 84, 87, 199, 207,
            208, 209, 215
2:2 ················· 83
4:1-2 ·············· 216
5:8 이하 ············ 216
6:4-5 ··············· 31
7:7 이하 ············ 214
7:9 이하 ············ 216
8:5 ················ 214
9:4 이하 ········ 214, 216
16 ········· 34, 35, 38
16:5 이하 ··········· 215
16:10-11 ············ 34
17 ··········· 34, 36, 37
17:12 ·············· 132
17:14-15 ············ 36
18 ············ 201, 215
18:50 ······ 83, 201, 210
20:6 ······· 83, 200, 210
20:9 ··········· 200, 210
21:1 ··········· 201, 210
21:7 ··········· 201, 210
22:29 ·············· 212
28 ·················· 84
28:2 ··············· 132
28:8 ······· 83, 201, 210
28:8-9 ············· 202
28:9 ··············· 202
28:15 ·············· 132
29:1 ··············· 214
29:3 ··············· 213
29:10 ········· 132, 213
30:9 ················ 31
33:3 ··············· 211
35 ················· 215
36:8 이하 ··········· 126
45 ········ 120, 202, 209
45:6-7 ············· 202
46:4 ················ 74
46:4 이하 ··········· 126
46:5 ··········· 36, 211
46:9 ··············· 216
47 ················· 212
47:2 ··············· 212
48 ············ 212, 215
49 ··········· 34, 37, 38

49:14 ·············· 211
49:15 ··············· 37
49:19 ··············· 31
58 ················· 214
58:1-7 ············· 214
58:3 이하 ··········· 214
58:10 ·············· 214
59:16 ·············· 211
60 ············ 213, 215
60:3 ··············· 213
61 ············ 203, 210
63:11 ·········· 203, 210
68:22 ·············· 215
72 ··· 148, 204, 205, 210
72:1 ··············· 204
72:5 ··············· 204
72:11 ·············· 204
72:15 ·············· 204
73 ············· 34, 38
73:23 ··············· 37
73:25 ··············· 37
73:25-26 ········ 37, 38
75 ················· 213
75:2 ··············· 211
75:10 ·············· 231
77:10 이하 ·········· 211
77:18 ·············· 213
78 ················· 216
78:48 ·············· 213
81:7 ··············· 213
82 ······· 214, 215, 216
82:6 ··············· 215
82:7 ··············· 215
84 ············ 210, 220
84:9 ········ 83, 205, 218
84:11 ·············· 205
85:5-6 ············· 215
88:4-5 ·············· 32
88:10-12 ············ 32
89 ············ 206, 210
89:6 ··············· 214
89:38 ··········· 84, 206
89:50-51 ··········· 206
89:51 ··············· 84
90:5 ················ 32
93 ········· 74, 212, 213
93:3 ··········· 74, 213
96 ················· 212
96-99 ·············· 212

96:1 ············ 211	8:18 ············ 236	**예레미야**
97 ············ 212	8:19 ············ 57	
97:1 ············ 216	8:20 ············ 58	3:16 ············ 67, 184
97:5 ············ 117	9 ············ 116	7:12 ············ 142
97:6 ············ 216	9:4 ············ 71	7:12 이하 ············ 143
98:1 ············ 211	9:6 ············ 119, 148	7:14 ············ 142
99 ············ 212	10:3 ············ 70	12:1 ············ 142
102:13 ············ 211	11:1 ············ 119	23:6 ············ 241
103:15-16 ············ 32	11:10 ············ 119	23:7-8 ············ 165
105:15 ············ 83	11:12 ············ 161	23:20 ············ 18
106:47 ············ 215	13:6 ············ 70	30:21 ············ 153
110 ··· 87, 208, 210, 215, 238	13:9 ············ 70	30:24 ············ 18, 217
111:6 ············ 215	14:4 이하 ············ 58	31:31 이하 ············ 67
112:4 ············ 211	14:9-11 ············ 58	47:2 ············ 132
115:17 ············ 32	14:12 ············ 178	48:24 ············ 177
118:27 ············ 211	16:13 ············ 177	48:45 ············ 177
119:40-41 ············ 216	17:14 ············ 211	49:39 ············ 18, 19
122:6 ············ 142	21:11-12 ············ 211	
126:4 ············ 215	24:4 ············ 116	**예레미야애가**
130:6 ············ 211	24:18 ············ 132	
132 ············ 209, 210	25 ············ 79, 214	4:20 ············ 87
132:13 ············ 209	25:6 ············ 78	
132:17 ············ 84, 209	25:7-8 ············ 79	**에스겔**
137:7 ············ 177	25:9-10 ············ 177	
138:8 ············ 211	26:17 이하 ············ 78	21:27 ············ 154
143:1-2 ············ 216	28-33 ············ 76	25:12 ············ 177
143:8 ············ 211	28:1 이하 ············ 117	35:1-2 ············ 177
144:9 ············ 211	29:17 ············ 76	38:16 ············ 18
146 ············ 212	29:18 ············ 76	39:17 이하 ············ 214
147:2 ············ 215	33:9 ············ 116	47:1-7 ············ 126
149 ············ 215	34:4 ············ 116	
149:1 ············ 211	34:5 ············ 177	**다니엘**
149:9 ············ 211	34:8 ············ 70	
	42:9-10 ············ 211	9:25-26 ············ 83
이사야	44:2 ············ 42, 43	10-12 ············ 214
	45:1 ············ 83	10:14 ············ 18
2 ············ 116	51:3 ············ 125	11:36 ············ 177
2:2 ············ 17, 18, 19	54:9 ············ 132	12 ············ 79
2:2-5 ············ 71	55:3 ············ 192, 199	12:1 이하 ············ 78
2:12 ············ 70	61:1 ············ 88	12:2 ············ 79
2:12-19 ············ 116	61:2 ············ 70	
5:19 이하 ············ 115	62:2 ············ 211	**호세아**
7:14 ············ 120, 222	63 ············ 162	
7:15 ············ 223	63:11-12 ············ 165	2:18 ············ 118
7:16 ············ 223	64:1-3 ············ 118	3:5 ············ 18, 19
7:17 ············ 223	65:17 ············ 77, 211	4:3 ············ 116
7:18 ············ 116	66:22 ············ 77, 211	6:3 ············ 211
8 ············ 57	66:23 ············ 185	9:7 이하 ············ 164
8:8 ············ 223		13:14-15 ············ 116

요엘

1:15 ·················· 70
3:18 ················ 126

아모스

1:14 ················ 116
2:2 ················· 116
4:6-12 ············· 164
5 ····················· 68
5:18 ········ 69, 70, 115
6:3 ············· 69, 115
6:8 ················ 116
6:13 ················ 231
7:1 이하 ············ 164
8:9 ················· 116
9:13 ················ 159

오바댜

1 ··················· 177

미가

1:3-4 ········· 117, 118
1:6 ················· 117
2:12-13 ············ 223
3:11 ················· 86
4:1 ·········· 17, 18, 19
4:6 ················ 224
4:10 ··············· 224
5:2 ············ 153, 225
5:2-4 ··············· 119
5:3 ················ 224
5:5 ················ 148
7:12 ················ 224
7:14 ················ 226

나훔

1:6 ················· 117

하박국

2:3 ················· 211
3:4 ················· 231
3:12-13 ············ 209
3:13 ············ 83, 210

스바냐

1:7-8 ··············· 214
1:14-16 ············· 70
2:4 ················· 118
2:8 ················· 177
2:12 ················ 118
3:10 ················ 118

학개

1:8 ················· 240
2:3-9 ··············· 240
2:6-7 ··············· 165

스가랴

1-8 ················· 227
1:8 ················· 229
1:8-11 ·············· 228
1:9 ················· 229
1:10 ················ 229
1:11 ················ 229
1:14 ················ 229
1:15 ················ 230
1:16-17 ········ 230, 232
1:18-21 ········ 229, 231
2 ··················· 229
2:1 ················· 232
2:4 ················· 232
2:5 ················· 232
2:11 ················ 232
3 ··················· 229
3-4 ············ 229, 233
3:3 ················· 233
3:8 ················· 235
3:9 ············ 234, 235
4 ··················· 229
4:6 ················· 235
4:6-10 ··············· 88
4:7 ············ 234, 235
4:14 ············ 85, 235
5 ·············· 229, 236
6 ··················· 236
6:1 ················· 237
6:2 ················· 237
6:8 ················· 237
6:9 이하 ············ 237
6:11 ················ 238

6:12 ················ 238
6:15 ················ 238
9-14 ················ 227
9:7-9 ··············· 162
9:9 ················· 148
9:10 ················ 153
14:4 ················ 237

말라기

1:7-8 ··············· 239
1:11 ················ 240
1:13 ················ 239
2:1-3 ··············· 239
2:8 ················· 239
2:15 ················ 240
3:1 ········ 150, 240, 241
3:2 ················· 240
3:10 ················ 240
3:14 ················ 239
3:19 ················ 117
4:1 ········ 70, 165, 240
4:2 ················· 241
4:4 ················· 239
4:5 ············· 70, 242
4:6 ················· 242

바룩2서

39:7 ················· 89
40:1 ················· 89
72:2 ················· 89

에녹1서

48:10 ················ 89
52:4 ················· 89

에스라4서

7:28 ················· 89

솔로몬의 시편

17:32 ················ 89
18:6 ················· 89
18:8 ················· 89

마태복음

2:1 ················ 225
11:11-15 ············ 242
13:39 ··············· 18
13:40 ··············· 18
13:49 ··············· 18
19:28 ··············· 133
20:22 이하 ··········· 214
21:33-41 ············ 194
21:42 ··············· 195
22:32 ··············· 220
22:41-46 ············ 208
24:3 ················ 18
24:37 ··············· 133
27:9 ················ 228
28:20 ··············· 18

마가복음

9:11-13 ············· 242

누가복음

1:69 ················ 231
2:4 ················· 225
2:11 ················ 89
2:15 ················ 225
2:26 ················ 89
7:19-30 ············· 242
17:26 ··············· 133

요한복음

1:21 ················ 242
2:19-22 ············· 195
6:39 ················ 17
6:40 ················ 17
6:44 ················ 17
6:54 ················ 17
9:7 ················· 150
11:24 ··············· 17
12:48 ··············· 17

사도행전

2:17 ················ 17
2:25 ················ 38
2:25-28 ············· 35

10:38 ··············· 83
13:33 ··············· 200

로마서

8:22 ················ 22
8:23 ················ 24
13 ·················· 72
13:11-13 ············ 73

고린도전서

15:45 ··············· 18
15:52 ··············· 18

고린도후서

5 ··················· 60

갈라디아서

4:3 ················· 29

에베소서

2:14 ················ 148
4:8 이하 ············· 61
4:30 ················ 133

빌립보서

1:20 이하 ············ 60

골로새서

2:20 ················ 29

데살로니가전서

5 ··················· 72
5:4-7 ··············· 73

디모데후서

3:1 ················· 17

히브리서

1:2 ················· 17

1:8-9 ··············· 202
5:5 ················· 200
7:27 ················ 234
9:26 ················ 18
9:27 ················ 25
11:35 ··············· 61
12:18-29 ············ 165
12:22 이하 ··········· 60, 61

야고보서

5:3 ················· 17
5:14 ················ 88

베드로전서

1:5 ················· 17
1:10-12 ············· 243
1:20 ················ 17
3:19-20 ············· 68
3:20 ················ 133
3:20 이하 ············ 133
3:21 ················ 133
4:5-6 ··············· 68

베드로후서

2:5 ················· 68
3:3 ················· 17
3:5-7 ··············· 68
3:5 이하 ············· 133
3:13 ················ 77

요한일서

2:18 ················ 17
2:20 ················ 83

유다서

18 ·················· 17

요한계시록

2:7 ················· 126
2:17 ················ 211
5:5 ················· 157
21:5 ················ 211